用年表读懂世界历史

【手绘插图版】

WORLD HISTORY

李光欣/著　钟翟/绘

九州出版社
JIUZHOUPRESS

中世纪史

目录

古代史

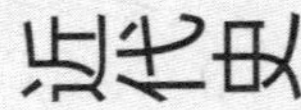

近代史

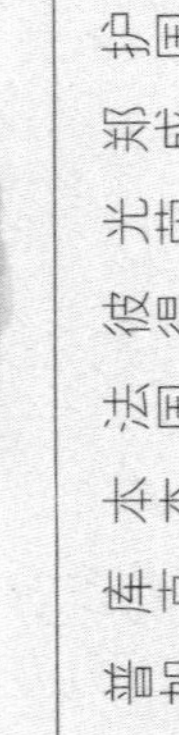

目录

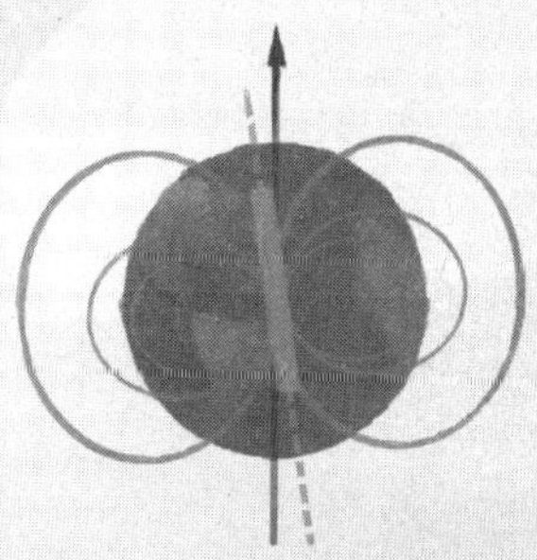

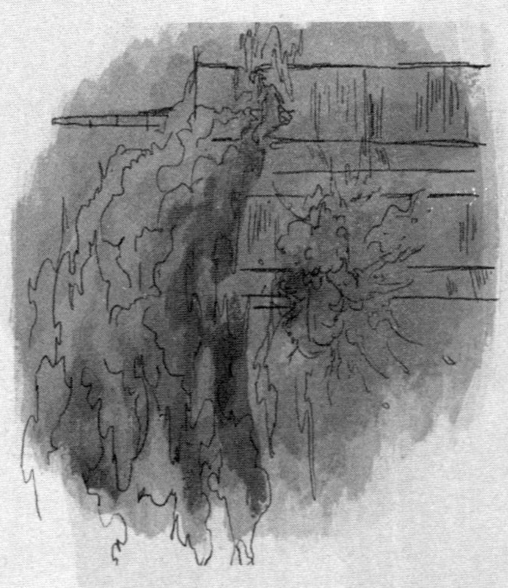

目录

现代史

古代史

大约从公元前 4000 年开始，古埃及、美索不达米亚、古印度和古中国相继进入阶级社会，这是人类社会发展的一大进步。四大古文明在哲学、文学、科学及艺术等方面创新的成果，对后世产生了深远的影响。公元前 2500 年至公元前 1600 年，爱琴海地区曾出现了米诺斯文明和迈锡尼文明，对欧洲的历史产生了重要的推动作用。

公元前 1772 年，《汉谟拉比法典》颁布，这是人类历史上第一部较为完善的成文法典；公元前 753 年，罗马王政建立，之后开创了人类历史上最辉煌的时代之一；约公元前 6 世纪，佛教在印度创立，并迅速传播，成为影响世界的三大宗教之一。

从公元前 334 年起，马其顿国王亚历山大大帝历经十年东征，建立了一个幅员辽阔的大帝国，几乎与此同时，印度的孔雀王朝建立，并在阿育王的带领下，进入鼎盛时期。

公元前 221 年，秦始皇统一中国，秦朝成为中国历史上第一个中央集权的专制王朝；据《福音书》记载，公元前 6 年耶稣诞生，后来创立了基督教，“上帝是父”的思想开始广泛传播；467 年，西罗马帝国在日耳曼军队的进攻下宣告灭亡，标志着西欧及北非由奴隶社会进入封建社会。

人类文明的曙光——苏美尔

1835 年，法国学者罗林森在伊朗哈马丹郊外的贝希斯顿村附近，偶然发现一块刻有三种文字的石块，除了新埃兰文和古波斯文，还有一种奇怪的文字，每个笔画都是由粗到细，如木楔子一般，因此被称为“楔形文字”。1843 年，罗林森先译解其中的古波斯文，再与楔形文字对照，终于成功解读楔形文字，解开此文字之谜。

早在七千多年前，底格里斯河和幼发拉底河流域就已经有人类居住，古希腊人将两河流域（现今伊拉克一带）称为“美索不达米亚”，意即“在两河之间”。

苏美尔人是目前已知两河流域最早期的居民，在公元前 3500 年前，他们就已经在此地建立国家，楔形文字就是在此时期创造出来的。

这种文字最初为象形文字，若要表示多种意思，就得组合两个符号。例如，合并“天”和“水”，即代表“下雨”；“眼睛”和“水”则表示“哭”。但这种组合方式无法表示所有意义，为了简化文字，后来发展为用一个符号可代表多种意义，如“足”既代表“脚”，又表示“行走”及“站立”等意思，即表意符号。随着语言的发展，后来符号也可用来表示声音，称为“表音符号”。为了表达某个字是什么意思、应该发什么音，苏美尔人又发明了部首文字。

苏美尔人不懂得造纸，因此一般都写在泥板上，先用细绳子在泥板上打成格子，再用芦苇或木棒削成三角尖在上面刻字，因此落笔处比较粗，提笔处则较细。最后，将泥板晾干或用火烤干，这就是“泥板文书”。一开始，泥板呈圆形或角锥形，不方便书写和存放，后来改为方形，大部分保存至今的苏美尔文字都刻在方形泥板上。

单位：年

大事	地区	公元
南方古猿出现于东非和南非。	非洲	（约）前 400 万—前 100 万
直立人出现。	印度尼西亚	（约）前 170 万—前 20 万

▲苏美尔人创造楔形文字。

单位：年

公元	地区	大事
（约）前70万—前20万	中国	北京人出现，发现火的使用。
（约）前40万—前30万	欧洲大陆	尼安德特人出现。

苏美尔人的天文学知识和数学知识都很发达。按照月亮盈亏，将一年分为12个月，共354天，同时设闰月来调整阴历与阳历间的差异。苏美尔人也懂得十进位制和六十进位制，其中六十进位制在古代的两河流域被广泛应用，我们现在也以六十进位制来将时间划分为时、分、秒。另外，将圆周分为360度，也是继承苏美尔人的发明。苏美尔的面积和重量单位也多采用六十进位制，被日后的古希腊和古罗马继承，在欧洲有些地方甚至沿用至18世纪。

苏美尔人也擅长制作陶器，主要是彩陶，成品鲜艳夺目。凡日常生活中使用的酒杯、油缸及炉子等，全都是彩陶，甚至连棺材也使用陶。

早在5000多年前，两河流域的居民就已发展出了如此先进的文明。欧洲古代文明的最高成就是古希腊文明，但在古希腊人进入文明阶段之前，两河流域的文明已长达两千多年。日后希腊人的许多成就，就是在两河流域文明的基础上发展起来的。

苏美尔文明延续两千多年，先后在两河流域建立多个奴隶制的城邦国家，它们都是以某个城市为中心，连同周围的土地，人口仅数万人。为了掠夺奴隶和财物，经常发生战争。直到公元前19世纪初，一支来自叙利亚草原的游牧民族占领巴比伦城，建立起著名的巴比伦王国，苏美尔文明才逐渐衰落。

▲苏美尔人于泥板上刻以文字及图像作为记录。

古埃及王国的建立

5000 多年前，在富饶的尼罗河畔，上游的上埃及王国及下游的下埃及王国之间爆发了一场战争。

上埃及国王戴着白色王冠，率领士兵冲锋陷阵，旗手挥舞着绘有蜜蜂的旗帜；下埃及国王则戴着红色王冠，打着纸莎草的图腾旗帜，带领士兵英勇地迎击。经过一天的战斗，战场上血流成河，双方各自掩埋阵亡将士的尸体。

趁着战争的空当儿，上埃及国王美尼斯带着大臣和将军祭拜神鹰。在古代，各部落都有自己崇拜的图腾，上埃及王国崇拜的是神鹰，他们认为鹰是最勇猛的鸟类，有了它的保佑就会战无不胜。

双方战斗持续了三天三夜，最后上埃及军队取得了胜利，失败的下埃及国王成了俘虏，跪在地上，摘下自己的红色王冠，献给美尼斯。

在庆祝胜利的大会上，美尼斯戴上了白色王冠和红色王冠，代表统一上下埃及，并自称“上下埃及之王”。为了纪念这场战争，美尼斯将这个战场命名为“白城”，并在此建造国都，命名为“孟菲斯”。他所建立的帝国，就是历史上赫赫有名的“古埃及帝国”。

是什么原因引发了这场战争呢？在公元前 5000 年时，尼罗河畔农业便已十分发达。埃及大部分土地都是沙漠，只有尼罗河流域像一条绿色的缎带从南到北贯穿其间，因此，农业发展与尼罗河定期泛滥有着密切的关系。直到现代，埃及仍有百分之九十五以上的人口集中在尼罗河附近，所以西方人便将埃及称为“尼罗河送来的礼物”，而古埃及人更是将尼罗河视为“母亲河”。

尼罗河畔的古代居民，起初过着原始的生活，使用粗笨的工具，建造堤坝，种植谷物，艰苦地劳动，逐渐将尼罗河畔开拓成富饶的地方。但伴随着富裕而来的，却是人类的贪婪。埃及从原始社会进

单位：年

大事	地区	公元
尼安德特人消失，克罗马侬人出现。	欧亚大洲	（约）前4万
美索不达米亚平原开始出现农耕和畜牧活动。	两河流域	（约）前5000
黄河流域出现仰韶文化，又名彩陶文化。	中国	（约）前5000—前3000

单位：年

公元	地区	大事
（约）前3550	两河流域	两河流域下游的苏美尔产生城市文明，发明楔形文字及六十进位制。
（约）前3100	埃及	法老美尼斯统一上、下埃及，开始古王国时期第一王朝。

入奴隶社会，形成四十多个独立的小国家，为了争夺土地和奴隶，经常爆发战争。经过一千多年不断地兼并，形成了上、下埃及两个大王国，由于两国都想统一尼罗河流域，便爆发了战争。

美尼斯统一埃及后实行专制统治，国王是最高的统治者，是神鹰的化身。人们将国王画成神鹰，刻在石壁上，这些画一直保留至今。

为了加强统治，国王被神化成太阳的儿子，太阳神成为众神之王。而国王是神的化身，代表神的意志，因此不能直接称呼国王的名讳，要尊称为“法老”。大臣在觐见法老时，必须趴在地上，亲吻法老脚前的土地。法老去世后，埋葬的方式也不同于平民，要修建巨大的坟墓，也就是金字塔。

自公元前3100年美尼斯统一埃及，至公元前1100年的两千多年间，埃及先后经历了古王国、中王国及新王国三个时期共31个王朝的变迁。后来埃及国力逐渐衰落，先后被赫梯、亚述等国侵略占领。公元前7世纪中期，埃及虽然重获独立，但好景不长，先后又被波斯帝国和希腊的马其顿王国征服，直到公元前30年，罗马帝国吞并埃及，古埃及从此灭亡。

▲由左至右分别是戎装的法老、着正式服的法老及两位埃及武士。

千古之谜金字塔

在古埃及第三王朝之前，不论是王公大臣还是平民，死后皆埋葬于用泥砖砌成的长方形坟墓里。后来，埃及人认为法老死后会成为神，灵魂会升天，因此改葬于金字塔，并于铭文中刻着这么一句话："为他（法老）建造起上天的天梯，以便他由此登上天。"由此可见，当时的人们把金字塔当成灵魂升天的阶梯，而金字塔的角锥体形状象征的就是刺破青天的太阳光芒，沿着金字塔的棱线仰视，金字塔就像是洒向大地的太阳光芒。

第四王朝法老胡夫的金字塔是古埃及金字塔中规模最大的一座。这座金字塔的底部呈正方形，边长为230多米，绕行一周约1000米。原本高达146米，但历经数千年风吹雨打，顶端已经剥蚀了近10米。尽管如此，在1889年巴黎埃菲尔铁塔建造完成之前，胡夫金字塔一直都是世界上最高的建筑物。

胡夫金字塔的建筑工艺十分高超。塔身是用磨得平整的石块堆叠而成，完全没有使用水泥等黏合物，即使历经几千年，石块依然黏合得十分紧密，很难在石块之间的缝隙插入刀刃，是建筑史上的一大巨作。

在金字塔北侧离地面13米高的地方，有一个用巨石砌成的三角形出入口。采用三角形的原因是可以均匀地分散压力，避免出入口被金字塔本身压垮。

在胡夫金字塔附近，还有一座他的儿子卡夫拉的金字塔，金字塔的旁边有一座"人面狮身像"，西方人称其为"司芬克斯"。这座雕像有20米高，57米长，仅一只耳朵就有2米长。之所以刻成狮子的身体，是因为在古埃及神话里，狮子是各个神秘地方的守护者，也是地下世界大门的守护者。因为法老死后就成了太阳神，所以建

单位：年

大事	地区	公元
长江流域出现河姆渡文化；中国进入"三皇五帝"时代。	中国	（约）前3000
闪族在阿拉伯半岛过着游牧生活。	阿拉伯半岛	

▲法老以金棺作为死后灵魂的寄托之处。

单位：年

公元	地区	大事
（约）前2650	埃及	埃及古王国时期第四王朝，为建造金字塔的全盛时期，胡夫修建了史上最大的金字塔。
（约）前2500	地中海	克里特岛进入青铜器时代。

造了一座人面狮身像来为法老守门。

金字塔是用上百万块巨石堆叠的，石块平均有 2 吨重，最重的达 100 多吨，这些巨石是从尼罗河东岸开采来的。当时既没有吊车，也没有轮车和铁制工具，更没有炸药。古埃及人是用铜或青铜的凿子在岩石上打出洞眼，插上木楔、灌水，当木楔因泡水而膨胀时，岩石便会撑裂。而将巨石从采石场运到金字塔工地也是困难重重，古埃及人把石块放在巨大的滚木上后，以人力和畜力拖拉。

建造金字塔需动用大量的劳力。古埃及人以 10 万人为单位，轮换工作 3 个月，仅是建造一座金字塔就得花 20 年。

金字塔堪称古埃及人智慧的结晶，也是古埃及文明的象征。

▲人面狮身像为法老守门。

埃及古都底比斯

底比斯的兴衰是古埃及的缩影。从公元前2100年左右，埃及第十一王朝法老孟图赫特普兴建底比斯开始，至公元前27年，毁于一场大地震为止，在两千多年的岁月里，底比斯在古埃及的发展史上始终占有重要的地位，它不仅是埃及法老生前的都城，也是法老死后的冥府。

底比斯横跨尼罗河两岸，位于现今埃及首都开罗南边700多公里处。法老孟图赫特普不仅定都底比斯，还将阿蒙神作为全埃及地位最高的神，尊奉为“诸神之王”，且为其大兴土木。

公元前2000年左右，第十二王朝的开创者门内姆哈特一世曾将首都从底比斯迁到孟菲斯附近的李斯特。从公元前1790年至公元前约1600年，古埃及王国遭到希克索斯人入侵，底比斯经历了第一次衰落。

埃及人在雅赫摩斯一世的领导下，再度于底比斯建立王朝，并在公元前1570年左右将希克索斯人赶出埃及，开启了古埃及的新王国时代。

他们发动了一连串侵略战争，掠夺大量财富，并把底比斯建造成当时世上最宏伟的都城。并于东底比斯为阿蒙神和自己建造一座座壮观的神庙和宫殿。

在拉美西斯二世时期建造的底比斯阿蒙神庙主殿，总面积达5000平方米，有134根圆柱，中间最高的12根大圆柱高达21米，每根圆柱柱顶可容纳100多人，规模之大，世所罕见。在西底比斯还有许多工程浩大的陵墓，其中又以拉美西斯二世

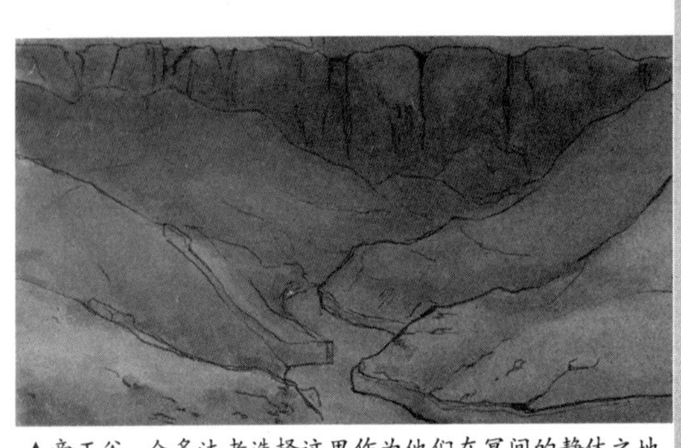

▲帝王谷，众多法老选择这里作为他们在冥间的静休之地。

单位：年

大事	地区	公元
印度哈拉巴文明兴起。	印度	（约）前2300
禹死后传位给启，开启中国政权“家天下”的局面。	中国	前2070

单位：年

公元	地区	大事
(约)前2000	埃及	埃及遭遇严重干旱，法老权力下降，政局动荡。
	西亚	包括希伯来人、腓尼基人在内的几支闪族部落开始外移。
前2040—前1786	埃及	埃及中王国时期开始，法老沦为希克索斯人的封臣。

陵墓和图坦卡蒙陵墓最为豪华。

因为国王的陵墓经常被盗，所以法老决定不再建造巍然屹立的金字塔陵墓，而是将荒山当作天然的金字塔，沿着山坡的侧面开凿地道，修建豪华的地下陵寝。在西底比斯一处不显眼的、石灰岩构造的山谷里，法老和权贵为自己修建了一座座陵墓，这处山谷因此被后人称为“帝王谷”。

随着时间的流逝，隐藏在这里的大多数陵墓还是没能逃过盗墓者之手，但其中一座陵墓却奇迹般地逃过厄运，在沉睡了3300多年之后，于1922年由英国考古学家卡特博士发现，它就是图坦卡蒙的陵墓。

这座陵墓之所以能在几千年里没被人发现，是因为在它的上层还有许多其他法老的陵墓，而且地面上有许多人居住的茅舍。在图坦卡蒙陵墓的三间墓室里发现了数不胜数的金银财宝，折合现今的货币，至少有数百亿美元！由此可见，新王国时期埃及法老生活的奢华。

▲阿蒙神庙是古埃及法老献给太阳神、自然神及月亮神的庙宇。

大禹治水

相传尧在位的时候，中国洪水灾害频发。洪水冲垮房屋，淹没田地，甚至有许多人因此罹难。为了解除百姓的痛苦，尧任用被人民推举出来的鲧治水。鲧治水九年，采用筑堤挡水的方法，却不见成效。于是尧下令让舜去检视鲧的治水状况，舜见鲧对洪水束手无策，耽误了大事，便处死鲧并命令鲧的儿子禹继续治水。

禹接下了治水的任务，总结他父亲治水失败的教训，决定先进行实地考察。他踏遍了当时频闹水灾的地区，测量当地地势，根据调查得来的资料，制订治水计划。

为了解决洪灾，禹和助手们在外辛勤奔走13年。在这期间，他们吃的是粗糙食物，穿的是破旧衣衫，夜晚经常露宿野外。在这13年间，禹曾经三过家门而不入。

与鲧治水的做法不同，禹凿山开渠，疏通壅塞，引洪水入海。经过异常艰苦的努力，最后成功凿通山口，让奔腾咆哮的黄河终于有了倾泻的出口。后人为了纪念禹的功劳，便将这座山称为龙门山，缺口则取名“禹门口”。

单位：年

大事	地区	公元
巴比伦王国建立，取代苏美尔，成为美索不达米亚平原的统治者。	两河流域	(约)前1830

▲大禹为了治水，三过家门而不入。

单位：年

公元	地区	大事
（约）前 1800	埃及	西亚游牧民族希克索斯人入侵埃及。

夏启建国

“夏”原本是中国古代一个姓“姒”的部落名称，活动地区在黄河中游一带。夏部落的首领禹因治水有功，受到其他部落首领的拥护，接替舜的位置，成为部落联盟的领袖。随着部落联盟扩张，其领袖的权力也日益扩大。例如，禹在会稽山与诸侯会盟时，防风氏的首领迟到，禹便杀了他。作为部落联盟的领袖，可以处死某个氏族的首领，显示原有的氏族内部的家长权力，正在转变为国家的政治权力。

禹担任部落联盟领袖时，也按照部落内部原有的“禅让”制度，通过推选方式，将权力交给他人。禹曾经选皋陶作为自己的继承人，但不久皋陶去世，则改推皋陶的儿子伯益作为继承人。伯益辅佐禹管理部落联盟事务达十年之久。禹在东巡时死在会稽，权力于是交给了伯益。

伯益按照部落联盟的传统，为禹举行丧葬，挂孝、守孝三年。三年的丧礼完毕后，伯益却没能继承禹的位子。由于诸侯们认为伯益虽然帮助禹治水有功，但资格不够，转而拥护禹的儿子启。“禹传子，家天下”，这是古代中国政治史上一个重大的变革。

这次转变，引起了激烈的王位争夺，西方的同姓邦国有扈氏起兵反抗，启亲率大军进行讨伐。启与有扈氏于甘开战，有扈氏战败而被“剿绝”。启的地位更为稳固。于是众多邦国首领皆至阳翟朝会，启在阳翟（今河南禹州境内）举行宴会，这就是所谓的“钧台之享”。

▲夏启像。

汉谟拉比和刻在石柱上的法典

1901 年，法国考古学家在今伊朗西南部一个名叫“苏撒”的古城旧址上，发现了一块椭圆形的石柱。石柱高 2.25 米，底部圆周 1.9 米，顶部圆周 1.65 米。石柱上端是一幅精致的人物浮雕像，下方刻着稀奇古怪的文字。

这个巨大的石柱被运到巴黎卢浮宫。经过考古学家和古文字学家的研究，终于了解了刻在石柱上的文字内容，它就是著名的《汉谟拉比法典》，是迄今发现较有系统的最古老的一部法典，所以又被称为“世界第一法典”。

石柱上的人物浮雕是古巴比伦人崇拜的太阳神沙玛什和古巴比伦国王汉谟拉比，后者恭敬地站在太阳神面前，接受一枚象征着帝王权力的令牌。石柱的下方刻着一部由汉谟拉比制定的法典。

这部法典的来历得追溯至 4000 多年前的古巴比伦社会。古巴比伦王国位于幼发拉底河和底格里斯河流域，位置在今天的伊拉克境内。公元前 1792 年，汉谟拉比成为古巴比伦国王，他是一位很能干的国王，不仅亲自处理各种大小案件，也很关心农业、商业和畜牧业的发展及税收。古巴比伦于他在位的 40 年间成为一个强盛的国家。

不过，汉谟拉比每天要处理的案件实在太多了，令他焦头烂额。最后他决定确立处理所有案件的原则，大臣可以依据这个原则，来帮助他处理具体案件。于是他让大臣搜集法律条文，再参照社会习惯，编成了一部法典。汉谟拉比下令将这部法典刻在石柱上，竖立在巴比伦马杜克大神殿里。今后在处理具体案件时，便可将这部法典作为依据，处理起来就简单多了。

在刻着《汉谟拉比法典》的石柱上，之所以要雕刻那样的浮雕，是要说明：“这部法典是太阳神赋予汉谟拉比权力而制定的，所有人都必须遵守。”

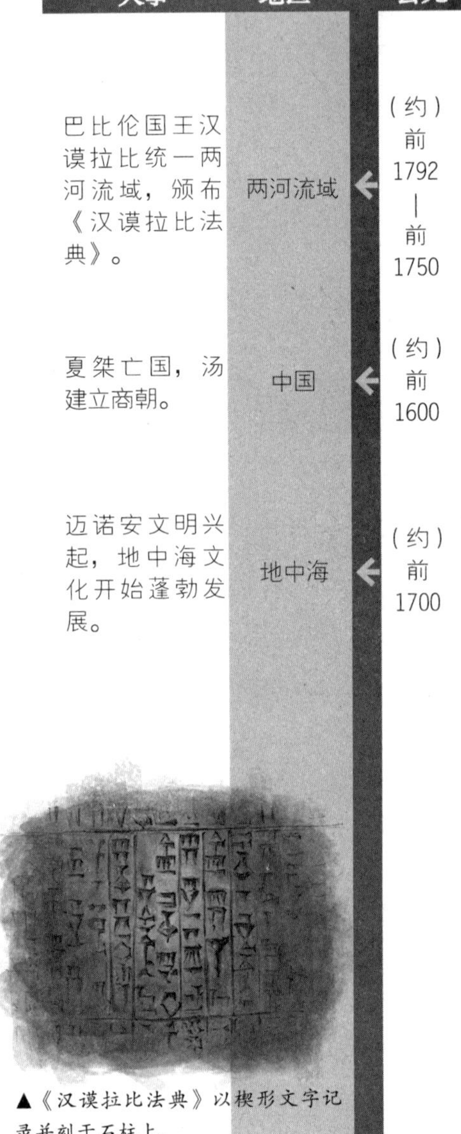

▲《汉谟拉比法典》以楔形文字记录并刻于石柱上。

单位：年

公元	地区	大事
（约）前1640	两河流域	赫梯帝国建立。
（约）前1600	希腊	伯罗奔尼撒半岛的迈锡尼文明兴起。

这部法典共有282条，刻在石柱上，共52栏3500行。石柱出土时，正面的7栏35条已经损坏，其余的大致完整。字迹优美，是当时只有王室才能使用的楔形字体。

《汉谟拉比法典》分为序言、正文和结语三大部分。正文的282条，包括诉讼的手续、对盗窃案的处理方法及关于商业高利贷和债务、婚姻及奴隶地位等条文，可以说是涵盖了当时社会上一切纠纷的处理原则。

法典的关键部分，是规定破坏国家和民众利益的行为该如何处理，如法典规定："盗窃王宫或者神庙财产的人，必须处死"；"侵犯别人住处的人，必须就地处死掩埋"；"趁火灾盗窃财物的人，必须当场丢到火里烧死"等。而对于自由民的内部关系处理原则是"以牙还牙"。

在那个时代，贵族、自由民及奴隶的地位是不平等的，如贵族若弄瞎了自由民，只要赔偿银子就可了事；要是弄瞎了奴隶，则不用赔偿。反之，奴隶若不承认他的主人，只要主人拿出他是自己奴隶的证明，奴隶便得被割去双耳；奴隶要是打了自由民巴掌，也要被割去耳朵。

这部法典的许多规定，在现在看来很不合理，不过，在当时却发挥了很大的作用，因为有了这些规定之后，国家在处理社会纠纷时，便可比照运用。而且，人民也都清楚了解到做什么事情会导致什么后果，便于约束自己的行为。而汉谟拉比则借由这部法典，能较完善地治理国家。

这件珍贵的文物目前珍藏在巴黎卢浮宫博物馆。石柱上毁坏的7栏文字，也根据《汉谟拉比法典》的泥板文书进行了校补。

▲《汉谟拉比法典》石柱上的人物浮雕。

冒犯上帝的城市——巴比伦

《圣经·旧约》里讲述了这样一则故事：

人类的祖先们起初是使用同一种语言，他们在底格里斯河和幼发拉底河之间建造了一座城市，过着无忧无虑的幸福生活。有一天，他们突发奇想："听说天上的生活更美好，我们应该去天上看看！"于是决定建一座可登天的高塔——巴别塔。他们用砖和泥土作为建筑材料，塔越盖越高，终于有一天高入云霄。上帝看着人们兴致勃勃地建塔，既害怕又愤怒，心想："人类为了满足虚荣心，什么事都做得出来，我一定要惩罚他们的狂妄。他们都说同样的语言，所以可以同心协力建这样的高塔，再这样发展下去的话，以后还有什么做不到的？"于是上帝便使人类彼此言语不通，巴别塔也就无法继续建造了。

这座巴别塔就坐落于巴比伦，巴比伦因此被称为"冒犯上帝的城市"。当然，这只是一个传说。不过，巴比伦在历史上确实存在过，是一座非常美丽的城市，巴比伦人的建筑技巧高超，巴别塔也曾经存在过。

大约在公元前1830年，阿摩利人就以巴比伦作为都城，建立了古巴比伦王国。在汉谟拉比国王驾崩后，巴比伦不断受到外族入侵，历经了长达500多年的战乱，至公元前7世纪末，才在尼布甲尼撒的领导下，建立了新巴比伦王国。

1899年，德国考古学家在距离今伊拉克首都巴格达50多公里的幼发拉底河和底格里斯河交汇处，进行了十多年的考古工作，终于找到了失踪两千多年的巴比伦古城遗址。古城位于一片大平原上，幼发拉底河穿城而过，将它分为东西两半，西岸是工商业地区，东岸则是王宫、神庙和贵族宅第所在。

巴比伦古城有内外两道城墙。城墙很宽，即便是一辆4匹马拉

单位：年

大事	地区	公元
埃及人赶走希克索斯人，开始新王国时期，腓尼基、巴勒斯坦和叙利亚皆并入埃及版图。	埃及	（约）前1570
赫梯人入侵，巴比伦帝国灭亡。	两河流域	（约）前1530

▲根据《圣经》里的传说，由于上帝的干涉，巴别塔最终没有建造成功。

单位：年

公元	地区	大事
（约）前1501	埃及	女法老哈特谢普苏特执政，与邻邦展开贸易，埃及更加繁荣。
（约）前1500	南美洲	玛雅文明形成。

的战车行驶在上面也能回转自如。城墙长达16公里，每隔一段距离就设有一座城楼。城墙的两端起于幼发拉底河畔，河的对岸是巴比伦新城区，一座大桥横跨幼发拉底河，将东西城区连在一起。这座城墙既是巴比伦人抵御外敌的堡垒，也是一道保护巴比伦城不受河水侵害的堤防。

在巴比伦语中，“巴比伦”意即“神的门”。巴比伦的主要城门都是以神的名字来命名的，这是两河流域的古老传统。其中最重要的是伊什塔尔门，穿过这座城门，就是一条铺着灰色和粉红色石子的宽阔大道，两旁的残墙上雄狮及公牛等图像现在仍清晰可见。尼布甲尼撒的王宫就位于大道以西。“古代世界七大奇迹”之一的“空中花园”坐落在王宫的东北角。

著名的巴别塔则耸立在大道北边。这座塔共有7层，总高度达90米，塔基的长度和宽度各约为91米。它其实是一座供奉巴比伦人的主神马杜克的神庙。塔顶有一座神殿，有一条石阶可直通神殿。举行祭祀时，穿着白色法衣的祭司，会在乐器伴奏的合唱声中登上塔顶。

起初的巴别塔毁于亚述国王辛赫那里布攻占巴比伦时。新巴比伦王国建立后，尼布甲尼撒二世下令重建，并命令全国各地都要派人来参与此工程。但历经几千年的战火和风雨摧残，通天的塔如今只剩一块长满野草的方形大地基。

▲空中花园，现已不复存在。

古代世界七大奇迹

公元前2世纪，古希腊作家安提帕特率先提出“世界七大奇观”，它们是从公元前20世纪至公元前3世纪，人类创造的七大建筑杰作，包括埃及的吉萨金字塔群、巴比伦的空中花园、奥林匹亚的宙斯神像、以弗所的阿尔忒弥斯神庙、哈利卡纳苏斯的摩索拉斯王陵墓、希腊罗德岛的太阳神铜像及埃及的亚历山大灯塔。

吉萨金字塔建造的时间大约是在公元前20世纪中期，是七大奇观中最古老，也是唯一现存的建筑；空中花园建于公元前600年左右，是一系列分层建园的平台，相传是新巴比伦国王尼布甲尼撒二世下令建造的；宙斯神像则在公元前430年前后由雅典雕刻家菲迪亚斯制作的，是一尊华丽的巨大坐像；阿尔忒弥斯神庙位于古希腊城市以弗所，以规模宏大、装饰富丽著称；摩索拉斯王陵墓约建于公元前353年，为安纳托利亚国王摩索拉斯的陵墓；罗德岛太阳神铜像则是一座为了纪念公元前305年至公元前304年敌人入侵罗德岛失败，而在该岛港口建造的青铜巨像；亚历山大灯塔的建造时间大约在公元前280年，建于亚历山大城港口的法罗斯岛上。

▲公元前305年，马其顿大军入侵罗德岛，岛民历经艰苦战斗，终于击败入侵者。为了庆祝这次胜利，他们用敌人遗弃的青铜兵器制作了一座雕像。这座高约33米的雕像，共花了12年才完工。雕像是中空的，里面使用复杂的石头和铁制的支柱来固定。但这座巨型雕像在完工50多年后，就被大地震摧毁了。

▲宙斯是希腊众神之王，人们为表示对他的崇拜而兴建宙斯神像，这是当时世上最大的室内雕像。宙斯神像所在的宙斯神殿，位于奥林匹克运动会发源地——希腊奥林匹亚城。高达 12 米的神像是用象牙雕刻而成，并用黄金做成袍饰。最初安放在希腊的奥林匹亚城，后来被移至君士坦丁堡，在 5 世纪间毁于大火。

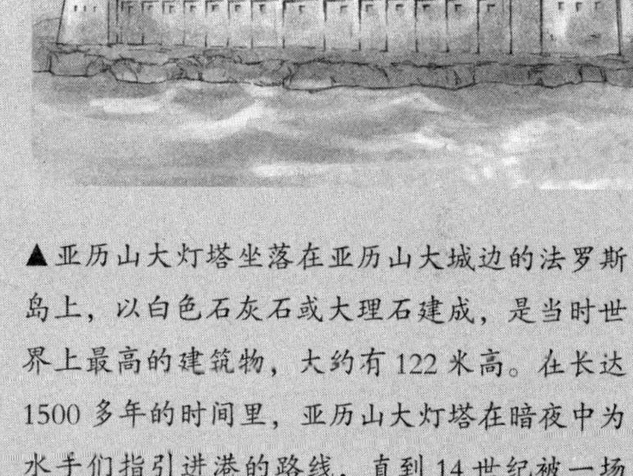

▲阿尔忒弥斯神庙位于古希腊城市以弗所（现在的土耳其西海岸）。神庙建筑以大理石作为基础，屋顶则为木制，内部至少有 106 根立柱，每根都有 12 米至 18 米高。这座神庙被毁 7 次，重建 7 次，最终在 4 世纪时彻底消失。

▲亚历山大灯塔坐落在亚历山大城边的法罗斯岛上，以白色石灰石或大理石建成，是当时世界上最高的建筑物，大约有 122 米高。在长达 1500 多年的时间里，亚历山大灯塔在暗夜中为水手们指引进港的路线，直到 14 世纪被一场大地震彻底摧毁。

流浪的犹太民族

大约 4000 年前，一支名为“闪族”的游牧民族，赶着羊群在阿拉伯沙漠四处寻找牧场。大沙漠北方有一块富饶的土地，形状像一弯新月，因而被称为“肥沃月弯”。闪族人把这里视为天堂，但每当他们赶着羊群来到此地时，都会遭到当地人的攻击，因而爆发战争，闪族人经过无数次失败后，终于占领了这块土地。

闪族中有一支叫作“希伯来”的部落，他们企图占领“肥沃月弯”中的一处狭长地带，即现今的巴勒斯坦，传说这是一块“流着奶和蜜的土地”。不过，这一带早已被一个名为“迦南”的部落据为己有，于是希伯来人和迦南人多年征战。由于迦南人十分英勇，希伯来人最终以失败收场。

战败的希伯来人聚集商议今后的出路。有位老人表示，听说有一处遥远的地方，遍地羊群，土地肥沃，到过那里的人都称它为“天堂”，那个地方就是埃及。全族的人都同意老人迁居埃及的提议，因此，在族长的带领下，希伯来人离开巴勒斯坦，历尽艰辛，终于抵达尼罗河三角洲东部的草原，在当地安居了几百年。

但到公元前 1300 年左右，野心勃勃的埃及法老拉美西斯二世打算建造两座巨型宫殿，于是将希伯来人当成奴隶，让他们做尽苦差事。拉美西斯二世驾崩时，来自四面八方的野蛮民族和海盗趁机入侵。

此时，希伯来人的族长摩西决定带领所有的族人越过红海，逃出埃及。摩西说：“只有回到迦南，才是唯一的出路。”但大多数希伯来人却没有勇气跟强悍的迦南人战斗，摩西只好带着希伯来人到处流浪。40 年后，摩西去世，约书亚接任族长。历经长期艰难生活的磨炼，希伯来人这时已成为骁勇的战士。约书亚带领族人进行无数次战斗，终于成功打败了迦南人。

约书亚死后，参孙继位。在参孙死后，希伯来人的生活变得动

单位：年

大事	地区	公元
雅利安人进入印度河上游，毁灭哈拉帕文明。	印度	（约）前 1500
赫梯帝国征服叙利亚、腓尼基。	西亚	（约）前 1400
盘庚迁殷，甲骨文出现。	中国	（约）前 1384
出现奥尔梅克文明，被视为日后印加文明的起源。	中美洲	

单位：年

公元	地区	大事
前1377—前1358	埃及	法老阿蒙霍特普四世意图改变传统多神信仰，改为独尊太阳神，引起社会动荡。而后，法老图坦卡蒙恢复多神信仰。
前1299	埃及	拉美西斯二世率军击败赫梯帝国，夺回叙利亚。
前1250	埃及	摩西率领希伯来人出埃及。

荡不安。当时，希伯来人分成许多小部落，其中两个较大的部落是“以色列”和“犹太”。

希伯来人长期处于群龙无首的状态，因而遭受到来自地中海沿岸岛屿的腓尼基人的攻击。在希伯来人最危急的时候，有位名叫“扫罗”的年轻人毅然挺身而出，在战斗中表现得勇猛且机智，于是被推举为国王。

在扫罗死后，智勇双全的大卫登上了王位。他在公元前1000年左右，率领族人击败腓尼基人，并攻占了一座名为“耶路撒冷”的小城。大卫将自己一手建立的国家命名为“犹太王国”，首都设在耶路撒冷。大卫死后，其子所罗门继承王位。所罗门是一位很有智慧的国王，在位期间，是犹太史上最繁荣的时期。所罗门下令修建多座宫殿和神殿，其中又以坐落在耶路撒冷山上的宫殿和犹太教圣殿最为宏伟，这座圣殿日后成为犹太民族的象征。

公元前586年，犹太王国亡于巴比伦人之手，耶路撒冷全城的犹太人都沦为俘虏，史称“巴比伦之囚”。60年后，波斯人征服巴比伦王国，被囚禁在巴比伦的犹太人才得以回到耶路撒冷。公元66年，罗马总督提图斯企图掠夺耶路撒冷神殿和宫殿里的宝物，犹太人奋起抵抗了4年，耶路撒冷仍然被攻陷，耶路撒冷城里的犹太人遭到大屠杀，无一幸免，另外还有10万名犹太人被变卖为奴隶。犹太人从此离开了耶路撒冷，直到第二次世界大战结束前，犹太民族一直都是没有国家的民族。

木马屠城计

在公元前 12 世纪的某一天，尽管天气晴朗，但斯巴达国王墨涅拉奥斯的心中却是一片阴沉。他刚刚接到美丽的妻子海伦被特洛伊国王的儿子帕里斯带走的消息，立刻赶往迈锡尼城，请他的哥哥阿伽门农为他复仇。

阿伽门农是当时希腊各国的霸主，他听闻这件事后，气愤地表示特洛伊只不过是一个小国，竟敢如此嚣张，于是召集希腊所有的国王来商讨对策。

国王们无不义愤填膺，推举阿伽门农为统帅，决定联合以武力消灭特洛伊。不久，一支由 10 万人马、1000 多艘战舰组成的大军，浩浩荡荡地向特洛伊城进军。希腊人和特洛伊人之间的战争爆发了。

特洛伊城虽小，却十分坚固，希腊人攻打了 9 年，始终没能攻破。到了第 10 年，一位足智多谋的希腊将领奥德修斯提出一条妙计。

这天清晨格外宁静，特洛伊人向城外眺望，只见原本到处是敌军帐篷，现在则空空如也。远处的海面上，希腊联军的战舰升起船帆，向外海驶去。

敌人撤军回国的消息马上传遍了特洛伊城。特洛伊人欢呼雀跃，长达 10 年的战争终于结束了！特洛伊城派遣部队出城搜查，结果一个希腊人也没有，却发现海滩上留下了一个巨大的木马。

特洛伊人围绕于木马四周，议论纷纷，有人提议将它拉进城里，也有人主张把它烧掉或推到海里。就在这时，士兵捉住了一个希腊人，绑着他去见特洛伊国王。经过仔细盘问，这个希腊人告诉国王，这个木马是希腊人用来祭祀雅典娜女神的，如果毁掉它，就会引起天神愤怒；如果拉进城里，则会带给特洛伊人神的赐福，所以希腊人故意把木马造得如此巨大，好让特洛伊人无法将它拉进城里。

特洛伊国王听完后，大喜过望，于是下令把木马拉进特洛伊城。

单位：年

大事	地区	公元
希腊与特洛伊发生“特洛伊战争”。	希腊	（约）前 1250
赫梯帝国瓦解。	西亚	（约）前 1200
克里特岛迈锡尼政权式微，腓尼基人接手地中海贸易。	地中海地区	
雅利安人统治印度，种姓制度及《吠陀经》出现。	印度	
亚述帝国建立，开始使用铁制武器。	两河流域	

单位：年

公元	地区	大事
（约）前1197	埃及	拉美西斯三世击败利比亚人。
（约）前1150	希腊	多利安人入侵希腊半岛北部，迈锡尼文明遭严重破坏。
前1046	中国	牧野之战，纣王战败，商朝灭亡，周朝建立，迁都镐京。
前1042	中国	成王幼年即位，周公摄政，管叔和蔡叔联合武庚叛乱。

就在士兵们忙着拉木马时，特洛伊的祭司拉奥孔大声阻止，指出那是敌人的诡计，应该马上烧毁木马。但士兵们根本不相信他所说的，仍然按照国王的命令将木马往城里拉。

传说，拉奥孔见自己无法制止这件事，便拿起长矛刺向木马。木马发出了可怕的响声。同时，海里蹿出两条可怕的蛇，扑向拉奥孔和他的两个儿子。拉奥孔和他的儿子与巨蛇拼命搏斗，但还是被蛇缠死了。之后两条巨蛇从容地钻到雅典娜女神的雕像下，消失了。

被抓住的希腊人又说：“他想毁掉献给女神的礼物，这就是他的下场！”这下子，特洛伊人再也没有怀疑，下定决心要把木马拉进城里。但木马实在太大了，比城墙还高，特洛伊人只好拆开一段城墙。

这天晚上，特洛伊人欢天喜地庆祝胜利，他们唱歌跳舞，喝光一桶又一桶的美酒，直到深夜才回家休息。夜深人静时，劝说特洛伊人把木马拉进城的希腊人，悄悄走到木马边，他其实就是足智多谋的希腊将领奥德修斯。他轻轻地敲了三下，这是约定的暗号。藏在木马中的希腊战士，一个个跳了出来。他们悄悄地摸向城门，杀死了睡梦中的特洛伊士兵，迅速打开城门，并在城里到处点火，特洛伊城顿时一片火海。

隐藏在附近的大批希腊军队，如潮水般涌入特洛伊城。因为酒醉而正在酣睡的特洛伊人根本没有抵抗的能力。历时10年的特洛伊战争就这样结束了。特洛伊城被掠夺一空，化为灰烬。男人大多被杀，妇女和儿童则被卖为奴隶，海伦也被墨涅拉奥斯带回希腊。

“当心希腊人的礼物”，这句成语即来自木马屠城计，警示人们别被敌人的伪装欺骗。“特洛伊木马”也被用来比喻在敌人内部埋下伏兵里应外合的战术。

所罗门王的宝藏

有一天，犹太国王所罗门王正在王宫里处理朝政，听见门外传来一阵争吵声。便命令侍从去了解发生了什么事情。过了一会儿，侍从进来禀告说，外面有两个妇女在争吵。于是所罗门王命这两个妇女进来。

这两个妇女走到所罗门王面前时，还在争论不休。所罗门王要她们先把事情的原委告诉他。其中一个妇女说道："我和这个女人同住在一间屋子里。不久前我生了一个男孩，三天后，她也生了一个男孩。晚上睡觉时，她不小心将自己的孩子压死了。趁我熟睡，把我的孩子抱走，并把她死掉的孩子放在我的床上。天快亮的时候，我起床准备喂奶，不料孩子已经死了，但我仔细一看发现那根本不是我的孩子！"

另一个女人马上说："不对！活着的孩子是我的，死掉的孩子是她的！"

前面说话的那个女人立即大声反驳。两人在所罗门王面前大吵大闹，互相指责对方，并请所罗门王秉公处理。

所罗门王问侍从："你认为哪一个才是孩子真正的母亲？"侍从回答："她们说的都有道理，根本无法判断到底谁是孩子的母亲。"

所罗门王不慌不忙地说："你们一直争吵也不是办法，我有一个好主意，拿把刀来！"侍从听见国王这么说，马上拿来一把刀。所罗门王大声说："把孩子抱过来，劈成两半！一个女人给一半！"

其中一个女人听见所罗门王这么说，吓得魂飞魄散，马上把孩子交给另一个女人，连忙恳求："请陛下开恩，把孩子给她吧，千万别伤害这个孩子！"而另一个女人则若无其事地说："这样处理最公平了。"

所罗门王接着说："现在事情的结果已经明了了。说不要伤害

单位：年

大事	地区	公元
古埃及后期第二十一至三十王朝，埃及陷入长期动乱，外族先后入侵，并建立王朝。	埃及	前1085—前332
扫罗领导希伯来人对抗腓尼基人，被拥立为王。	西亚	前1025
扫罗死后，大卫继位，击败腓尼基人，在耶路撒冷建立犹太王国。	西亚	前1006

单位：年

公元	地区	大事
前1000	地中海地区	腓尼基文字出现，后被希腊人借用，发展出拉丁字母。
前970	西亚	大卫之子所罗门继位，在耶路撒冷建造圣殿。

孩子的女人才是真正的母亲，说要一人一半的，肯定不是孩子的母亲。”

犹太王国的百姓听说这件事后，都十分佩服国王的智慧。后来，人们要是称赞某个人很聪明，往往喜欢用“所罗门的智慧”来形容。

所罗门王也把智慧用在管理国家上，他知道自己一个人是无法处理所有事务的，所以将全国分成十二个行政区，任命总督管理，同时也考虑到了不能给予总督太大的权力，否则会对自己产生威胁，于是规定总督的主要职责就是管理税收。

巴勒斯坦地区由于地处欧亚非三大洲的交界处，自古以来就是东西方贸易的主要通道，所以所罗门王对近邻采取友好政策。并立埃及法老的女儿为皇后，使两国建立起良好的关系。同时，他还利用地利，大力开辟和控制某些重要的商业路线，甚至还派人远航到东非。

所罗门王统治时期，也是古代希伯来文化发展的重要时期，有许多文学作品都是以所罗门来命名的。所罗门王时期的文化也是《旧约》圣经重要的组成部分，而《旧约》圣经后来被基督教全部继承，也就是说，古代希伯来文学和古希腊、古罗马文学共同构成欧洲文学的两大源流，在世界古代文化史上占有重要地位。

▲所罗门王睿智地解决了妇女之间的纠纷，显示了他超人的智慧。

此外，所罗门王还在耶路撒冷建造了所罗门圣殿，这座圣殿是古代犹太人的信仰中心暨民族的象征。

所罗门王在位时，是犹太王国最繁荣的时期，据说，每年从各附属国就征收了相当于10万公斤黄金的贡品。所罗门王把所有的金银财宝都存放在圣殿里，这就是历代相传的“所罗门王的宝藏”。这些宝藏在巴比伦军队攻占耶路撒冷时不知去向。几千年来，许多人都在寻找“所罗门王的宝藏”，但迄今仍无结果。

奥林匹克体育盛会

希腊的奥林匹克运动会究竟是怎么样的盛会呢？古代希腊神话传说里，居住在奥林波斯山上的天神宙斯主宰整个世界。为了表达对宙斯的崇敬，希腊人在伯罗奔尼撒半岛西部的奥林匹亚举行盛大的祭祀，进献全牛全羊作为祭品，载歌载舞，欢庆宴饮，同时进行短跑竞赛等活动。

古代希腊从公元前776年起，每隔4年在伯罗奔尼撒半岛西部的奥林匹亚举行竞技大会，也就是运动会，知名的奥林匹克运动会就此诞生。最早的竞赛项目只有200码（约183米）短跑，后来又增加了许多项目，如摔跤、掷铁饼、投标枪、赛马和赛车等。其中，驾驶马车赛跑最受观众欢迎。除了犯叛国罪和对神不尊敬的人，希腊诸城邦的公民都可以参赛。但一般公民想参加也无法参加，因为必须自备马匹，只有贵族才有这等财力。

在竞技大会的闭幕式上，人们会为获得优胜的人戴上一顶用月桂叶做成的桂冠，这顶桂冠比王冠还要贵重，因为获得桂冠的人比头戴金冠的国王，更受到人们的尊敬和爱戴，有的人甚至会把他们当作神一样来崇拜。另外，著名的诗人也会向优胜者献上赞美诗。他们的名字很快就会传遍整个希腊，有时还会传到国外。家乡父老会把优胜者视为凯旋的英雄，有些城市还会将城墙打开一个缺口，让他们像征服者那样大摇大摆地进城。希腊一流的艺术家也会为优胜者建造纪念雕像。雅典城邦还曾特别规定，优胜者如果是雅典人，可以得到五百银币的奖励。

这个古老的运动会一直保持着优胜者获得最高荣誉，备受尊敬的优良运动精神；而那些在运动会上使用不正当手段舞弊的人，会被立刻赶出竞技场，遭众人耻笑。

奥林匹克运动会在古希腊人的生活中是很重要的一件事，竞赛

单位：年

大事	地区	公元
所罗门王死后，王国一分为二，北为以色列王国，南为犹太王国。	西亚	前922
以残暴著称的亚述国王纳西拔二世重建帝国，史上首次使用骑兵战术。	两河流域	前883—前858
擅长航海、贸易的腓尼基人在北非建立迦太基国；希腊城邦体制逐渐成形。	希腊	前814

单位：年

公元	地区	大事
前776	希腊	举行第一届奥林匹克运动会；希腊纪年开始。
前771	中国	申侯联合犬戎攻入镐京，杀周幽王，西周结束。

期间是希腊全国性的节日。即使在战争时期，如果遇到运动会举办，交战双方会暂停战斗，等到运动会结束后再重新开战。即使遇到外敌入侵，希腊人还是会把运动会放在首要地位。

奥林匹克运动会对希腊人的生活产生了巨大的影响。因为这一全国性的运动会，希腊的各个城邦有了共同的社会活动，如此一来，就增进了各城邦之间的文化交流和贸易往来。

奥林匹克运动会对希腊的影响之大，从他们纪年的历法上也可以看出。希腊人以举行首次奥林匹克运动会的那一年——公元前776年作为其纪元的开始。古代的奥林匹克运动会一共举行了293次。直到394年，罗马皇帝狄奥多西下令禁止举行比赛，奥林匹克运动会才因此中断了1500多年。经过法国人顾拜旦的倡议和努力，奥林匹克运动会于1896年在雅典重新举办，4年举办一次，参与者扩大至世界各国，且每次都在不同国家举行。如今已成为全世界最受瞩目的体育盛会。

▲奥林匹克体育竞技图。

荷马史诗

荷马是古代欧洲史最伟大的诗人，《荷马史诗》便是出自其手。荷马约生活在公元前 9 世纪，由于时代久远，后人对于他的生平所知不多。有学者考证，认为“荷马”的原意是“人质”，所以推断荷马可能是一个奴隶。荷马靠行吟演唱来维持生活，他为自己的命运歌唱，也为历史的变迁歌唱。

荷马的行吟诗内容是有关希腊的历史事迹、神话和传说，这些诗篇一代又一代地流传了下来。在他活着时，穷困潦倒；在他死后，却有多达 9 座城市争着说是荷马的诞生地。

《伊利亚特》和《奥德赛》是荷马最伟大的诗篇。这两部史诗既是古希腊艺术史上的瑰宝，也是全人类共同的艺术宝藏。《伊利亚特》的故事发生在公元前 12 世纪，当时希腊联军和特洛伊展开了持续 10 年的战争。《伊利亚特》叙述战争最后一年里 51 天所发生的故事，尤其着重描绘希腊英雄阿喀琉斯的伟大形象。

希腊联军主将阿喀琉斯英勇善战，让特洛伊人闻风丧胆。有一次，希腊联军统帅阿伽门农夺走了阿喀琉斯心爱的女奴，阿喀琉斯非常气愤，从此拒绝出战。特洛伊人趁机反攻，大获全胜，希腊人面临全军惨败的危机。阿喀琉斯的好友帕特洛克拉穿上阿喀琉斯的盔甲，前去应战，被特洛伊的王子赫克特杀死。

阿喀琉斯悲痛万分，他重上战场，亲手杀死了赫克特，为好朋友复仇。之后赫克特的父亲来到阿喀琉斯的营帐，请求赎回儿子赫克特的尸体。双方停战 12 天，分别为赫克特和帕特洛克拉举行葬礼。

几天后，特洛伊和希腊联军恢复了战斗。阿喀琉斯虽然英勇过人，但特洛伊的帕里斯借助神的力量，射死阿喀琉斯。

最后，机智多谋的希腊将领奥德修斯使用木马屠城计，一举攻占了特洛伊城。

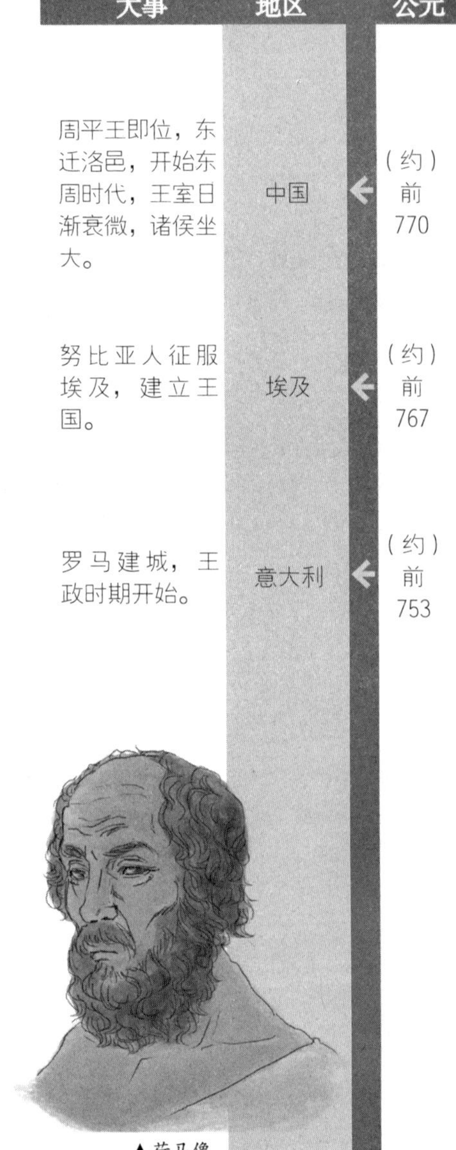

单位：年

大事	地区	公元
周平王即位，东迁洛邑，开始东周时代，王室日渐衰微，诸侯坐大。	中国	（约）前 770
努比亚人征服埃及，建立王国。	埃及	（约）前 767
罗马建城，王政时期开始。	意大利	（约）前 753

▲荷马像。

单位：年

公元	地区	大事
（约）前750—前550	希腊	希腊各城邦积极向外殖民。
（约）前732	西亚	亚述人攻陷今叙利亚首都大马士革。

《奥德赛》则着重描写希腊将领奥德修斯在回国途中经历的传说：

希腊人攻陷特洛伊城，大肆杀戮掠夺后，胜利回国。归途中，由于他们触怒了天神，船队被风浪掀翻，很多人淹死在大海中。奥德修斯在海上漂泊了10年，战胜了狂风巨浪和吃人的妖精，也拒绝了女巫的爱情，终于回到了自己的祖国。奥德修斯扮成一位年长的乞丐，见到了他的儿子，两人齐心协力，终于除掉了在他家中胡作非为的权贵恶少。他不仅和忠心的妻子团圆，而且重登王位。

如今，世人一致认为，《荷马史诗》不仅是一部伟大的文学作品，而且是一部极具价值的历史文献，其所描述的公元前12世纪到公元前9世纪的希腊历史，被称为“荷马时代”。

▲荷马靠行吟演唱来维持生活。

大事	地区	公元
亚述人攻陷以色列王国首都撒马里亚。	西亚	(约)前722
亚述人征服犹太王国，摧毁巴比伦帝国，统一美索不达米亚平原。	西亚	(约)前701

单位：年

军事强国斯巴达

古代希腊城邦中，斯巴达一向以强大的军队著称，而斯巴达人是如何将他们的孩子训练成战士的呢?

斯巴达的孩子一出生就得先接受长老的检查，要是长老认为不够强壮，就会被丢到荒山野外的弃婴场，剩下的再用烈酒给婴儿洗澡，如果他抽筋或失去知觉，就证明他的身体不强壮，任由他死去，因为他不可能成长为一位强壮的战士。男孩在7岁之前跟父母一起生活，从小被教育不哭闹、不挑食、不争吵、不怕黑暗及孤独。到了7岁以后，男孩会被编入团队，过着集体的军事生活。他们得绝对服从首领，必须增强自己的勇气、体力和意志，每天练习跑步、掷铁饼、拳击、击剑和搏击。为了训练服从性和忍耐性，每年在节日敬神时，必须忍受皮鞭拷打，不能求饶，也不能喊痛。

在接受军事训练的同时，斯巴达儿童还要接受“斯巴达人十分高贵”的观念。主管训练的人员经常在他们面前任意侮辱和鞭打其他种族的人，甚至带他们参与屠杀其他族群。男孩到了12岁就得被编入少年队，生活条件更严酷，他们必须剃光头、打赤脚，无论什么季节，只准穿一件外衣，平时食物很少，训练人员鼓励他们到外面偷东西吃，但要是被发现了，就得接受惩罚，因为这表示他偷窃的本领不高明。传说有一个少年，偷了一只狐狸藏在胸前，狐狸在衣服里咬他，为了不被人发现，他一动不动，最后竟被狐狸咬死了。

年满20岁的男性青年即正式成为军人；30岁结婚，但每天还是要参加军事训练；60岁时退伍，但仍是后备军人。斯巴达女孩7岁后虽然待在家里，但她们也要锻炼体能，练习跑步、竞走、掷铁饼及搏斗等。斯巴达人认为，只有强健的母亲才能生下坚强的战士，因此斯巴达妇女都很坚强，送儿子上战场时，不是祝福他平安归来，而是要求他们，不是光荣凯旋，就是光荣战死。斯巴达的妇女完全

公元	地区	大事
（约）前700	希腊	斯巴达建城。

单位：年

没有希腊其他地区的妇女那种温柔多情的性格。

斯巴达人很看不起文化和教育，青少年会写命令和便条就可以了，且说话简明扼要，就像军事口令一样。这就是斯巴达人的教育方式，也许在今天看来，只能用“恐怖”来形容，不过，这种教育方式，确实使得斯巴达成为当时全希腊军力最强大的城邦国家。

斯巴达人是不从事生产活动的，他们以对外战争所掠夺来的奴隶从事劳动生产。因此，斯巴达必须用尽一切办法确保其军事力量足够强大。

斯巴达人实行的是“二王制”。但只有在打仗时，国王才拥有权力，一个担任军事统帅，一个留守国内。平时由5个执政官来处理政务，而有关城邦的重大事务，则是由30个人所组成的“长老会议”来决定的，名义上还要由公民大会通过才能生效。

在古希腊文明中，重要的文化成就都跟斯巴达无关。在斯巴达城里，甚至没有一座堪称宏伟的建筑物，斯巴达人也没有制作过任何一件精致的手工艺品。他们这种极端重视武力、轻视文化的态度，在整个人类历史上也是极为罕见的。

这种仅仅建立在军事上的统治，是不可能稳固的。被他们征服的所有民族都被称为“希洛人”，希洛人曾经多次反叛，叛乱多年后，斯巴达人迫不得已，只好让希洛人重获自由。可是，斯巴达强盛的军事基础是建立在希洛人的生产之上，希洛人取得自由之后，对斯巴达人的统治造成了沉重的打击，所以在公元前4世纪中叶，斯巴达逐渐走向衰亡。

希腊神话

希腊神话是世界古典文化的瑰宝。

希腊神话主要由神的故事和英雄传说两部分组成，此外还包括了一些解释社会习俗及自然现象的故事。神的故事包括开天辟地、神的出现、神的宗谱、神的活动以及人类的起源、创造万物等神话故事。英雄传说中的英雄，则多是神和人结合的后代，也是部落崇拜的对象。这些英雄的活动以不同的事件为中心，形成几个主要系列，如关于赫拉克勒斯、忒修斯、忒拜以及特洛伊战争的传说等。

希腊神话以丰富多彩的内容和瑰丽奇特的想象，为西方文学和艺术提供了取之不尽的素材和灵感，对后世的文学和艺术创作产生了难以估计的影响。时至今日，欧美的戏剧、诗歌和其他文化活动，仍会从希腊神话中汲取养分。

神虽然不存在，但是反映历史文化与人类精神的神话故事却是美好、永恒的。它记录了人类追求美好生活的理想和希望，同时保存了无数人为了争取幸福而洒落的泪水和留下的笑声。

▲希腊神话里的美神阿弗洛狄忒，据说是从爱琴海的泡沫里诞生的，象征美是瞬间即逝的，阿弗洛狄忒同时也具有高贵与神圣的含义。

▲这幅《帕拉斯与肯陶洛斯》取材自希腊神话故事。爱琴海上有个岛国克里特，克里特王弥诺斯的妻子帕西淮和一头公牛偷情，生下了半牛半人的怪物肯陶洛斯。为了不让外人知道这个丑闻，弥诺斯将肯陶洛斯关进迷宫里。当时，克里特与希腊城邦雅典爆发战争，雅典战败，于是弥诺斯命令雅典每年要进贡七对童男童女，供给肯陶洛斯。后来，女神帕拉斯前往克里特岛，将肯陶洛斯擒获。这幅画描绘的正是帕拉斯捉拿肯陶洛斯的情景，颂扬惩恶扬善的义举。

亚述帝国与“血腥的狮穴”

公元前732年，在叙利亚首都大马士革爆发了一场攻城战。战争持续了一年，由于城中军民拼命抵抗，攻城的亚述士兵一次又一次地被击退。

亚述国王于是下令使用投石机，这是亚述军队特有的一种攻城机械，它是一个很大的木筐，里面装有特制的转盘，上面绞着用马鬃和橡树皮编织而成的绳索。只要用力一拉，就可以发射出巨大的石弹和燃烧的油桶。石弹击中守城的士兵，燃烧着的油桶则在城里引发了熊熊烈火。

亚述国王接着又命士兵用攻城锤来撞开城门。只见士兵们拉来一个庞然大物，下方有4个轮子，前端是一个由青铜铸成的又重又粗的锤子，铜锤是尖的。在喊叫声中，攻城锤被推到城门前，士兵们绞动转盘，用铜锤猛烈地撞击城门，“轰”的一声，城门被撞破。亚述士兵蜂拥而入，在城中和叙利亚士兵进行巷战，最后大马士革沦陷了。

亚述士兵残酷地对待大马士革城里的人们，敲碎他们的头颅，割断他们的喉咙，火烧他们的房屋，抢夺他们的财产，还掳走他们的妻子和儿女，无数的金银珠宝被运回亚述。

亚述国王对于不肯投降的战败国，一律实施这种极其残酷的屠城，而这个嗜血的帝国究竟是如何发展起来的呢？

早在公元前3000年，亚述人已在两河流域北部活动。到了公元前8世纪后期，亚述已经成为两河流域最强大的国家。亚述人建立了一支当时兵种最齐全、装备最精良的军队。他们凭借着强大的军力，发动了一连串的侵略战争，先后征服了小亚细亚东部、叙利亚、腓尼基、巴勒斯坦、巴比伦尼亚及埃及等地，成为横跨亚非两大洲的军事强国。

单位：年

大事	地区	公元
雅典结束王权政体，改采贵族共和体制。	希腊	（约）前683
亚述征服埃及，亚述帝国版图横跨亚非两大洲。	埃及	（约）前671
亚述国王巴尼拔在尼尼微建立史上首座成规模的图书馆。	两河流域	（约）前668

单位：年

公元	地区	大事
（约）前653	埃及	埃及脱离亚述统治。
（约）前640	希腊	斯巴达人发展出步兵方阵战术，成为军事强国。
（约）前626	两河流域	尼布甲尼撒一世建立新巴比伦帝国。

公元前8世纪，亚述国王辛那赫里布将都城由萨尔贡城迁到底格里斯河左岸的尼尼微。辛那赫里布对战争不感兴趣，他将大部分的时间和精力都用于建设尼尼微城。经过历代国王的修建，尼尼微成为亚述帝国的政治暨经济中心，同时也是西亚重要的贸易市场。它的繁荣完全是建立在掠夺他国财富的基础上，所以在《圣经》里，尼尼微被称为“血腥的狮穴”。

亚述人完全是凭借着武力去征服、掠夺，先后征服古埃及和伊朗高原，但征服者只能征服土地，并不能征服人心。至公元前7世纪中叶，亚述帝国便逐渐衰落。埃及率先摆脱亚述的统治，随后，东北方的游牧部落接连兴起，日益威胁着尼尼微。公元前626年，居住在新巴比伦的迦勒底人和东边的米底人联合进攻亚述；公元前612年，新巴比伦和米底人联军攻进尼尼微。尼尼微不仅被洗劫一空，且被放了一把大火，“血腥的狮穴”尼尼微和庞大的亚述帝国从此消失。

在此后的1000多年里，人们只能从《圣经》里得知“血腥的狮穴”，许多人都怀疑它的真实性，直到1845年，有一位英国考古学家，经过6年的发掘，终于找到了尼尼微旧址，并挖出许多亚述泥板文字，这些珍贵的文书现在收藏在大英博物馆里，向世人展示着亚述帝国300多年的兴衰。

▲曾经热闹的尼尼微城现今只剩断垣残壁。

古印度的种姓制度

古代印度人的种姓制度分为四个阶级：婆罗门、刹帝利、吠舍和首陀罗。所谓“种姓”，在印度梵文中称为“瓦尔那”，即“颜色”或“质量”的意思。换句话说，人一生下来，就已经决定了社会地位，而且永生不能改变。

婆罗门是祭司，掌握神权与占卜祸福，负责文化和报道农时季节的工作，享有最高的社会地位；而刹帝利是军事贵族，包括国王以下的各级官吏，掌握除了神权之外的一切国家权力；婆罗门和刹帝利这两个高级种姓，是古代印度社会中最富有的阶层，他们不需要劳动，依靠剥削他人为生，是社会的统治阶级；吠舍是普通劳动者，也就是中下阶层，包括农民、手工业者和商人，他们必须向国家缴纳赋税；首陀罗则是指那些失去土地的自由民和被征服的达罗毗荼人，实际上就是奴隶。

各个种姓阶级世袭，而且不能通婚，以保持严格的界限，使种姓的划分永久化。不同种姓的男女通婚，所生的子女为贱民，也被称作“不可接触者”，贱民不包括在四个种姓之内，是最受鄙视的一群人。

之所以会有这样的阶层划分，是因为在公元前2500年左右，属于印欧语系的许多部落，从中亚经由印度西北方的山口，陆续进入印度河中游，征服当地的达罗毗荼人。入侵者是白种人，自称为“雅利安”，意思是“高贵的人”，以区别皮肤黝黑的达罗毗荼人。经过了几个世纪的武力扩张，雅利安人逐步征服了整个北印度。

雅利安人早先过着原始的游牧生活。在入侵印度之后，吸收了达罗毗荼人的文化，转为定居的农业生活。由于雅利安人对外征服和奴役达罗毗荼人，对内则是贫富分化，于是社会中逐渐形成了严格的种姓制度。

单位：年

大事	地区	公元
新巴比伦与米底人联手攻占及毁灭尼尼微。灭亡亚述帝国。	两河流域	（约）前612
尼布甲尼撒二世即位，修建巴比伦空中花园。	两河流域	（约）前604—前562

▲天神梵天。

为了证明种姓制度是合理的，在婆罗门的经典《吠陀经》中记载：原始巨人普鲁沙死后，天神梵天用他的嘴制造了婆罗门，用双手制成了刹帝利，将双腿做成了吠舍，双脚就成了首陀罗。因为制作部位不同，所以就划分为高贵和低贱的种姓。

婆罗门僧侣还宣扬，凡是循规蹈矩、安分守己的人，来世便能成为较高的种姓，否则会降为更低的种姓。所以劳动者和奴隶应该逆来顺受，遵守贵族阶级制定的规矩，以免加重来生的灾难。

为了维护种姓制度，贵族阶级还制定了许多法律，其中最典型的就是《摩奴法典》。每个种姓都有自己的机构，处理有关种姓内部的事务，并监督自身种姓的人是否遵守《摩奴法典》及传统习惯。如有触犯者，轻则由婆罗门祭司给予处罚，重则贬为贱民。

贱民只能居住在村外，不能接触婆罗门，只能从事最低贱的职业，如抬死尸、清扫粪便等。走在路上，贱民要佩戴特殊的标记，口中要不断发出特殊的声音，或敲击某种器物，以提醒高级种姓的人及时躲避。婆罗门如果接触了贱民，被认为是一件倒霉的事，回去之后要举行净身仪式。

由于种姓制度实施职业世袭，把生产限制在一个狭小的范围内，从而阻碍了社会经济的发展，是造成印度社会发展迟缓的重要原因之一。印度自古代至近代，历经了几种社会形态，种姓制度一直延续了下来。时至今日，尽管印度的种姓制度有了些许变化，但依然存在着。

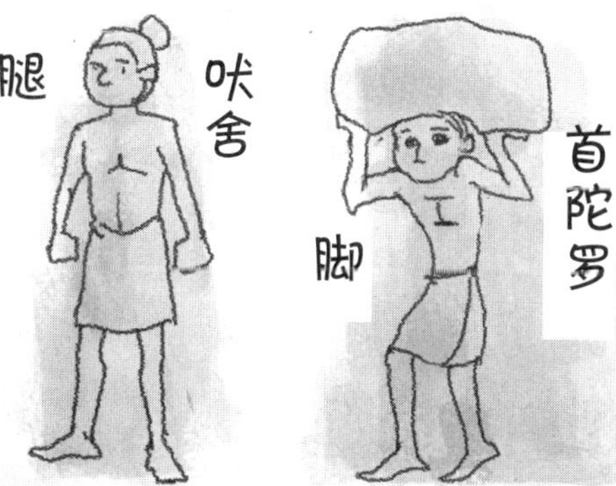

▲传说天神梵天用普鲁沙的嘴制造婆罗门；双手制成刹帝利；双腿做成吠舍；双脚变成首陀罗。因为制作部位不同，所以便划分为高贵和低贱的种姓。

佛陀与佛教

公元前6世纪，在喜马拉雅山山麓与恒河间有一个小王国，国王为净饭王。有一天，王后生下了一个王子，净饭王为这孩子取名为乔达摩·悉达多。

小王子天资聪颖，喜欢追根究底，老是问些很奇怪的问题，如既然都是人，为什么有人是婆罗门，有人却是首陀罗呢？而且为什么婆罗门的子孙都是婆罗门，首陀罗的子孙永远都是首陀罗呢？国王答不出来，只好说这是上天安排的，但悉达多说他不相信，他要找出一个人人平等的办法。

有一天，悉达多出城游玩，看见一位老人拄着木棍，艰难地移动着脚步。走出不远，又看见一个病人躺在污泥里，动弹不得；再走一阵子，他又看见一群鸟在啄食一具尸体。他问一个路人这是怎么回事？路人认为他真是少见多怪。王子回宫后，百思不得其解：“人的一生为什么不能免除生、老、病、死的痛苦？”又有一天，悉达多看见一个人穿得破破烂烂，手捧着瓦钵，看起来却十分自在。王子问随从他是什么人，随从回答说是出家修行的人。悉达多于是询问修行者为何能这么快乐，修行者回答：“世间的事情是变化无常的，只有出家人才可以得到解脱。”

悉达多思考后，决定出家修行。第二天早晨，他的妻子为他生下一个儿子，他悄悄走到妻子的房间，看见她抱着儿子，想走进去看一眼。但他停下了脚步，叹息说道：“修道多难啊！”最终，他下定决心，离开家庭，剃掉头发，进入深山修行。

此后，悉达多到处寻找著名的学者学习哲学，又跟随苦行僧学道，寻找解脱人生痛苦的法门。悉达多苦行了整整6年，精神和体力几乎衰竭，仍然没有寻找到答案。他这才意识到，苦行的方法是无法找到真理的。

单位：年

大事	地区	公元
尼布甲尼撒二世两度攻占耶路撒冷，将犹太人囚禁于巴比伦。	两河流域	（约）前586
数学家毕达哥拉斯在世，提出“勾股定理”。	两河流域	（约）前580—前550

单位：年

公元	地区	大事
（约）前565—前485	印度	释迦牟尼在世，创立佛教。
（约）前500	波斯	居鲁士建立波斯帝国。

他来到一条小河边，洗了澡。河边的一位放牛姑娘，送他一些牛奶，悉达多恢复了元气，走到一棵菩提树下，盘膝而坐，闭目沉思。他发誓如果再找不到解脱人生痛苦的方法，就坐在这里，永远不起来！就这样过了一天，他睁开眼睛，看见了满天星辰，顿时所有的问题都获得解决了！

他终于想通了解脱人间痛苦的方法。悉达多后来到各地去传教，招收信徒，希望大家相信他所说的一切，佛教因而诞生。作为佛教的创始人，悉达多被其弟子尊称为“释迦牟尼”，意为“释迦族的圣人”。

释迦牟尼把基本教义归纳为“四谛”，也就是四条真理——苦谛、集谛、灭谛及道谛。“苦谛”是说人的一生都在受苦，即使有快乐，也是很短暂的，最后的结果还是苦；“集谛”指出人受苦的原因起源于人的各种欲望，将欲望付诸行动，就会出现相应的结果，而来世就要为今世的行为付出代价；“灭谛”指明导致痛苦的原因，要摆脱痛苦，就要消灭欲望；“道谛”是在说明要消灭苦因就必须修行。

释迦牟尼还为教徒制定了“戒律”。无论是在家的还是出家的教徒都必须遵守“五戒”——不杀生、不偷盗、不邪淫、不妄语及不饮酒。出家的男性称为“僧”，女性则为“尼”，皆必须剃光头，穿僧袍，代表脱离世俗生活。

佛教主张生命都是平等的，人的不幸来自自己的欲望，这种欲望造成的后果，会始终跟随着人，即使今世没有报应，来世也会有。只有通过修行才能脱离轮回，不再受苦。

公元前485年2月15日，释迦牟尼于河边最后一次讲道，然后至河里沐浴。沐浴后，弟子们在两棵娑罗树之间架起一张绳床，释迦牟尼侧身而卧，枕着右手，说道：“我即将老死，在我死后，你们不要因为失去导师而自暴自弃，要大力弘扬佛法，拯救世人。”语闭，释迦牟尼就闭目圆寂了。

佛教并没有因为佛陀的去世而结束。如今佛教徒遍布全世界，与基督教和伊斯兰教，并称为世界三大宗教。

“宇宙之王”居鲁士

公元前6世纪左右，居住在伊朗高原的米底人，攻陷亚述帝国首都尼尼微，建立起新帝国。至阿斯提阿格斯当政时，米底国王已经传到了第四代。

某天晚上，阿斯提阿格斯因噩梦而惊醒。天一亮，他马上召见会解梦的僧侣，对他说昨晚梦见自己的女儿曼丹妮撒尿竟然引发了大洪水。那个僧侣认为这是个不祥的征兆，预示公主日后将会危及国家安全。阿斯提阿格斯从此时时提防着这个女儿。

曼丹妮长大后，国王将她嫁给一个温顺老实的波斯贵族。曼丹妮出嫁后不到一年，国王阿斯提阿格斯又做了一个梦。他再次召见解梦的僧侣，告诉他昨天梦见从曼丹妮的肚子里长出了一根葡萄藤，枝叶渐渐茂盛，把整个国家都遮住了。僧侣解释这个梦预示公主的后裔将会取代他的王位。

阿斯提阿格斯立刻派人去波斯探访，公主果然怀孕了。他马上命令公主回宫，派人严加监视，等孩子出世后，立即杀死他。不久，曼丹妮生下了一个男孩，他就是居鲁士。阿斯提阿格斯听到消息，便命王室总管将孩子带出宫杀掉。

总管将孩子交给一个名叫米特拉达铁斯的奴隶，让他去执行这命令。米特拉达铁斯把孩子带回家。他和妻子的孩子刚出生便夭折了。当米特拉达铁斯把事情的原委告诉妻子后，妻子见这个孩子的模样十分可爱，立刻要求千万别伤害他：“你可以用我们死去的孩子代替他交差，这孩子就不会丢了性命。”米特拉达铁斯答应了。

一晃，十年过去了。有一天，小居鲁士和村里的孩子们玩耍时被推举为“国王”，而他也真的像国王一样发号施令。其中有个孩子是村里没落贵族的儿子，因为小居鲁士是奴隶的儿子，所以很不服气。小居鲁士便命令“卫兵”打了他一顿。因为米特拉达铁斯是国王的奴隶，所以小居鲁士自然也是国王的奴隶，那个没落贵族也

单位：年

大事	地区	公元
以斯巴达为首，成立“伯罗奔尼撒联盟”。	希腊	（约）前550
居鲁士征服米底王国。	波斯	
居鲁士灭巴比伦帝国，统一西亚。	波斯	（约）前538

单位：年

公元	地区	大事
（约）前529	波斯	居鲁士东征中亚时被杀。
（约）前522	波斯	大流士即位，为波斯帝国全盛时期。

拿他没办法。

国王阿斯提阿格斯听说了这件事后，叫来小居鲁士，对他说："你真是胆大妄为，竟敢打贵族的儿子！"小居鲁士却一点也不害怕，回答说："他是罪有应得，村里的孩子们推举我为国王，但他不听从我的命令，所以才受到处罚。"

阿斯提阿格斯听到这孩子说话的口气很大，且相貌与自己相似，所以有点怀疑。接着又问其年纪，刚好和自己死去的外孙一样。后来，他逼米特拉达铁斯把事情的原委全部说出来。国王又叫来解梦的僧侣，僧侣听完这件事后，高兴地回答说："这孩子已经做过了一次国王，就不会再成为国王了。"阿斯提阿格斯于是把小居鲁士送回曼丹妮家中。

居鲁士长大后，和波斯10个部落的青年贵族结为好友。居鲁士对这些波斯青年贵族说，国王让他来担任波斯人的首领，并命令他们回家拿镰刀。大家皆遵照命令取来镰刀，居鲁士带领众人来到一片长满荆棘的地方，要他们在一天之内把荆棘都砍除。虽然大家都很疲惫，但还是顺利地完成了。

第二天，居鲁士拿出酒肉招待这些人。当宴会接近尾声时，居鲁士高声说道："要是你们接受我的命令，就可以每天都享受这种快乐。波斯人比米底人强，大家都应反抗阿斯提阿格斯才对！"波斯人早就不满米底的统治，因此大多数人都愿意追随居鲁士造反。

居鲁士率领波斯军队击败了阿斯提阿格斯，成为波斯国王。他先后消灭了米底、吕底亚及新巴比伦三大王国，征服了犹太、腓尼基、地中海东岸至中亚的广阔地区，将它们纳入波斯帝国的版图且将首都迁到巴比伦城，并宣布自己是"宇宙之王"。居鲁士后来在进攻里海时战死。他死后，由他的儿子冈比西斯继承王位。

▲波斯王宫残墙上的雕像。

大流士改革

公元前522年，波斯帝国的大臣大流士，在他的府邸中愁眉不展。因为就在8个月前，大流士和其他几位大臣，帮助一个自称冈比西斯的儿子的人——“巴尔迪亚”，当上了波斯帝国国王。

原来的国王是居鲁士的儿子冈比西斯。但冈比西斯患有癫痫症，经常发狂，动不动就处死大臣。因此，大流士联合几个大臣，趁着冈比西斯在埃及之时，另立新君，宣布废黜冈比西斯。冈比西斯得知消息后，急忙领军回国，两军都还没有对阵，冈比西斯就因为癫痫发作，一命呜呼。大流士原以为一切都会好转，但局势却越来越糟糕。

其实，巴尔迪亚早就被疯狂的冈比西斯杀死了，这个冒牌货名叫高墨达，是个拜火教的僧侣。为了不露出马脚，高墨达一连8个月都没有召见大臣，许多大臣因此对新皇帝的身份半信半疑。

某天，一位昔日冈比西斯的王妃发现新皇帝竟然没有耳朵，便把这件事告诉了她的父亲——大臣欧塔涅斯。欧塔涅斯立刻断定这位新皇帝并非巴尔迪亚本人，而是僧侣高墨达。因为居鲁士在位时，高墨达曾因过失而被居鲁士下令割去双耳。欧塔涅斯把这件事告诉其他6位波斯贵族，决定再次发动政变，杀死高墨达，夺回政权。高墨达得知真相败露，火速逃离，但最后还是被欧塔涅斯和大流士等人杀死了。

高墨达死后，这7名大臣商议由谁来继承皇位，但每个人都认为应该由自己来继承大位，互不相让。欧塔涅斯表示，这样争吵不是办法，自己年纪也大了，不想再当什么国王，于是宣布退出王位竞争。不过，他有一个要求，无论是谁当上了皇帝，都得尊敬他。

其他6人同意了他的要求，但到底该由谁来当皇帝呢？后来众人决定，隔天一早，大家骑马到郊外会合，谁的马最先嘶叫，就由

单位：年

大事	地区	公元
罗马开始共和体制，王政时期结束。	意大利	（约）前509
孔子开始周游列国。	中国	（约）前497
第一次波希战争，波斯军于马拉松一役大败。	希腊	（约）前490

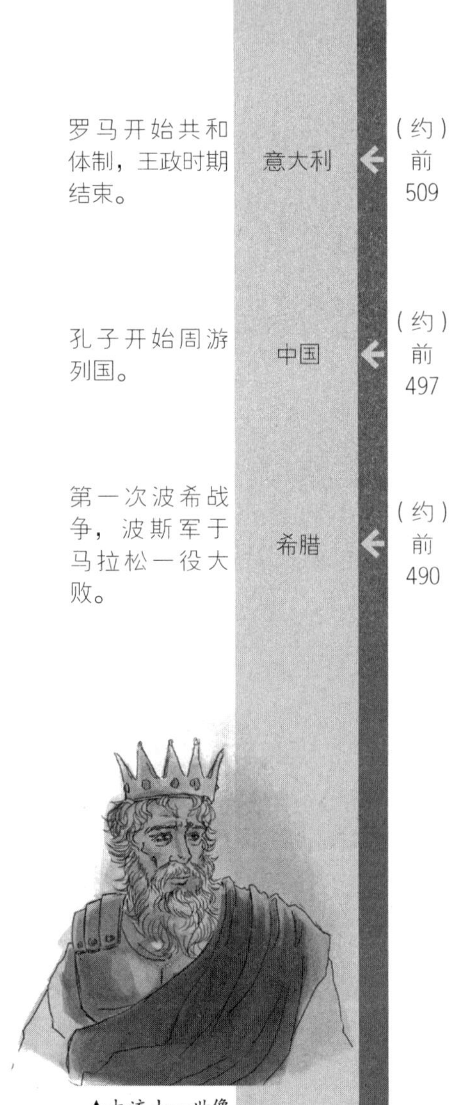

▲大流士一世像。

单位：年

公元	地区	大事
（约）前485—前425	希腊	历史学家希罗多德在世，撰写《历史》，记载第一次波希战争始末。

谁来当皇帝。最后，大流士当上了皇帝。大流士登基后，一年内发动了18次战役，终于平定了各地的叛乱。

大流士认为居鲁士和冈比西斯时代的宫廷没有规矩，所以才会出现这么多的叛乱。他当上皇帝后，制定了一套严格的宫廷规矩。上朝时，大流士头戴闪闪发光的金皇冠，身穿绛红色的长袍，腰系金丝腰带，手握黄金权杖，高坐在金阶之上。身后站着大群高擎羽扇和大伞的随从和侍卫。大臣要跪在地上朝见，他和大臣之间还要用帷幕隔开，因为大臣的呼吸会亵渎皇帝。这样一来，才显得出皇帝的威严。为了防止叛乱，大流士把全国分成许多军区，军区的长官只对他一个人负责，而且任何人皆无权调动军队。

大流士特别喜欢吃爱琴海产的鲜鱼，为了及时把鲜鱼送到宫中，他下令修筑一条全长2000多公里长的驿道，称为“皇道”。这条驿道全线设有100多个驿站，沿路驿站的信差以接力的方式，快马加鞭地把鲜鱼送到宫中。从爱琴海到大流士的宫中，步行需要几十天的路程，因为有了这条驿道，信使只要3天就可以到达。

大流士即位后，固定各行省的贡赋，并统一度量衡。还下令铸造和使用金币，金币的正面是他本人的头像，反面则是一个弓箭手，这种金币叫作“大流克”。历史学家把这种种政策称为“大流士改革”。

公元前500年，大流士对希腊发动战争。在公元前490年的马拉松战役中，希腊人大败波斯军队。10年后，大流士的儿子薛西斯再次远征希腊，依旧惨败而归。从此，波斯帝国便逐渐衰落。

▲大流士一世时期波斯王宫的遗址。

孔子周游列国

孔子的父亲是个地位不高的武官，在孔子 3 岁时就去世了，孔子的母亲带着他搬至曲阜。据说他从小便对礼节很有兴趣，时常摆弄小盆小盘，学着大人祭天祭祖的样子。

孔子自幼读书就很用功，十分崇拜制礼作乐的周公，对古礼特别熟悉。当时读书人应学的“六艺”，也就是礼节、音乐、射箭、驾车、书写及计算，他都非常精通。孔子虚心好学，郯子访问鲁国时，讲述远古氏族以图腾命名官职和分工的历史，他听了很感兴趣，就向郯子学习。据说他还向老聃问礼；向苌弘学乐；向师襄学琴。孔子做事很认真，最初当过管理仓库的小吏，账目算得很清楚，物资从来没有少过。后来又当了管理牧业的小吏，牛羊不仅繁殖得很快，且都又肥又壮。

不到 30 岁，孔子的名声就已传开。有很多人想拜他为师，于是他办了一间私塾。鲁国大夫孟僖子临死前，嘱咐他的两个儿子孟懿子和南宫敬叔到孔子那里学礼。说明孔子在 30 多岁时就以好学知礼而受到贵族们的重视。由于南宫敬叔的推荐，鲁昭公还让孔子到周朝的都城洛邑考察礼乐。

孔子在 35 岁时开始他的政治活动。在鲁昭公被鲁国掌权的三家大夫——季孙氏、孟孙氏和叔孙氏赶走之后，孔子便去了齐国，齐景公很想重用他，但相国晏婴认为孔子的主张不切实际，就没用他。孔子回到鲁国，继续教书，跟随孔子学习的学生越来越多。

公元前 501 年，鲁定公指派孔子担任中都（今山东汶上县）宰。第二年，做司空（管理工程的主官）。之后，又从司空调为司寇（掌管司法）。有一回，鲁定公将准备到夹谷跟齐国会盟的事告诉了孔子，孔子说：“齐国屡次侵犯鲁国边境，这次会盟必须带兵马去防备着。”鲁定公采纳了孔子的建议，派左、右司马带领军队随同他去夹谷。

单位：年

大事	地区	公元
大流士之子薛西斯发动第二次波希战争。	希腊	（约）前 480
薛西斯率军卷土重来，仍为雅典与斯巴达联军所败。	希腊	（约）前 479
孔子逝世。	中国	

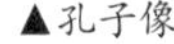
▲孔子像。

单位：年

公元	地区	大事
（约）前478	希腊	希腊诸城邦缔结“提洛同盟”。
（约）前467	希腊	苏格拉底诞生于雅典。

在夹谷会议上，由于孔子据理力争，鲁国取得了外交上的胜利。会后，齐景公决定把从鲁国掠夺过来的汶阳（今山东泰安西南）三处土地交还鲁国。齐国的大夫认为孔子在鲁国做官，对齐国不利，劝齐景公送一批女乐给鲁定公。于是齐景公挑选了80位歌伎，送到鲁国。鲁定公接受了这些女乐，每天吃喝玩乐，无心政事，让孔子很失望。

孔子55岁离开了鲁国，希冀找到机会来推行其政治主张。不过，当时大国都忙于争霸的战争，小国无不面临被吞并的危机，孔子提倡恢复周朝初年礼乐制度的主张，并没有被接受。孔子一行人先后到过卫、曹、宋、郑、陈、蔡和楚国，一路宣扬自己的政治主张，备尝艰辛，且受到来自各方的嘲讽，但孔子依然以天下为己任，始终没有放弃自己的政治主张。孔子在列国奔波了七八年后，还是回到鲁国，致力于整理古代典籍及教育学生。

晚年时，孔子整理了《诗经》《尚书》及《春秋》等重要古代典籍。《春秋》是中国最早的编年体史书；《诗经》是中国最早的诗歌汇集，共收录了305篇西周至春秋时期的诗歌，其中不少是反映古代社会生活的民间歌谣，在中国文学史上占有重要地位；《尚书》则是一部上古历史文献的汇编。孔子去世时，为他守丧的，据说有上百家之多。在孔子死后，弟子们整理他平日的言行及与弟子的对话，编成《论语》，并将其学说发扬光大，形成了儒家学派。

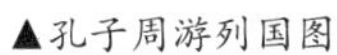
▲孔子周游列国图。

伯里克利与雅典

伯里克利是希腊著名的民主派政治家，他出身贵族，见识不凡。从公元前444年起，一直担任雅典首席将军一职，成为雅典的实际统治者。为了更接近民众，伯里克利经常与普通百姓交谈，听取他们的意见。遇到有人当面辱骂他，也从不动怒，更不随意抓人。

奴隶社会的阶层制度严格，不同阶层的人根本不会接触。统治者竟能宽容地对待反对派的意见，是少有的情形。雅典的公民对其民主作风十分赞赏，也积极支持他。例如，有个名叫西门的大贵族，专门和伯里克利唱反调，雅典公民于是通过投票方式，将他放逐到国外。

伯里克利律己甚严，十分廉洁。当了十几年的执政官，从不参加别人的宴会。仅有的一次是参加侄子的婚礼，不过宴会还没有开始，他就先行离开了。雅典的公民说，伯里克利在雅典只熟悉一条路，那就是通向能接触普通公民的广场和五百人会议的路。

在雅典，军人、法官、议员和其他政府工作人员，一开始都是无薪水的，军人必须自费购买武器和马匹，因此所有的官职都被有钱人占据。伯里克利当上执政官之后，规定军人和所有公职人员都改由国家支付薪水。从此，一般公民也可以任职军人、法官和议员，公民的民主权利因此扩大。伯里克利还发放“看戏津贴”给穷人，让他们也可以享受文化娱乐。

伯里克利还下令重建被波斯入侵者烧毁的雅典城。这项决定意义重大，对往后的雅典，甚至是整个希腊的文化艺术、旅游及商业产生了极为重大的影响。

他召集了大批杰出的雕塑家、建筑师和工艺家来到雅典，把这座古城装饰得异常华丽。建造了许多闻名于世的建筑，如可容纳1400名观众的露天剧场以及专门用于诗歌演唱和比赛的音乐堂。

单位：年

大事	地区	公元
伯里克利接任雅典执政官，雅典进入黄金时代。	希腊	（约）前461—前429
修昔底德在世，撰写《伯罗奔尼撒战争史》。	希腊	（约）前460—前396
韩、赵、魏“三家分晋”，中国进入“战国时代”。	中国	前453

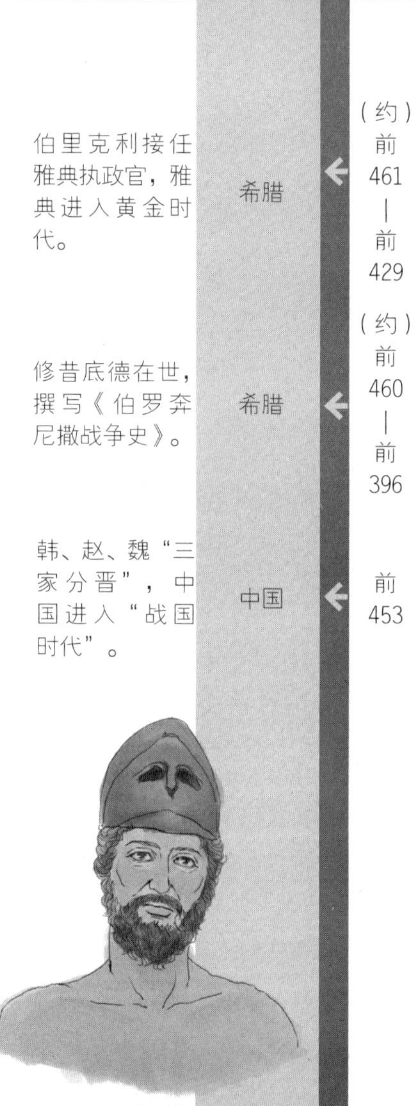

▲伯里克利像。

单位：年

公元	地区	大事
（约）前427—前347	希腊	柏拉图在世，出生于雅典，为苏格拉底的学生。

位于雅典中心的雅典卫城，更是其中最出色的建筑群，建在150米高的陡峭山顶上，全部用大理石来修建。卫城中，有最著名的帕特农神庙和智慧女神雅典娜的铜像。

伯里克利对于希腊的强盛与繁荣贡献良多。但他的晚年却很不幸，接连遭受严重打击。先是因为别人的诽谤，导致他被撤职。虽然后来恢复执政官一职，但他的两个儿子先后死于鼠疫，不久，他也没能逃脱可怕的病魔。弥留之际，伯里克利说了一句话："对于雅典，我问心无愧！"

伯里克利死后还不到二十年，强盛的雅典就败给了希腊另一个强大城邦——斯巴达。

现在，一提起希腊的强盛与繁荣，就会联想到雅典和伯里克利，希腊的"黄金时代"因此被称为"伯里克利时代"，这也是历史对伯里克利最公正的评价！

▲雅典最著名的帕特农神庙。

伯罗奔尼撒战争

公元前431年冬季，雅典执政官伯里克利在阵亡将士葬礼上，发表了流传千古的演说："我们的祖先凭借自身的勇敢，将一个自由的国家传到我们这一代。我们的制度被称为民主政治，因为政权不是在少数人手中，而是在多数人手中。为民主政治而战，虽死犹荣。在强大的敌人面前，我们没有别的出路，只有为自由而战斗，为自由而献身！"

这一次，雅典面临的敌人，不是波斯帝国，而是希腊城邦中军事力量最强的斯巴达。

雅典和斯巴达是当时希腊最强大的两个城邦。在这次战争之前，波希战争持续了长达近半个世纪。最后，雅典联合希腊城邦国家组成联盟才打败波斯。战后，希腊人没有解散同盟。同时，以斯巴达为首的伯罗奔尼撒同盟已形成。随着时间的推移，斯巴达逐渐把同盟变成了发展其利益的海上帝国，为了达到自己的目的，它动用同盟国金库里的资金并令其他同盟国都降至臣属地位，哪一个同盟国敢反抗，就以武力镇压，接管其海军并勒索贡赋。

斯巴达的手段之粗暴，引起了雅典人的担忧，大家担心斯巴达不久就会把其霸权扩张至全希腊。当时，雅典实行的是民主制度，文学艺术繁荣发达，斯巴达却是实行贵族政治，文化鄙俗落后。雅典的民主政治和斯巴达的贵族寡头政治水火不容，双方都想把自己的政治制度扩大到其他希腊城邦。

就这样，两个城邦的冲突日益激烈，一场争夺希腊霸权的战争终于爆发了。这场战争从公元前431年开始，到公元前404年结束，长达27年。因为是以斯巴达为首的伯罗奔尼撒同盟率先进攻，所以被称为"伯罗奔尼撒战争"。

交战的头几年，双方各有胜负。公元前415年，雅典的一位将

单位：年

大事	地区	公元
伯罗奔尼撒战争结束，从此确立斯巴达霸权地位。	希腊	（约）前404
埃及摆脱波斯帝国统治，重获独立。	埃及	（约）前403

单位：年

公元	地区	大事
（约）前384—前323	希腊	亚里士多德在世，出生于色雷斯，为柏拉图的学生。
（约）前362	希腊	斯巴达霸权结束。

▲《伯罗奔尼撒战争史》
修昔底德原本是一位雅典的将军，在参与伯罗奔尼撒战争的过程中，因为战斗失利而被放逐。因此，他决定着手记录这场战争。最终完成了无论是在文化上抑或是艺术上，皆达到古代希腊史学巅峰的《伯罗奔尼撒战争史》。

军亚西比德提出新的作战计划。他极力鼓吹远征西西里岛，攻占支持斯巴达的叙拉古城。

在出征的前一天，雅典城内的海尔梅斯神像却遭到破坏，这是个不祥征兆！一些反对远征的人散布谣言，说这是不敬重神的亚西比德指使人做的。亚西比德十分气愤，打算彻底清查雅典城，严惩破坏者。不过，大军马上就要出发了，不容拖延，他也只能带领军队离开雅典。

亚西比德离开雅典不久后，公民大会决议召回他进行审判。正在指挥战斗的亚西比德听到消息后大为愤怒，决定回雅典为自己辩护。但察觉自己的处境十分危险，于是就在回雅典的路上潜逃了。公民大会对亚西比德进行缺席审判，判他死刑。亚西比德知道这个判决后，一怒之下，竟逃到斯巴达，向敌人投降。斯巴达人十分高兴地接纳他，认为这是神意要雅典失败。

亚西比德为了报仇，向斯巴达人献策："要战胜雅典，就必须立刻派遣海军前往西西里岛，去解救被雅典人包围的叙拉古城；同时要从陆上出兵，占领雅典城以北20里处的狄克利亚高地，封锁雅典的对外通道。"雅典被斯巴达封锁后，疫病流行，发生严重的饥荒。两万多个奴隶趁机逃往斯巴达。

在西西里岛上，斯巴达打败了雅典的海军，并让已经登陆西西里岛的雅典陆军陷入绝境。最后，雅典人不敌投降。所有人都被变卖为奴隶，指挥雅典军队的两个将军则被处死。

投靠斯巴达的亚西比德在西西里战役之后，遭到斯巴达人猜忌，只得离开斯巴达，最终在小亚细亚被人刺杀。

伯罗奔尼撒战争最后是以雅典的失败而告终，但整个希腊都受到了战火的波及，也使得斯巴达称霸全希腊，其寡头政治得以推行，各邦的民主势力遭到迫害。寡头政治的蛮横统治引起各城邦的强烈不满，许多城邦起兵反抗，伯罗奔尼撒同盟渐趋瓦解。尔后，几个较强大的城邦，为了争夺霸权展开战争。公元前3世纪前半期，希腊境内战火不绝，各邦彼此消耗战力，最后被虎视眈眈的马其顿王国消灭。从此，希腊走向了衰亡。

商鞅变法

在战国七雄中，起初秦国无论是在政治、经济或文化等各方面，都落后于中原各诸侯国。公元前361年，秦孝公即位，他决心发愤图强，所做的第一件事就是网罗人才，他下令："不论秦国人或其他国家的人，只要能让秦国富强，就封官加爵。"

秦孝公的号召果然引来不少有才干的人，其中一位是卫国贵族公孙鞅（日后的商鞅），他在卫国得不到重用，于是到秦国寻求机会。得到秦孝公接见后，商鞅对秦孝公说："国家要富强，就必须注重农业，并奖励将士，而要治理好国家，就必须有赏有罚，朝廷会有威信，就比较容易进行改革。"秦孝公非常认同商鞅的主张，不过秦国的贵族和大臣却群起反对。秦孝公见到反对者众多，而自己刚即位，怕闹出乱事，所以暂时搁下改革之事。

过了两年，秦孝公的君位稳固后，才拜商鞅为左庶长（秦国官衔），并下令从今以后，改革制度全权交由左庶长处理。商鞅起草了一套新法令，但担心老百姓不信任，便先找人在都城的南门竖起一根三丈高的木柱，并下令谁能把这根柱子扛到北门去，就重赏十金。老百姓议论纷纷，但就是没有人敢去扛木柱。商鞅知道老百姓还不相信，便把赏金提高到五十金。没想到赏金越高，看热闹的人越觉得不近情理，仍旧没人上前。这时，从人群中走出一个人，说他愿意试试，便把木柱扛到北门，商鞅立刻派人赏给此人五十金，一两不少。这件事立刻传了开来，轰动全国。老百姓都说左庶长的命令一点也不假！

商鞅接着公布由他起草的新法令，史称"商鞅变法"，规定官职大小和爵位高低，一律以打仗立功作为标准，没有军功就没有爵位，就算是贵族也一样；多生产粮食和布帛的可以免除官差；为了做买卖及因为懒惰而贫穷的，妻儿连带受罚充当奴隶。

单位：年

大事	地区	公元
商鞅获秦孝公重用，开始"商鞅变法"。	中国	（约）前356
波斯再度占领埃及。	埃及	（约）前343—前332
马其顿国王腓力二世强迫斯巴达以外的希腊城邦承认其霸主地位。	希腊	（约）前337

单位：年

公元	地区	大事
(约)前336	希腊	腓力二世遇刺，其子亚历山大即位，迅速平定叛乱。
(约)前334	希腊	亚历山大开始东征。
(约)前331	埃及	亚历山大征服埃及。

自变法后，秦国不仅农业生产发展，军事力量也变得更为强大。不久，秦国进攻魏国西部，从河西打到河东，甚至连魏国都城安邑也打了下来。

公元前350年，商鞅实行了第二次改革，内容包括：

一、废井田，开阡陌（田间的道路）。秦国把宽阔的阡陌铲平，种植作物，且开垦以前作为划分疆界用的土堆、荒地、树林及沟地等。谁开垦荒地，就归谁所有，且土地可以买卖。

二、建立“县”的政府组织。将市镇和乡村合并，组织成“县”，派官吏直接管理，以便国家权力更为集中。

三、迁都咸阳。为了便于向东发展，将国都从原来的雍城（今陕西凤翔县），迁移到渭河北面的咸阳（今陕西咸阳市东北）。

如此大规模的改革，当然会引起激烈的反响，许多贵族、大臣都反对新法。但有一次，秦国太子犯法，商鞅对秦孝公说：“国家法令必须上下一致遵守，居上位的人如不遵守，老百姓就不会再信任朝廷，而太子犯法，他的老师应当受罚。”结果，商鞅治罪太子的两位老师，一个割鼻，一个脸上被刺字。从此之后，贵族和大臣们都不敢触犯新法。10年后，秦国果然越来越富强，周天子封秦孝公为“方伯”（一方诸侯之首），中原各诸侯国也纷纷向秦国道贺。

▲商鞅像。

征服者亚历山大大帝

曾经有位希腊预言家制作了一个连环套，他预言谁只要能够解开这个连环套，就可以成为亚洲之王。但一直没有人可以成功解开，直到某天一个高大健壮的青年说要用自己的方式来解开，接着就抽出剑，直接劈开连环套。这个年轻人就是日后的马其顿国王亚历山大。

马其顿原本是希腊北部一个贫穷落后、默默无闻的城邦，直到腓力二世在位时，这个城邦才开始逐渐强盛。公元前338年，腓力二世击败敌对的希腊联邦，成为希腊的霸主。公元前336年，腓力二世在女儿的婚礼上，被波斯派来的刺客杀死。于是年仅20岁的儿子亚历山大继承了王位。

亚历山大从小兴趣广泛，十分聪明勇敢，12岁时就能驯服无人可以驾驭的马。13岁时，他的父亲为他聘请当时希腊"最博学的人"——亚里士多德来当家庭教师，他跟着亚里士多德学习哲学、医学及科学等各方面的知识。亚历山大最喜欢的一本书是《伊利亚特》，他希望自己能像《荷马史诗》里的英雄阿喀琉斯一样建立伟大的功勋。在腓力二世遇害后，年轻的亚历山大仅用两年时间，就稳定了希腊的局势，开始他征服世界的大业。

公元前334年春天，亚历山大率领35000人的大军和160艘战舰准备远征。在远征前，他把自己所有的财产都分赠给众人，一位将军问他为自己留下了什么，亚历山大回答他把"希望"留给自己，因为这将会为他带来无穷的财富。亚历山大的雄心壮志激励了所有将士，决心跟随他到东方。

亚历山大首先率领部队攻占小亚细亚，消灭驻扎在那里的少量波斯军队，然后挥师北上，至伊苏城时，他打败波斯王大流士三世，俘虏了大流士三世的母亲、妻子和两个女儿。

亚历山大接着进军叙利亚和腓尼基，同时派遣手下大将攻占大

单位：年

大事	地区	公元
波斯帝国灭亡。	波斯	（约）前330
亚历山大入侵印度。	印度	（约）前327
旃陀罗笈多创立孔雀王朝。	印度	（约）前324

单位：年

公元	地区	大事
（约）前 323	希腊	亚历山大病逝，帝国分裂。
（约）前 273	印度	印度孔雀王朝阿育王即位。

马士革，得到了大量的战利品。他亲率部队南下，经过 7 个月的苦战，终于攻下推罗城，将城中 3 万居民变为奴隶。

公元前 332 年，亚历山大切断了波斯陆军与海上舰队的联系，长驱直入攻进埃及，并自称为“太阳神阿蒙之子”，且亲自设计并建立亚历山卓港。而埃及法老也为亚历山大加上“法老”的称号，并设宴款待他。

公元前 331 年，亚历山大率军穿过美索不达米亚平原北部，在高加米拉平原和波斯进行决战。最后大流士三世被自己的部下杀死。公元前 330 年，亚历山大征服了整个波斯帝国。公元前 327 年，亚历山大率领军队，南下入侵印度，在印度河谷建立了两座亚历山大城，迅速占领印度西北的广大地区。他原先打算继续东进，但此时亚历山大麾下的士兵已厌倦长期的战争，拒绝前进，要求返家。亚历山大无可奈何，只好在公元前 325 年从印度撤军。

公元前 324 年年初，亚历山大结束了近十年的远征，且定都于巴比伦。不久，亚历山大发布公告，他将与波斯国王大流士三世的女儿斯塔提拉结婚。在婚礼上，亚历山大宣布马其顿人若和东方女子结婚，可享受免税待遇。

但亚历山大仍然梦想征服全世界。他重新组织军队，准备入侵阿拉伯与波斯帝国北边，还想再次入侵印度，并征服罗马、迦太基和地中海西岸地区。但在公元前 323 年，亚历山大突然罹患恶性疟疾，仅过了 10 天，这位征服者就匆匆离开了人世。

由于没有指定继承者，将领们爆发王权争夺战，使得横跨欧亚非三洲的亚历山大王国陷入分裂。亚历山大一手建立的庞大帝国，只存在了短短 13 年。

▲亚历山大石棺是希腊最大的石棺，石棺上的浮雕再现了当时的战争场景。

古希腊哲学家

公元前5世纪至公元前3世纪时，古希腊出现了一群伟大的哲学家，如毕达哥拉斯、赫拉克利特、苏格拉底、柏拉图、亚里士多德及伊壁鸩鲁等。这些古希腊哲学家关注宇宙的和谐、自然的规律、各种事物之间的关系、整个世界的内在结构及运动的趋向；他们追寻着“智慧”，以真为美，真善统一；他们注重人的理性，以理性来解释自然的一切，认为用思想引领行为，既是人类智慧的光荣，也是人类的天职；他们注重人的尊严，试图证明人是宇宙中最伟大的存在；他们关注人类的道德，统一知识和道德；他们还探索科学领域，为往后的科学发展奠定基础。

从古希腊各式各样的哲学流派中，可以找到日后各种观念、理论的雏形。古希腊哲学是开创性的思想体系，在西方文明的发展过程中，具有根本性的重要意义。

在古希腊所有哲学家中，苏格拉底、柏拉图和亚里士多德是最为重要的三位，他们被称为“古希腊三大哲学家”，其理论奠定了西方文化的哲学基础。

▲苏格拉底是喜欢思辨的哲学家，他将一生都贡献于与他人辩论，宣扬自己的哲学观点，但也得罪了当时的雅典统治者。公元前399年，他因“渎神罪”被判服毒自杀。

▲柏拉图根据苏格拉底的生活和思想，建立了博大精深的哲学体系。柏拉图曾在雅典创办了雅典学院，此学院培养了许多文化名人，对后世有卓越的贡献及深远的影响。

▲亚里士多德是古希腊继柏拉图之后最伟大的思想家、哲学家和科学家，他对西方文化的影响是其他思想家无法比拟的。其哲学和科学体系一直是中世纪基督教经院哲学思想的支柱。直到17世纪末，西方文化始终为亚里士多德的思想所涵养，其知识体系博大精深，包含了绝大多数科学和多门艺术，即使到了今天，在哲学辩论中，其思想和著作仍具有举足轻重的分量。

伟大的阿育王

阿育王是古印度摩揭陀国孔雀王朝的第三代国王，又被称为“无忧王”，他的祖父是创立孔雀王朝的旃陀罗笈多。

公元前 325 年，马其顿王亚历山大从印度河流域撤退时，在旁遮普设立总督，留下了一支军队。旃陀罗笈多率领当地人民揭竿而起，赶走马其顿军队，推翻难陀王朝，建立了新的王朝。由于他出身于饲养孔雀的家族，因此，后人便将其建立的王朝称为“孔雀王朝”。

阿育王的父亲是王朝的第二代国王宾头沙罗。阿育王是宾头沙罗王的众多王子之一，从小就特别崇敬佛教创始人释迦牟尼，喜欢听佛陀经历肉体和内心的痛苦终于成佛的故事。他对他的兄弟们说：“佛教可以消灭个人欲望，让人安分守己，有益于治理国家。”公元前 273 年，宾头沙罗王病逝，为了争夺王位，王子和公主们进行了残酷的内战，其中最为激烈的是阿育王和长兄之间的战争。阿育王称王后的第 4 年，才正式举行登基典礼。

阿育王即位后，追随祖父旃陀罗笈多的事业，开始向外扩张。他曾征服过湿婆萨国，而最大规模的扩张则是远征羯陵伽。羯陵伽是孟加拉湾沿岸的强国，拥有步兵 6 万、骑兵 1 万及战象数百头等。军力强大之外，由于海外贸易发达，经济也很富庶，因而引起阿育王的注意。阿育王在公元前 262 年前后大举进犯羯陵伽，并成功征服羯陵伽国。

这场战争对阿育王影响极大，在战争结束不久，阿育王与佛教高僧多次长谈后皈依佛教，成为虔诚的教徒。因他十分后悔发动残酷的战争，为人民带来灾难，便发布了一道敕令：“对羯陵伽人民在战争中所遭受的苦难，感到深切的忧虑和悔恨。”后来，他再一次诏告全民：“‘战鼓的响声’沉寂了，代替它的将是‘法的声音’，代替暴力统治和侵略，未来将不竭余力地宣扬佛法，不再派军入侵

单位：年

大事	地区	公元
罗马统一意大利半岛。	意大利	（约）前 265
罗马与迦太基爆发第一次布匿战争，战争持续 23 年，迦太基战败。	地中海	（约）前 264—前 241
秦占领东周王畿，东周灭亡。	中国	（约）前 256

▲阿育王坐像。

单位：年

公元	地区	大事
（约）前221	中国	秦始皇统一天下，战国时代结束。

邻国，而是改派宣扬佛法的高僧。”

阿育王所说的“法”，就是以佛教的伦理道德观为基础，强调仁慈的实践和虔诚的思想。他认为一个人能否向善，不是看他参加了多少次佛教仪式，而是看他在每一件事情上能否按照佛法去做。阿育王希望每个人都能以家庭作为人生的基点，在家庭中体现那些道德，如服从父亲、尊崇老师和长辈；对亲朋好友要慷慨友好；对待仆人和贫苦的人要乐善好施；对待动物要仁慈，不能滥杀等。

阿育王率先以身作则，他宣布全国废除斗兽等血腥娱乐，不允许以动物做祭礼，对王公大臣喜爱的狩猎游戏也加以限制。不久阿育王又宣布将佛教奉为国教，并下令在王宫和印度各地竖立石柱，开凿石壁，将其诏令刻在壁上，并召集全国各地的佛教高僧，编纂整理佛教经典，在各地修建了许多佛教寺院和佛塔。为了弘扬佛法，阿育王派出包括王子和公主在内的大批使者和僧侣，到邻近的国家和地区传法。

从此，佛教不仅传到斯里兰卡（今斯里兰卡），也很快传到埃及、叙利亚、缅甸及中国等地。除了宣传佛教，阿育王还增建灌溉工程、修筑道路及建立医院等。阿育王在位的40多年里，在国内外都享有很高的声誉。甚至在印度和一些国家的历史著作里，被称为“伟大的阿育王”。

印度的孔雀王朝是印度史上第一个强大的统一帝国。就连远在中国的宁波，也曾有过阿育王寺，足以说明阿育王影响力惊人。佛教的创始当然应该归功于释迦牟尼，但其大规模的传法，则要归功于阿育王。

▲这个顶端饰有狮子雕刻的纪念柱，刻着阿育王的教法。

秦修长城

在强大的秦国消灭六国、统一中国之后，北方的游牧民族不断骚扰秦边境，其中以匈奴的侵犯最为严重。

公元前222年，秦国在灭了赵国后，将国力皆放在对付各诸侯国之上，无暇北顾。于是匈奴趁机占领了原属赵国的黄河以南大片土地。秦灭六国之后，公元前215年，秦始皇派大将蒙恬率30万大军，以破竹之势将匈奴从阴山、黄河南岸赶走。秦始皇接着下令在河套地区设置34个县。但匈奴的威胁仍在，秦始皇决定把原来燕、赵及秦三段长城连起来，同时在险要之地设置要塞。

受命执行这项任务的仍是大将蒙恬。他带领着先前抗击匈奴的30万士兵，同时从各地征集许多民夫，夜以继日地开山采石、搬砖运土，开始修筑长城。工程一建就是十几年，死在长城脚下的人不知多少。

蒙恬身为修建长城大军的统帅，心里再清楚不过，这道长城是用士兵和工匠们的血肉堆出来的。但他是奉诏领命的将军，如果没有长城的阻挡，万一匈奴打过来，中原百姓又将为战火所苦，国土将被瓜分，他作为大将军怎么向秦始皇和老百姓交代？所以只能一刻不停地监督着工程进行。

据说正当工程日夜不停地进行时，一位叫作“孟姜女”的女子来到长城工地，寻找自己的丈夫。她和丈夫万喜良新婚才一个多月，丈夫就被征召去修筑长城。皇帝的诏令是不能违背的，孟姜女只好送走丈夫，眼巴巴地等着两人重聚的那一天。然而，几年过去了，丈夫始终杳无音信，不知生死，思夫心切的孟姜女于是踏上了千里寻夫的道路。

孟姜女一路跋山涉水，风雨无阻，终于来到长城脚下。孟姜女顺着长城走，沿途询问是否有人见过她的丈夫万喜良，有人告诉她，

单位：年

大事	地区	公元
迦太基将军汉尼拔率军进攻意大利半岛，爆发第二次布匿战争。	地中海	（约）前218
汉尼拔于坎尼之役大败罗马军团。	地中海	（约）前216
陈胜、吴广揭竿起义。	中国	（约）前209

单位：年

公元	地区	大事
（约）前206	中国	刘邦入关中，子婴投降，秦亡。
（约）前202	中国	项羽自刎于乌江畔，楚汉相争结束。
（约）前201	地中海	罗马西庇阿将军于扎马之役大败迦太基。

万喜良已经累死了，和许多修筑长城累死的人一样，被草草地埋在长城底下。孟姜女听到这个消息，有如五雷轰顶，放声大哭。她撕心裂肺地痛哭，哭得天空黑云压顶，狂风大作。忽然间，随着一声轰隆巨响，长城一下子倒塌了八百多里。四周的人都被这突如其来的惊人景象吓呆了！都说这一定是上天被孟姜女的哭声感动了。

孟姜女哭倒长城的故事是民间传说，虚构的成分居多，但在整个修筑长城的过程中，确实有不计其数的年轻夫妇被活活拆散，许多人的丈夫最终死于苦役。

经过十几年的努力，“万里长城”终于屹立在北方绵延的山脉上，西起甘肃临洮，东至辽宁东部，实际长度5000余里。它随着山势高低起伏，巧妙地利用地形和地理条件。从高空俯瞰，活像一条巨龙，随山势蜿蜒盘转，延伸入海。

长城城墙的外层用砖和石块砌成，内部则用黄土夯实，十分牢固。面对敌人的那面墙上，精心筑造了一道“女儿墙”。女儿墙上留有许多哨孔，可以向外眺望，侦察敌情，同时又可以保护自身的安全。长城上，每隔一段就盖有一座敌台，作为监视哨。在险要之地还设置烽火台，一旦发现敌踪，守军便在烽火台上点火为号，远处的士兵看到警报，也会立刻点燃烽火，向更远处传递消息，所有部队就能迅速得知战情，立刻备战，抵御外敌入侵。

这道雄伟的长城震慑住北方的游牧民族，使他们不敢再像以前那样轻易“南下”。秦始皇任命蒙恬将军长期率兵驻守北方边疆。秦国军队日夜在长城上巡逻放哨，使得匈奴等外族不敢轻举妄动。在很长一段时间里，确实阻挡了北方游牧民族南下侵犯，保护了中原先进的农业生产方式，使统一的中国能够稳定地发展。同时，它也是先民劳动和智慧的结晶，是古代中国人民用血泪留给后世的建筑奇迹。

▲现今的万里长城是于明朝时大规模修建而成的。

布匿战争

迦太基位于非洲北部，和罗马隔着地中海遥遥相望，不仅农业和商业很发达，军事力量也很强大，它的海军在当时西部地中海上所向无敌。

在罗马统一意大利半岛之前，西部地中海原是一些强大城邦相互争夺的地方。为了对付这些实力雄厚的希腊城邦，迦太基和罗马曾经有一段时间结为同盟。不过，战事一结束，迦太基和罗马立刻反目成仇。为了得到号称“地中海谷仓”的西西里岛，两国在公元前264年爆发战争。罗马称迦太基为“布匿”，所以这次战争被称为“第一次布匿战争”，断断续续打了23年，直到公元前241年才结束。罗马凭借庞大的海军，重重地打击了迦太基的海上势力，取得胜利，如愿拿下西西里岛。

但迦太基人不愿任凭罗马摆布。公元前237年，迦太基统帅哈米尔卡带着儿子汉尼拔来到西班牙，在东南沿海建立新的迦太基城。汉尼拔掌权后，更加积极备战。准备就绪后，他首先进攻罗马的西班牙同盟——萨贡姆城。罗马元老院向汉尼拔发出警告，汉尼拔则指责罗马干涉萨贡姆内政。公元前218年，罗马向迦太基宣战，第二次布匿战争爆发。

汉尼拔为了避开罗马军队的主力，率领大军从小道翻越人迹罕至的阿尔卑斯山，出其不意地出现在意大利本土，让罗马军队措手不及。汉尼拔的部队是由9万名步兵、1.2万名骑兵和几十头战象组成的，用33天走了将近900公里，完成此次跨越阿尔卑斯山的远征。越过阿尔卑斯山后，部队损失过半，经过休整，斗志旺盛的迦太基士兵进军波河流域，一举击败罗马部队。

汉尼拔利用罗马和意大利各同盟间的矛盾，孤立并削弱罗马。同时，他还与地中海沿岸的罗马邻国结成反罗马联盟。

单位：年

大事	地区	公元
罗马灭亡马其顿，将其划为罗马的行省；第三次布匿战争，迦太基灭亡。	地中海	(约)前146
张骞首次出发前往西域。	中国	(约)前139

单位：年

公元	地区	大事
（约）前119	中国	张骞第二次出使西域，自乌孙返国后，从此西域打通。

公元前216年8月，爆发著名的康奈战争。汉尼拔预料到敌人的进攻战术，运用两翼骑兵包抄战术，打乱罗马军团的方阵，将几万人堵截在狭小的空地上。经过12个小时激烈战斗，罗马军大败。

汉尼拔在意大利虽然接连打了几场大胜仗，但孤军深入，兵源和粮食都得不到及时和足够的补充。公元前204年，罗马军队趁机直接进攻迦太基本土，汉尼拔急忙调回军队。公元前202年，两军在迦太基西南的扎马城附近展开最后一战，罗马人取得了决定性的胜利。公元前201年，第二次布匿战争结束，迦太基被迫赔款及交出海军，并放弃非洲以外的全部属地。

公元前196年，汉尼拔当选为迦太基最高行政官，进行多项重大改革。这些改革损害了贵族们的利益，于是他们密谋加害汉尼拔，在万般无奈下汉尼拔连夜逃离家乡。罗马人不愿留下后患，跟踪追捕。公元前183年，汉尼拔服毒自杀。

公元前149年之后，罗马生怕迦太基卷土重来，借口迦太基没有遵守和约，发动了第三次布匿战争。公元前146年，罗马人攻破迦太基城。8.5万多名迦太基人英勇战死，剩下的5万多名老弱妇孺被卖为奴隶，所有财物被罗马人劫掠一空，房屋被放火焚毁，一座繁荣的城市被夷为平地。

▲经过战争及时间的洗礼，迦太基城已不复以往的繁华。

张骞通西域

汉朝的“西域”是指现今新疆及葱岭以西的部分地区。在与匈奴争战中，汉朝逐渐了解了西域的重要性，开始与匈奴展开争夺。这是汉朝派人寻找大月氏的起因。

大月氏原本居住在现今甘肃西北，汉初被匈奴赶往西域，国王遭老单于杀害，头盖骨被制成“饮器”，大月氏因而与匈奴有着深仇大恨。汉武帝从匈奴俘虏口中得知这情况，于是想联合大月氏共同对付匈奴，便在全国各地招募出使西域的人选，而张骞就成了汉朝出使西域的第一人。

公元前 139 年，张骞一行从陇西出发，刚到河西走廊就被匈奴抓住，送到单于的宫殿。单于认为大月氏在匈奴以北，汉朝使者怎么能穿过匈奴国土，出使大月氏呢？若换作是匈奴派人出使南越，汉朝也同样不会允许，于是把张骞等人扣押在匈奴，让他在此娶妻生子，就这样过了十多年，张骞始终不忘使命。最后终于找到机会，带着妻儿逃出匈奴，西行数十天，越过葱岭（今帕米尔高原）到达大宛国。

大宛国王对汉朝地域辽阔、物产丰富，早有所闻，但一直没机会接触。他非常高兴见到张骞，给予热情接待。张骞对大宛国王说明来意，并允诺回国后将送给大宛王丰厚的礼物，大宛王便派人将张骞等人送到康居，再转送至大月氏。张骞到达大月氏时，形势已变，张骞屡次向大月氏王陈述联合对付匈奴之事，大月氏王都避而不答。逗留了一年多，张骞见结盟无望，只好返回。

张骞回程时，为了避开匈奴，同时也为了全面了解西域，所以改变路线，越过葱岭，沿昆仑山北麓东进，经过莎车（今新疆莎车）、于阗（今新疆和田）等地，进入羌人居地，不料又被匈奴俘获。一年后，匈奴内乱，张骞才在公元前 126 年回到长安。

单位：年

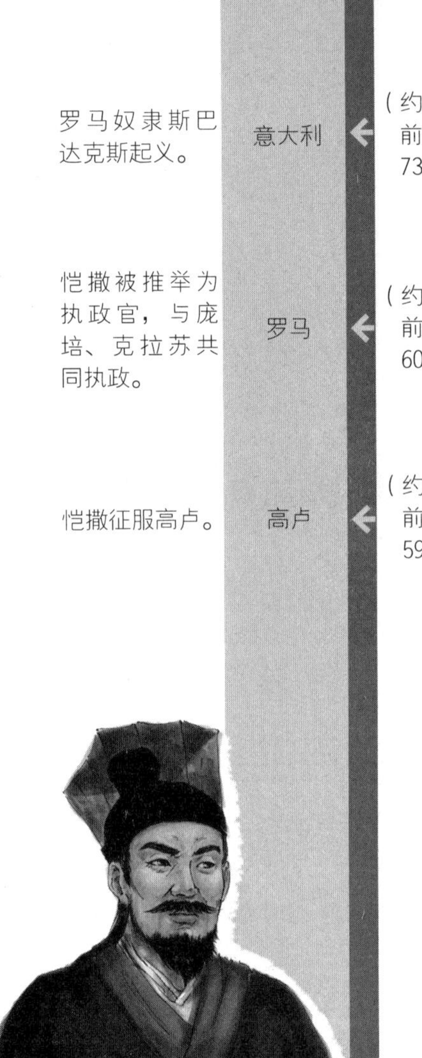

▲张骞像。

单位：年

公元	地区	大事
（约）前55	德国、英国一带	恺撒征服日耳曼和不列颠。
（约）前49	埃及	恺撒追击庞培，进入埃及，埃及艳后克里奥帕特拉即位。
（约）前45	罗马	恺撒任罗马终身执政官。

张骞出使西域共历时 13 年，虽然没有达成结盟大月氏的目的，但在这 13 年中，跋涉于大漠荒原之中，周旋于敌国异域之间，不为匈奴威逼利诱所动，历经磨难，行程数万里，掌握了西域的地理形势、风俗民情及物产特征，扩大了汉朝的视野和影响，其表现空前勇敢无私。因此，汉武帝拜张骞为太中大夫。

之后，汉朝几次大规模出征匈奴，公元前 119 年，匈奴被赶到漠北，河西走廊也重回汉朝手中。西域是匈奴向汉朝进攻的重点，因此有必要进一步打通西域，于是张骞第二次受命出使西域，目的是联络乌孙。乌孙是个人口 63 万的大国，原本臣属于匈奴，后与匈奴不和。联合乌孙等于断了匈奴右臂。武帝任命张骞为中郎将，率 300 名副使和随从、600 匹马、牛羊万头，及数以万计的丝帛财物，浩浩荡荡直达乌孙。

张骞表示，两国如果能够合作打败匈奴，汉朝愿意将公主下嫁乌孙。但当时乌孙邻近匈奴，距汉朝太远，大多数人不愿和匈奴开战；同时乌孙内部并不统一，乌孙王诸子争权，各据一方，对张骞只是以礼相待，并未结成盟约。

之后，张骞就以乌孙为根据地，广派使者，给予汉节，分行西域各国，最远抵达现今波斯湾，相当程度地扩大了汉朝的影响。公元前 115 年，张骞在乌孙使者陪同下回到长安。第二年，张骞病死。此后，丝绸之路正式开通，商人使节络绎不绝，汉文明得以经由西域传向西亚和欧洲。

斯巴达克斯起义

公元前 74 年某天，罗马斗兽场里正在进行一场角斗。在贵族们的呐喊声中，一个倒在血泊中的角斗士突然跳起，踉踉跄跄地又投入格斗，但走不了两步，就被对手刺穿胸膛，再也站不起来。观众台上的贵族见到了血，显得格外兴奋，发出疯狂的叫喊。台上有个女巫站了起来，由她来决定斗败者的命运。她的大拇指朝上，斗败者将可侥幸存活；大拇指朝下，斗败者将当场被处死。只见她大拇指朝下，斗败者立刻被杀死，一场残酷的角斗表演结束了。

这就是罗马贵族们最喜爱的残忍娱乐——角斗。每逢举行角斗的日子，看台上总是坐满观众。身体强壮的奴隶往往被送到角斗士学校培训，然后在公开场所彼此角斗或和饿狮猛虎搏斗。角斗士们被严密监视，脚上还戴着沉重的枷锁。他们就像是缓期执行的死刑犯，因为随时都可能在竞技场上丧命。一位名叫斯巴达克斯的角斗士不愿接受这样的命运，决定反抗。

斯巴达克斯是色雷斯（今保加利亚）人，在战争中被罗马人俘虏。贵族看中了他强壮的身体和高超的武艺，便送他进罗马城南边的加普亚城角斗士学校进行角斗训练。

斯巴达克斯和许多角斗士一样，不愿就此接受命运。他对大家说："与其自相残杀而死，为什么不起来和仇人战斗，拼个你死我活，也许还能有条活路！"他这席话唤起角斗士们的求生欲望。公元前 73 年的某个深夜，斯巴达克斯和 200 名角斗士起义，其中有 74 人逃离虎口。斯巴达克斯率领这群人登上维苏威火山，安营扎寨。附近的奴隶们听到消息，纷纷前来投奔，起义军很快就扩充至近万人。

公元前 72 年，罗马元老院派出军队前往镇压，团团包围义军所在的山头。斯巴达克斯巧妙地利用野葡萄藤编织成软梯，趁着夜色，起义军顺着悬崖峭壁包抄到敌军后方，发起猛攻，把罗马军队打得

单位：年

大事	地区	公元
恺撒遇刺。	罗马	（约）前 44
罗马第二次三巨头政治，由屋大维、安东尼及雷必达共同执政。	罗马	（约）前 43

单位：年

公元	地区	大事
（约）前34	埃及	安东尼与埃及艳后克里奥帕特拉结婚。
（约）前31	埃及	罗马进攻埃及，安东尼兵败自杀；克里奥帕特拉自杀，埃及王国灭亡。

溃不成军。

起义军突破重围后，向意大利北部进军，准备翻过阿尔卑斯山，进入罗马势力尚未到达的高卢地区，但罗马很快又召集了一万多人前去追击。起义军被围困在一处山坳里，斯巴达克斯这时又想出了一招妙计。起义军把敌人丢下的尸体绑在木桩上，在一旁点燃篝火，远远看去像是一个个哨兵在站岗，并留下几名号兵吹号，假装义军还被围在山坳里，然后悄悄地沿着羊肠小道冲出重围。

斯巴达克斯多次突破敌人，继续北上。公元前 72 年，起义军已经扩充到了 12 万人，阿尔卑斯山已近在眼前。但他发觉起义军在北部意大利平原较富裕的农民中很难得到支持，于是决定挥师南下，杀向罗马。

罗马统治者惊恐万分，火速调集 6 个军团，并任命克拉苏担任军团统帅。斯巴达克斯原想从南意大利渡海前往西西里岛，但因缺乏船只没能成功。他不得不再次突破克拉苏的防线，以便由东岸渡海，将部队带回色雷斯。就在生死存亡关头，起义军内部有部分人脱离指挥，单独行动，被敌人消灭。克拉苏率领的罗马大军尾随不放，斯巴达克斯深知前途险恶，一场决战已无可避免。

公元前 71 年，双方在普利亚展开决战。斯巴达克斯身先士卒，他的盾牌被敌人的标枪穿透了几十个洞。突然从十几米外投来一支标枪，刺穿了他的左腿。斯巴达克斯跪倒在地，继续用破损的盾牌战斗，这时七八支标枪一齐朝他掷去，英雄斯巴达克斯最终还是倒下了，坚持 3 年的奴隶起义终告失败。

▲罗马竞技场还原示意图。

独裁者恺撒

罗马共和末期著名的政治家——恺撒，出身于罗马名门贵族，立志要取得罗马的最高权力，为此，他学习讲演和写作技巧，成为一位出色的演说家，知识也十分渊博。

恺撒在年轻时，就因勇于控告罗马总督贪污腐败而声名大噪，当时的罗马处于共和时代后期，元老院和民主派斗争激烈，只有罗马城内的贵族和自由民享有公民权，在城区之外的自由民则没有公民权。由于恺撒一直在推动反对元老院的活动，因此在平民中的声望越来越高。公元前60年，他和罗马另外两位统帅——庞培和克拉苏，结成反对元老院的秘密同盟，史称“前三巨头”。

而后，恺撒征服了骁勇善战的高卢民族，将高卢纳为罗马的行省之一，并担任高卢行省的总督。恺撒的战功和军事才能，使得他在罗马享有崇高的威望，也让庞培十分嫉妒。公元前53年，克拉苏在远征波斯时战死，于是庞培利用权力，宣布解除恺撒的兵权，并命他马上从高卢返回罗马。

恺撒知道这是庞培的阴谋。公元前49年，他突然率领军队返回罗马。恺撒的军队走到了一条名为卢比孔的小河边时，停了下来。按罗马法律规定，将军没有接获命令，不得带领部队越过这条小河，否则就会被处以谋反罪。恺撒当机立断，催马过河，大军紧随其后，很快就越过了卢比孔河，直逼罗马。

这完全出乎庞培的意料，迎战不及，被迫逃往希腊。恺撒统治了整个意大利半岛，成为罗马的“独裁者”。第二年，恺撒率军进攻希腊，打败庞培，庞培逃到埃及，恺撒跟着进入埃及，追击庞培。埃及国王为了讨好恺撒，派人刺杀庞培，把首级献给恺撒。谁知这个高傲的独裁者不愿见到政敌被别人暗害，下令处决杀死庞培的人。

接着，恺撒的部队进入小亚细亚。他用最简洁的拉丁文写了一

单位：年

大事	地区	公元
元老院授予屋大维“奥古斯都”的称号；罗马开始进入帝国时期。	罗马	（约）前17

单位：年

公元	地区	大事
（约）前4	西亚	耶稣诞生。

份捷报，送回元老院，捷报上写着：“Veni, vidi, vici”，意思是“我来，我见，我胜利！”这就是历史上著名的“三V文书”。两年后，恺撒成功镇压西班牙叛乱。至此，恺撒终于取得了罗马的全部属地。

恺撒班师回到罗马后，威望达到顶峰，有些人想拥戴他为皇帝。但罗马人反对帝王制度，恺撒也不敢轻举妄动。在一次盛会上，执政官安东尼突然将一顶皇冠戴在恺撒头上，但只有少数人欢呼。恺撒知道时机还不成熟，于是把王冠扔在地上，安东尼连忙拾起皇冠，又给他戴上，但又被扔掉。人们看到恺撒一再拒绝戴上皇冠，全都欢呼了起来。为了表彰他的功勋，人民大会和元老院授予恺撒“终身保民官”和“祖国之父”的荣誉头衔。

恺撒对罗马的共和制度进行多项改革，元老院增补了300名成员，多数来自被轻视的商业和一般职业阶层，还有被征服国的代表。恺撒给予自由奴隶的子女和高卢人公民权，让遭受迫害的犹太教徒享有信仰宗教的自由，并邀请一位希腊天文学家，将罗马历法改为儒略历。这部历法就是现今大多数国家通用的公历的前身。

▲恺撒被剑刺杀的场景。

恺撒使罗马成为古代最负盛名的国家，但随着恺撒的权力越来越大，引起部分固守罗马共和传统的元老严重不满，策划谋杀恺撒。公元前44年3月15日，恺撒只身前往元老院开会，在会议上恺撒被刺杀身亡。其中一位凶手是恺撒的养子，相传曾留下一句名言：“吾爱恺撒，但更爱罗马。”一代枭雄的传奇人生，就此落幕。

“奥古斯都”屋大维开启“罗马和平”

恺撒遇害后，由执政官安东尼继承统治者的身份。安东尼执掌大权没几天，一个皮肤黝黑、身材瘦削的年轻人来到他的面前。这个年轻人是恺撒的养子屋大维。屋大维对安东尼表示，根据罗马法律规定，他才是恺撒的继承人，他会依照恺撒的遗愿，将钱发送给广大的平民。

这次跟安东尼的会面，让屋大维意识到和安东尼之间的权力争夺在所难免。他的母亲，也就是恺撒的妹妹，苦苦哀求他别和安东尼斗争，因为他不仅没有权力，也没有军队支持。屋大维却说：“我有长矛和盾牌，那就是我的义父恺撒的名字。”

屋大维在罗马广场拍卖名下的财产，以招募恺撒原有部将，很快地拥有了一支装备精良的部队。公元前 43 年，趁安东尼远征在外时，屋大维率领士兵进入罗马。屋大维知道建立独裁统治的时机还未成熟，于是与安东尼及雷必达结成政治联盟，共同执政，史称为“后三巨头”。公元前 42 年，“后三巨头”消灭了共同敌人——元老院里的贵族。

安东尼出任罗马东部行省总督时，和埃及女王克里奥帕特拉结婚。为了讨好克里奥帕特拉，竟把罗马许多占领地赠予她，因而引起罗马人强烈不满。

公元前 31 年，屋大维趁机出兵讨伐安东尼。罗马海军和安东尼及克里奥帕特拉的联军舰队，在希腊西北部的海面会战。双方势均力敌，不分胜负。在战斗最激烈之际，克里奥帕特拉却突然率领埃及舰队撤出战场，逃往埃及。安东尼见女王乘船离开，也弃军而逃。第二年夏季，屋大维进军埃及首都，最后安东尼和克里奥帕特拉皆选择自杀。

屋大维胜利回到罗马，当时的威望已足以比肩恺撒。国家的版

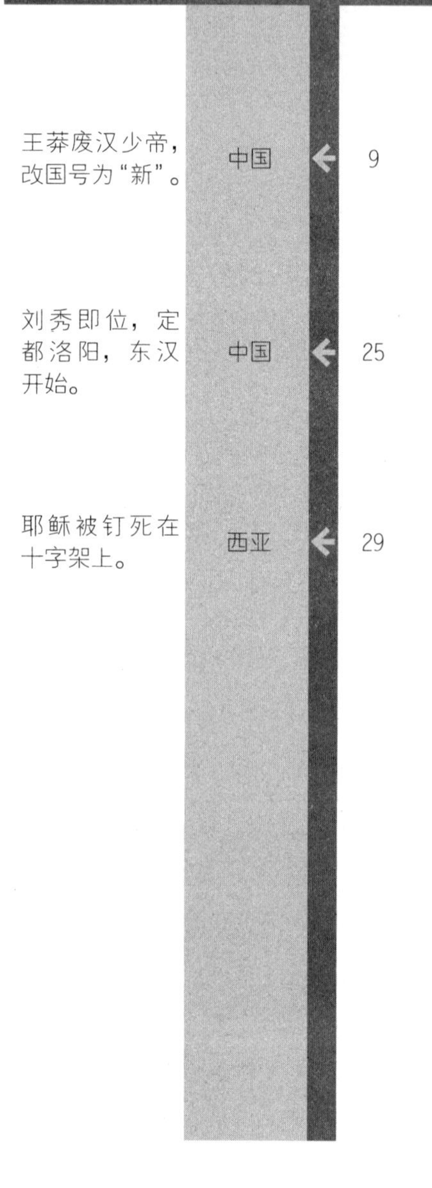

单位：年

大事	地区	公元
王莽废汉少帝，改国号为“新”。	中国	9
刘秀即位，定都洛阳，东汉开始。	中国	25
耶稣被钉死在十字架上。	西亚	29

单位：年

公元	地区	大事
43	英国	罗马帝国征服不列颠岛。
64	意大利	罗马皇帝尼禄火烧罗马城，罗马政局陷入混乱。
68	意大利	尼禄自杀，开始了四个皇帝互争帝位。

图包含意大利、高卢、西班牙、埃及和两河流域，就连地中海也成了罗马的“内陆湖”。屋大维决定停止征伐，罗马从此维持了200多年的和平。

公元前27年，屋大维接受元老院赠予的“奥古斯都”（意为神圣、至尊）尊号，更自称为“第一公民”，独揽罗马的行政、军事、司法和宗教大权。持续了500多年的罗马共和时期结束，至此开启帝国时期。

屋大维曾自豪地表示：“我接受了一座用砖建造的罗马城，却留下一座大理石的城。”的确，他统治罗马期间，是古罗马最富庶的时代，同时也是古罗马文化的“黄金时代”。

▲屋大维像。

基督教的兴起

公元前 4 年，耶路撒冷附近的伯利恒村，有位名叫约瑟的年轻人和村里的姑娘玛利亚订婚，不过还没结婚，玛利亚就已经怀有身孕。约瑟十分苦恼，想解除婚约。有天他做了一个梦，梦中有一位天神从天而降，要他放心娶玛利亚，因为是天神让她怀孕的，她怀的是上帝的儿子“耶稣”，耶稣将会让人类从罪恶的痛苦中解脱，拯救这个世界。约瑟醒来后，就遵照天神的嘱咐，跟玛利亚结婚。

12 月 25 日，一个又黑又冷的夜晚，约瑟和玛利亚来到耶路撒冷城，他们找不到合适的地方投宿，只好借住在马棚里。这天晚上玛利亚在马槽里生下一个男婴。附近居民看见一颗明亮的星星划过天际，落往耶路撒冷的方向，天空亮如白昼，众人兴奋地叫喊：“救世主降临到人间了！”

耶稣在 30 岁时开始出外传教。据说他能让头上出现一轮巨大的光圈，使人能在黑暗中清楚地看见他。耶稣不断地帮助平民，越来越多的人崇拜、跟随他，他从中收了十二位门徒。

耶稣经常为门徒们讲述天国的道理，教导他们：“穷人是有福的，因为他们将得到土地；渴求正义的人是有福的，因为他们将得到满足；心地纯洁的人是有福的，因为他们将见到上帝；建立和平的人是有福的，因为他们将被称为上帝的儿子；为正义受到迫害的人是有福的，因为他们属于天国。为了我，受到辱骂、迫害以及各种诽谤中伤的你们是有福的，因为你们在天国将会得到极大的幸福和欢乐。要忍受世间的一切苦难，争取死后进入天堂。凡是不遵守上帝信条的人，进不了天堂。”

耶稣四处传教，影响力越来越大，引起了罗马统治者的恐慌，因此想谋害耶稣。但耶稣根本不害怕，他说：“他们即使杀死我，也阻止不了人们跟随上帝的愿望。剥削别人的人是进不了天堂的，

单位：年

大事	地区	公元
犹太人反抗罗马统治，遭残酷镇压，耶路撒冷圣殿被毁，仅剩“哭墙”。	西亚	73
意大利维苏威火山爆发，庞贝等城遭掩埋。	意大利	79
建造罗马竞技场。	意大利	80
窦宪大败匈奴，匈奴西迁至乌孙与康居。	中国	89

单位：年

公元	地区	大事
96—180	英国	罗马“五贤帝统治时代”，为罗马帝国巅峰时期。
119—160	中国	东汉再次出击匈奴，匈奴部分远走欧陆，部分逃至高加索及阿富汗。
167—180	欧洲	日耳曼民族侵扰罗马边境，预告日耳曼人大规模迁徙。

他们要进天堂比骆驼穿过针眼还难。”

罗马统治者用30块银币收买了耶稣的门徒犹大。耶稣被捕时，门徒拔剑削掉刺客的耳朵，耶稣要他收刀入鞘，因为凡动刀的人必死于刀下，门徒只好放下刀子，耶稣被捕后被判死刑。当他被钉在十字架上时，仍面带微笑，对施刑的人说：“我会原谅你的。”耶稣死时，地动山摇，天崩地裂，众人大为惊讶，惊呼：“他真是神的儿子！”

据说，耶稣死后的第三天复活了，他在门徒面前显灵，在第40天，耶稣升入天堂。耶稣复活的那天，后来被基督教定为“复活节”，而耶稣的生日（12月25日）则定为“圣诞节”。

耶稣死后，信徒们继续传播基督教，使得基督教的影响力越来越大。尽管统治阶级采取各种残酷的压迫手段，基督教还是不断地流传。到了1世纪末，连统治阶级、商人、手工业主和小土地所有者，都陆续信仰基督教了。

2世纪，基督教教徒把关于耶稣的传说整理并记录成书，即《新约全书》。《新约全书》和犹太教的《旧约全书》合为《圣经》，十字架则成为基督教信仰的标志。公元4世纪时，罗马统治者因为基督教信徒过多，最后只好妥协，将基督教定为国教。从此，基督教以更快的速度传播，成为世界三大宗教之一。

▲耶稣被钉死在十字架上。

“非法国王”尼禄

公元 64 年，在某个仲夏夜里，罗马帝国克劳狄乌斯王朝的末代皇帝尼禄，在罗马一处高台上吟咏荷马史诗《伊利亚特》。尼禄读得正高兴时，似乎想到了什么，顿时兴致索然，一旁的侍从看到皇帝突然没了兴致，很是惶恐。只听到尼禄感慨道：“虽然我的诗作被大家赞颂，但是当自己读到了荷马史诗时，才知道什么是真正的诗！”

侍从连忙奉承说：“皇帝的才思千古罕有，怎么会比不上荷马？”尼禄叹口气继续说：“才思当然重要，但没有切身的体会，只有才思又有什么用处呢？”尼禄刚读到荷马描述特洛伊大火的篇章，他心想自己是绝对写不出这种诗篇的，因为他从未目睹整座城市遭焚毁的情景。他忽然灵机一动：“自己贵为皇帝，有什么事做不到？”

第二天晚上，尼禄又来到这座高台上，似乎特别兴奋，一到高台就问道：“吩咐的事情都准备好了吗？”侍从恭敬地答说：“全部准备就绪，马上就开始了，请仔细观赏。”没多久，罗马城忽然到处响起“起火了！起火了！”的叫喊声，高台上的人们顿时开始骚动，尼禄更是兴奋地站了起来，朗诵着荷马描述特洛伊大火的诗篇，直说，“真是壮观啊！”大火一连持续了三十九天，全城十四个区只剩下四个区，其余全部化为灰烬。

这就是尼禄，一个暴君的罪行！

尼禄的母亲本来是罗马皇帝的外甥女，她于第一段婚姻生下尼禄，她想让儿子出人头地，于是又嫁给了一个家财万贯的富豪，当皇帝的第三位妻子死去时，她以亲戚关系为借口，亲近色诱老国王。公元 49 年，她终于当上皇后。第二年，她设法让国王收尼禄为养子，并让国王的女儿嫁给尼禄，最后还废掉原来的太子，改立尼禄为皇储。但之后老国王后悔立尼禄为太子，她竟狠心毒死了老国王，让年仅 17 岁的尼禄登基。

单位：年

大事	地区	公元
罗马帝国出现一系列由军人立废的皇帝，在位时间多半不长。	意大利	193—305
从三国时代开始，中国历经了三百多年的分裂局面。	中国	220—589
第一次大规模迫害基督徒。	意大利	249—251
戴克里先登基后，开始“四帝共治”。	意大利	284—305

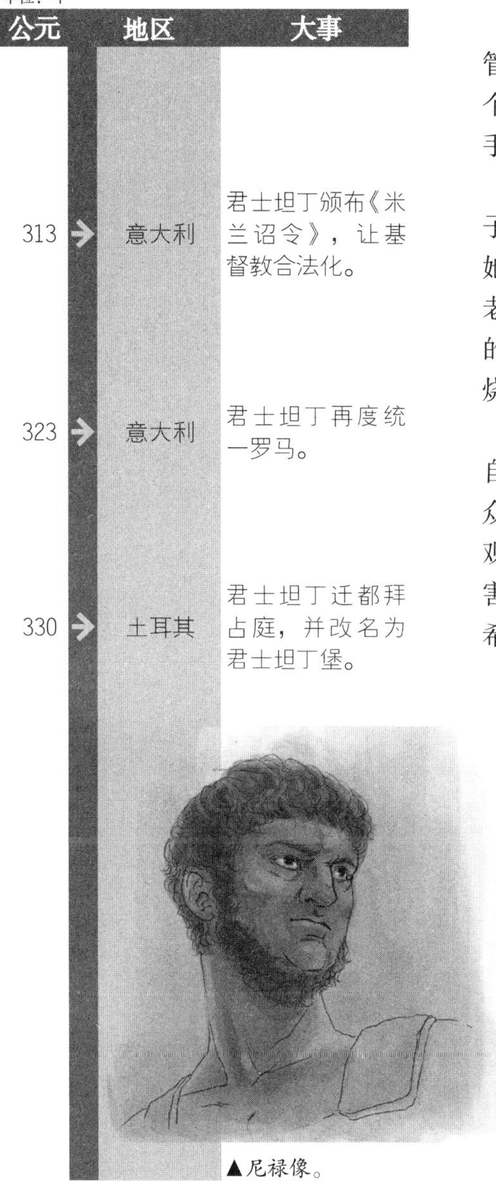
单位：年

公元	地区	大事
313	意大利	君士坦丁颁布《米兰诏令》，让基督教合法化。
323	意大利	君士坦丁再度统一罗马。
330	土耳其	君士坦丁迁都拜占庭，并改名为君士坦丁堡。

▲尼禄像。

尼禄继承了母亲残忍专横、利欲熏心的性格。他从小在母亲的管制下长大，连妻子也是母亲为他挑选的，但尼禄一点也不喜欢这个妻子，反而喜爱一个美丽的女奴，因此和他母亲发生冲突，心狠手辣的尼禄，竟杀死了自己的母亲。

从此，尼禄开始胡作非为，他爱上一位贵夫人，便把自己的妻子放逐到海岛上，并派人去杀害她，且为了跟贵夫人结婚，便命令她离婚。尼禄的老师觉得他做得太过分，指责了几句，尼禄就命令老师自杀。在跟贵夫人结婚后，因为不满意，竟打死了已有孕在身的她！尼禄为所欲为，毫无顾忌地沉湎于看戏和游玩，甚至制造火烧罗马城的闹剧。

尼禄觉得自己多才多艺，在宫廷中举办极其豪华的赛会，并亲自登台表演。他在剧场演出时，紧闭大门，不许观众中途离场，观众实在难以忍受，只好翻墙逃跑。尼禄眼看自己的表演在罗马没有观众，于是率领庞大的剧团到希腊各地巡回演出一年，希腊人因为害怕，便表示赞赏。他高兴之下赐予希腊自治权，因为他认为只有希腊人才懂得艺术和音乐。

尼禄的荒淫和暴政终于导致人民反抗。公元68年，西班牙和高卢行省首先发生暴动。尼禄在意大利和罗马的近卫军也发动政变。罗马元老院立刻开会，宣布他是“非法国王”“人民的公敌”，决定废黜他，并以“祖宗之法”处死他。这种刑法要扒光衣服，用木枷夹住脖颈，再由行刑官挥动荆条抽打，直到断气为止。尼禄一想到要受这种酷刑，十分恐惧，心想不如自杀，痛苦还会少一些，但他始终不敢举刀刺向自己的喉咙，最后还是在奴隶的帮助下，才结束了自己的生命。

罗马帝国的分裂

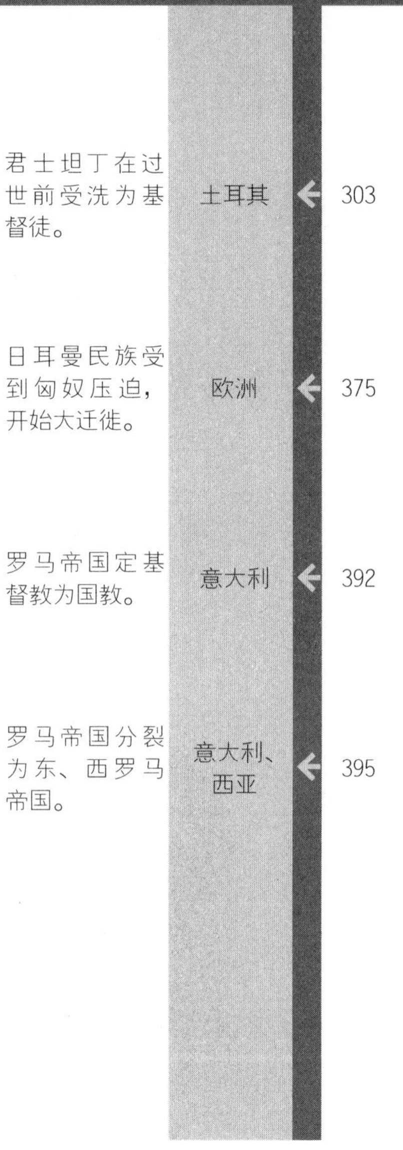

“该死的富人！如果穷人觉得不值得活下去的话，当心他们会跟你们同归于尽！”这是公元1世纪时一位罗马贵族子弟对贵族们所发出的警告。

从1世纪起，罗马帝国停止大规模的对外扩张，俘虏越来越少。没有奴隶的来源，使得奴隶的价格不断上涨。贵族为了补充和增加奴隶，必须支付更多的费用，因此加重对奴隶的剥削，于是激起奴隶的反抗。奴隶不只是怠工、破坏工具或逃亡，甚至还公开起义，参与的人也更加广泛，其中包括许多贫苦的农民。

与此同时，罗马的统治者却更加腐败奢华。罗马皇帝为了炫耀帝国的富有，经常假借各种节日和纪念日的名义，举行盛大的游行庆典。106年，罗马皇帝图拉真为了纪念他在达西亚作战的胜利，曾连续举行长达123天的节日娱乐。4世纪时，有个名叫席马克的高官，为他儿子办了一场庆典，在7天之中，竟花费了2000磅（约907公斤）黄金。

但罗马的统治者却一点也不关心帝国的命运，争夺权力的斗争益发激烈。手握重兵的将领们操纵着皇帝的废立。公元235年后的50年里，竟换了10个皇帝！

284年秋季，一支庞大的罗马军队正匆匆行进，他们刚从波斯人那里掠夺了许多财宝，但皇帝在回意大利的途中突然死去。年轻的儿子继位不到一个月，也罹患重病，不得不躺在担架上被送回国。近卫军长官阿培尔守在担架旁催促部队快走，有时还会揭开担架上的被子看看。在阿培尔揭被子时，抬担架的士兵闻到了腐臭味，因而产生怀疑，傍晚时分，部队来到尼科美地区，士兵们才知道他们年轻的皇帝早已被人害死，躺在担架上的其实是皇帝的尸体。

气愤的士兵们纷纷嚷着要找出杀死皇帝的人，要求严惩凶手。

单位：年

公元	地区	大事
401—410	罗马	西哥特人两度劫掠罗马城，汪达尔人征服西班牙。
409	英国	罗马军队撤出不列颠岛。
419	法国、西班牙	西哥特人在高卢南部和西班牙建立西哥特王国。
439	北非	汪达尔人在北非建国。

阿培尔则大声斥责：“想造反吗？皇帝死了，再立一个就好，谁要聚众闹事，就地处决！”这时，有人说：“应该被处决的是你自己才对！”说话的人叫作戴克里先，他指控阿培尔在一个月内谋害了两位皇帝。两人于是拔剑厮杀，阿培尔当场被杀，戴克里先则被拥立为罗马帝国的皇帝。

当时，罗马帝国的危机重重，奴隶起义此起彼落。戴克里先执政后，进行了改革。他了解仅凭自己是不可能同时对付奴隶起义及外族入侵的，因此委托好友马克西米安治理帝国的西部。从此，罗马帝国有了两个最高统治者，一切命令都以两人的名义发出。后来，他们又各自为自己设置副职，由四个人分别治理帝国的一部分，史称为“四帝共治制”。戴克里先退位后，由君士坦丁继承帝位。330年，君士坦丁将首都迁至拜占庭（后来改名为君士坦丁堡），号称为“新罗马”。

395年，当时的罗马皇帝狄奥多西立下遗嘱，将帝国版图划分为东西两部。同年，狄奥多西去世，罗马帝国正式分裂。

拜占庭帝国拥有从黑海到亚得里亚海之间的广大地区，包括巴尔干半岛、小亚细亚、叙利亚、巴勒斯坦、埃及、美索不达米亚以及外高加索的一部分。其首都设在君士坦丁堡（现今土耳其伊斯坦布尔）。后来这个国家又称为“拜占庭帝国”。

西罗马帝国的版图比拜占庭帝国要大一些，涵盖现今的意大利、法国、西班牙、比利时、英国、奥地利、匈牙利、南斯拉夫西北部、整个地中海西部以及阿尔及利亚、摩洛哥、突尼斯、利比亚北部。首都仍设在罗马。

西罗马帝国灭亡

408年，罗马城陷入了前所未有的恐慌。城外，剽悍的哥特骑兵挥舞着长刀，围绕着罗马城呼啸而过。站在城墙上的元老们目睹这个情景，却是一筹莫展。哥特人这时已经占领了罗马的港口奥斯提亚，断绝罗马的粮食来源，饥饿与瘟疫让罗马变为一座死城。

罗马军队早已不复当年，他们的勇气和战力早就被长期以来的奢靡生活侵蚀得一干二净。唯一的办法就是求和，罗马的使者出城去见指挥哥特大军的亚拉里克。

亚拉里克答应求和的条件是交出罗马城内全部的金银财宝。亚拉里克对罗马派出的求和使者说："出征前我对妻子说，我要打进罗马，把城里的贵妇送给她当奴婢，把他们的财宝送给她做礼物。"他的话如此轻蔑，使者忍不住反问他打算把什么留给罗马市民？亚拉里克似乎很大气地回答说，他可以保全城里所有人的性命。使者再也无法忍受，昂然大声说道："城里还有很多人，士兵们每天都在操练，我们会拼死抵抗，绝不会让你轻易得逞。"亚拉里克哈哈大笑说道："那更好！草长得越密，割起来就越省力！"

使者回到罗马城里，元老们商议后还是与亚拉里克达成了协定，罗马人出黄金5000磅（约2268公斤）、白银3000磅（约1361公斤）、绸料4000块、皮革3000张及胡椒3000磅（约1361公斤），哥特人这才撤除包围。

但和平只是暂时的。410年，哥特人再次进攻罗马。亚拉里克率领勇猛强悍的匈奴和哥特联军，攻进罗马城。于是，罗马城下战马嘶鸣、军器碰撞和攻城的呐喊声响成一片，而城里却是一片死寂，罗马人默默等待死神来临。

在一个雷电交加的夏夜，亚拉里克骑在马背上，向士兵们宣布："进攻罗马，破城后，可以任意抢劫三天！"穿着兽皮的哥特人发

单位：年

大事	地区	公元
匈奴王阿提拉攻陷巴尔干半岛，包围君士坦丁堡。	东欧	440—443
盎格鲁－撒克逊人入侵不列颠。	英国	449
阿提拉进攻意大利半岛。	意大利	452

单位：年

公元	地区	大事
453	匈牙利	阿提拉骤逝，匈奴帝国瓦解。
476	罗马	西罗马帝国灭亡，欧洲进入中世纪。

出了惊天动地的呐喊和欢呼。攻城进展得十分顺利，罗马奴隶打开了城门，哥特人冲进了罗马城，进行三天三夜的洗劫。攻城后不久，亚拉里克突然死去。由于亚拉里克突然病死，哥特人远征的计划因而没能实现。419 年，哥特人在西班牙北部建立了西哥特王国，这是出现在罗马帝国版图中的第一个日耳曼国家。从此之后，在西罗马帝国广大的领土上，东哥特人、汪达尔人、法兰克人、勃艮第人及盎格鲁－撒克逊人陆续建立起一个个王国。西罗马帝国的版图日渐缩小，这些民族的王国就是现今欧洲某些国家的前身。

到了 5 世纪中叶，意大利本土遭到阿提拉所率领的匈奴大军侵扰。455 年汪达尔人再度洗劫罗马，城里的文物遭破坏殆尽，只剩下 7000 多个居民。罗马帝国逐渐崩溃，尽管皇帝仍然存在，但不仅没有过问政治的权力，就连自身命运也完全操纵在他族的将领手中。476 年，日耳曼人首领奥多亚克废黜登基不到一年、只有 6 岁的西罗马帝国末代皇帝罗慕路斯，宣告西罗马帝国彻底灭亡。

至此，欧洲历史进入实行封建制度的中古时代，也就是“中世纪”。

▲东哥特人。

古罗马建筑

古罗马人沿袭伊特拉斯坎人的建筑技术，并继承古希腊建筑成就，在建筑形式、技术和艺术方面颇有创新。1世纪至3世纪为古罗马建筑极盛时期，达到了西方古代建筑的高峰。

古罗马建筑的类型很多元，有罗马万神殿以及巴尔贝克太阳神庙式的宗教建筑，也有皇宫、剧场、角斗场、浴场和广场等公共建筑。

古罗马建筑在材料、结构、施工与空间的创造等方面，都有很大的成就。在空间的创造方面，重视空间的层次、形体与组合，并使其达到宏伟且富有纪念性的效果；在结构方面，罗马人在伊特拉斯坎和希腊的基础方面，发展出了综合东西方的柱与拱券结合的体系；在建筑材料方面，除了砖、木、石之外，还运用当地特产的火山灰制成的天然混凝土。此外，罗马人还把古希腊柱式发展为5种，并创造出卷柱式。与细致、完美和富于诗意的古希腊建筑相比，古罗马建筑的特色则是冷静、实际，且充满扩张性，具体表现出了帝国的强大与气魄。

▲罗马古城区周边仍保存着相当完整的古代城墙，这些城墙包括从古罗马时代到文艺复兴各个不同时代所兴建的部分。在马乔瑞城门区段保存的城墙，是1世纪罗马帝国时代利用古代输水道改造而成的，城墙顶端还保留着古老的输水道，城门采用罗马凯旋门的形式，以白色石灰石建造而成。

▲罗马万神殿是一座圆形建筑，位于罗马老城区中心，是古罗马保存至今最完整的建筑物之一。万神殿由两个部分组成，一是圆形的主体建筑，直径为43.43米，为古代世界跨度最大的建筑之一。其上部覆盖着一座巨大的穹顶，穹顶的中心有个巨大的孔洞，是这座建筑唯一的“窗洞”。整座穹顶和四周的圆形墙壁都是用罗马混凝土建造而成的，室内饰以大理石，用罗马砖作为建筑的外表面。入口处为矩形的门廊，采用希腊神殿式造型，略带浅粉色的整根花岗岩巨柱据说是来自埃及，柱头则用白色大理石雕刻而成。门廊的屋顶则为木屋架。

▲马尔采洛斯剧场是至今保存的古罗马剧场中规模最大的一座。约在公元前11年，由奥古斯都（屋大维）完成。罗马的剧场大多是把观众席架在巨大的拱券上，这些拱券通常是用罗马的天然火山灰做成的混凝土浇筑而成的。当时，这座剧场可容纳约13500位观众，是一座规模非常可观的建筑。但它只有一小部分被保存了下来。从保存下来的部分可以看到，它与罗马竞技场一样，在立面上使用了卷柱式，第二层用爱奥尼柱式，第三层则为科林斯柱式。马尔采洛斯剧场在4世纪时被废弃。

中世纪史

从476年西罗马帝国灭亡后，至14世纪初，封建制度和封建国家在欧洲大部分地区确立，并得以完善。宗教的形成及发展，也成为封建国家实施统治最有力的工具。这时期，法兰西成为西欧最强大的国家；拜占庭帝国由于内忧外患而逐渐衰落；十字军以“圣战”的名义，进行长达200多年的掠夺。在亚洲，阿拉伯帝国和各游牧民族在稳定中走向繁荣；在非洲，埃及人民在被压迫中觉醒，反侵略、反殖民统治的浪潮兴起；在美洲，灿烂的玛雅文化发出耀眼的光芒。

14世纪至17世纪初，欧洲仍处于封建制度盛行的时期，但自文艺复兴揭幕后，开辟新航线和宗教改革，一连串巨大的变革陆续产生。在此变革中，涌现出大批人文主义者和勇于改革的斗士。诗人但丁以《神曲》拉开了文艺复兴的序幕；米开朗琪罗将人类艺术推上巅峰；莎士比亚将历史及现实生活中的悲与喜搬上舞台；哥白尼为科学真理付出了生命的代价；马丁·路德、卡尔文以斗士般的勇气对教会组织进行改革；哥伦布及麦哲伦等人完成“地理大发现”的伟大航行。

与此同时，各国人民反封建、反教会的战争如火燎原，封建制度在风雨飘摇中走向没落；殖民者则借此机会向各地进行掠夺。

克洛维建立法兰克王国

486年，在高卢地区的苏瓦松，正在进行一场战前军事会议。主持会议的是年仅21岁的克洛维，不久前他才继承法兰克一支部落首领的位置。克洛维计划要消灭罗马帝国在高卢的残余势力，但有位将军表示反对，认为这个计划太冒险了。克洛维反驳，这件事已经争论两天了，身为部落首领，他所做的决定不容更改。

另一位将军也站出来反对，认为克洛维太年轻，战争经验不足，根本不适合处理这种大事。克洛维反问他：“这是你一个人的意见，还是别人的意见？”这时，有三个将军表示是他们共同的意见。克洛维一言不发地注视他们，接着下令把这三个人拖出去斩首。

这几位将军吓得脸色发白，其余的将领也一起求情，希望克洛维能念在他们过去立下的战功，饶恕他们。但克洛维态度坚决地说：“部队中的其他人如果都像他们一样不遵守命令，那要如何作战？”于是这几位将军被斩首了。从此，再也没有人敢违抗克洛维的命令。

克洛维最后大败罗马军队，夺得塞纳河与卢瓦尔河之间的大片土地。同年，克洛维以苏瓦松为都城，建立了法兰克王国，为了纪念其祖父墨洛温，他将所建立的王朝称为墨洛温王朝。而法兰克王国就是现今法国的前身。

几年后，克洛维与一位虔诚的基督徒结婚。妻子对克洛维说：“只有信仰上帝，才能得救，也只有在上帝的保佑下，才能取得战争胜利！”克洛维对基督教根本不感兴趣，也就没把妻子的话放在心上。496年，克洛维与另一个部落作战，结果惨败而归。克洛维懊恼不已，心想也许是因为不信仰上帝，才会遭到惩罚，于是接受妻子的建议，在圣诞节那天，于斯特拉斯堡的兰斯主座大教堂接受罗马教会的洗礼，皈依基督教。

克洛维皈依后，罗马教会不再将他视为“野蛮人”。有了罗马

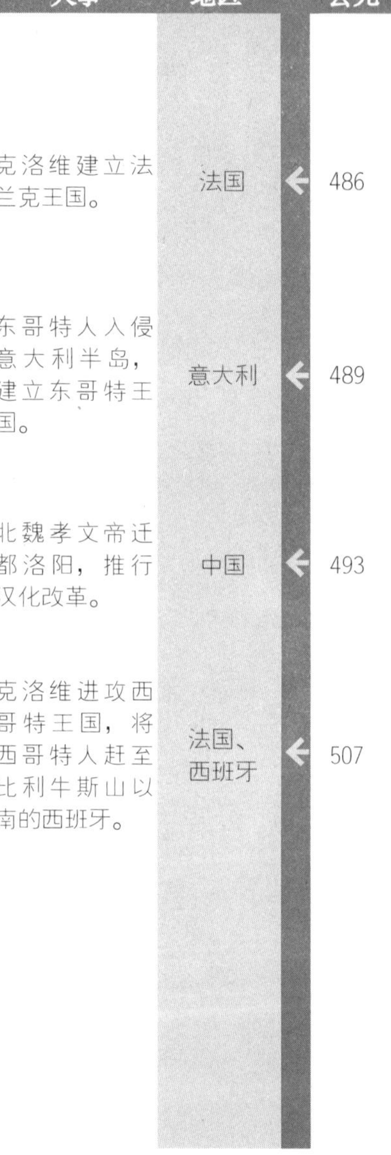

单位：年

公元	地区	大事
511	法国	克洛维过世，其子瓜分领土。
527	土耳其	查士丁尼继位为拜占庭帝国皇帝。
529	土耳其	公布并执行《查士丁尼法典》。

教会的支持，克洛维的势力日渐强大，不仅击败了西哥特国王，还拿下西班牙半岛和高卢南部地区，其军威之盛撼动了全欧洲。

克洛维是第一个信奉基督教的日耳曼国王，由于罗马教会的支持，其势力日渐强大，到他晚年时，几乎占领了罗马在高卢地区的全部领土。

511年，克洛维去世。其子孙继续扩张，将版图扩大至现今德国西部。到6世纪下半叶，法兰克王国已成为欧洲最强大的国家。

▲克洛维接受妻子的建议，在圣诞节当天，于斯特拉斯堡的兰斯主座大教堂接受罗马教会的洗礼，皈依基督教。

查士丁尼大帝

查士丁尼是前任老皇帝查士丁的侄子，从小就目睹了叔父如何血腥镇压奴隶起义，从中领悟到了治国“诀窍”——对外疯狂掠夺，对内残酷镇压。他成为拜占庭皇帝后，编纂了《查士丁尼法典》，法典强调奴隶必须无条件“服从自己的命运”，奴隶和贵族之间的差别绝不容更改。由于西罗马帝国覆灭，查士丁尼更认定只有用血腥的手段，才能够巩固自己的统治。

533年，查士丁尼命令军队进攻北非的汪达尔王国。将领贝利撒留仅用半年时间，就把汪达尔王国几乎夷为平地。535年，查士丁尼再度下令贝利撒留进军意大利，进攻东哥特王国，贝利撒留的部队很快就占领了西西里岛和意大利南部。但东罗马军队到处烧杀掳掠，引起了东哥特人民的反抗，查士丁尼只好增派大批部队支援贝利撒留，555年，东哥特王国灭亡。在进攻意大利的同时，查士丁尼还分兵进攻位于西班牙的西哥特王国，因为遭到西哥特人反抗，东罗马的侵略军仅占领了西班牙东南部，不过查士丁尼最后还是拿下了地中海上的科西嘉岛、萨丁尼亚岛及巴利亚利群岛。

由于连年征战，东罗马的国力大为削弱，而且贵族们花天酒地，挥霍无度。查士丁尼为了宣扬自己的功绩，在征战期间还大兴土木，建造各种宫殿、教堂，光是建筑君士坦丁堡的圣索菲亚大教堂，就花了整整5年，征用民工10000多人，全部费用折合黄金约18吨。为了支付军费，查士丁尼还强行向平民征收巨额的税金。结果民怨沸腾，终于在532年，君士坦丁堡爆发了一场声势浩大的“尼卡”（希腊语，意即“胜利”）骚乱。

这次骚乱虽然很快就被平息，但由于查士丁尼治理国家的方式，使得拜占庭帝国民不聊生，至555年，查士丁尼不得不停止一切侵略的战争。10年后，他那褒贬不一的一生结束了。

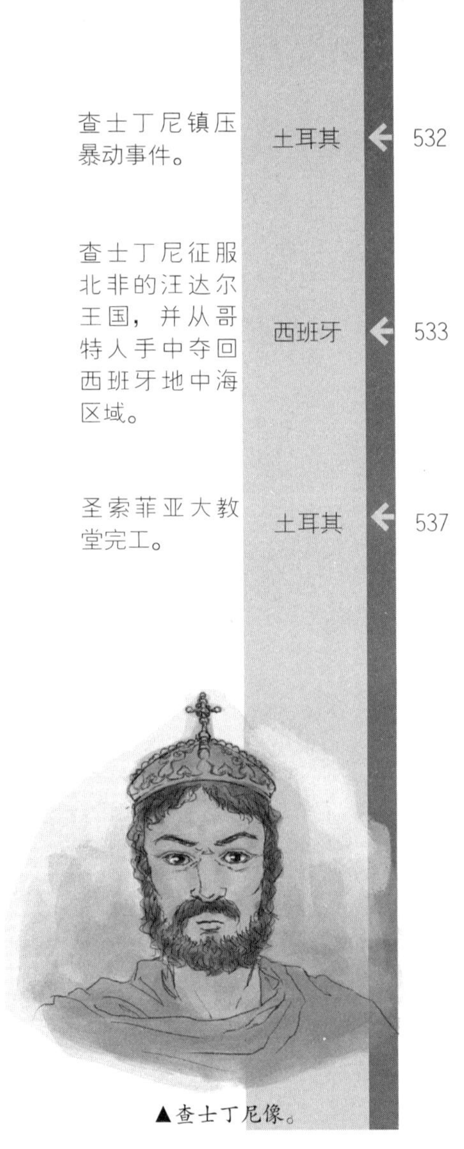

▲查士丁尼像。

单位：年

公元	地区	大事
553	意大利	查士丁尼击败东哥特人。
554	法国	查士丁尼大败法兰克人。

阿拉伯文化

610 年，先知穆罕默德创立伊斯兰教。阿拉伯人历经两百多年的扩张，建立了庞大的阿拉伯帝国，并融合占领区的各种文化，逐渐形成阿拉伯文化。

中世纪的欧洲仍处于蒙昧无知的黑暗时期时，阿拉伯文化已在医学、数学、化学、天文学和地理学等各领域取得了辉煌的成就。当时的巴格达号称“智慧之城”，拥有一大批学者、一座图书馆、一座天文台和一所学校。学者翻译并研究希腊科学家和哲学家的著作；阿拉伯人持续观察天文，使得文艺复兴时期的天文学家们掌握了 900 多年的天文观测不间断记录；数学上，尤其在推广印度十进位元算法方面，取得了重大进展；阿拉伯人的医学著作，在 17 世纪以前，一直被欧洲医学院当作教科书。同时，伊斯兰教迅速发展，形成了独特的文化景观。

欧洲中世纪的许多科学成果，都是从阿拉伯引进的，这些科学技术和文化，为黑暗的欧洲点燃了火把，推动了社会的发展和科学文化的进步。

唐三藏取经

玄奘俗名姓陈，13岁时便出家，法号“玄奘”，由于精通佛学中的《经藏》《律藏》及《论藏》，所以后人称他为“唐三藏”。唐朝初年，玄奘赴蜀中（今四川）研究佛学。他读遍可以找到的佛经资料，发现不少难以解决的问题，于是发愤学习天竺（印度）梵文，决定到佛教的发源地去探究真经。

627年，他带着两个和尚，跟随商人从长安出发，踏上前往西方取经的艰险道路。昼行夜宿，到达瓜州（今甘肃安西东南）玉门关附近时，跟随玄奘的两个和尚被旅途的艰难吓跑了，玄奘也被州官查出没有过关文书。但州官很佩服玄奘到西方取经的勇气，不但没有处罚他，还指点他如何经过玉门关。出了玉门关就是一望无际的沙漠，天气极端恶劣，白天热风炙人，晚上寒风刺骨，就连飞禽走兽也几乎绝迹，村落民居无处可寻，人畜枯骨时有所见，但这些都吓不倒玄奘。

经过半个多月的艰苦跋涉，玄奘终于走出近千里的大沙漠，来到高昌国都（今新疆吐鲁番西北）。高昌国王想用丰厚的报酬，请玄奘留下来传经说法。玄奘却摇头表示，他此行是为了到天竺求得真经，纵然能留住他的身，也留不住他的心。但高昌国王仍然不肯放他走，于是他绝食抗议。过了3天，高昌国王终于答应放他西去，并送他许多衣物和干粮，以及挑夫和30匹马，另外又写信给沿途各国，请他们好好款待这位不屈不挠、远行取经的高僧。

从高昌国出发，玄奘和随从人员艰难地走了整整一年，终于抵达目的地——天竺。玄奘慕名来到摩揭陀国（今印度比哈尔省南部）的那烂陀寺。那烂陀寺是天竺佛教的中心暨最高学府，当时已有700多年历史，有10000多名僧人在此学习与修行。寺院住持戒贤是一位年过百岁的高僧，他钦佩玄奘不惧艰险、远道求学的精神，破例

单位：年

大事	地区	公元
穆罕默德诞生于麦加。	阿拉伯	570
杨坚篡北周，改国号为“隋”。	中国	581
用明天皇驾崩，为了皇位继承问题，贵族苏我氏和物部氏两集团冲突，苏我氏击败物部氏。	日本	587
隋统一天下，结束中国长达300多年的分裂局面。	中国	589

单位：年

公元	地区	大事
592	日本	苏我氏拥立女皇推古天皇继位。
602	土耳其	拜占庭帝国内乱，波斯攻打东罗马。
603	日本	圣德太子推动“推古改革”。

收为弟子，并重开讲坛，为玄奘讲解最深奥难懂的佛教经典。玄奘在高僧指导下，日夜刻苦钻研佛经，不过数年就成为该寺出类拔萃的僧人。但玄奘仍不满足，继续四处寻访高僧，虚心求教，终于通晓全部经论的奥妙，成为屈指可数的佛学大家，誉满天竺。

645年年初，玄奘带着精心挑选的650多部佛教经典，历尽艰辛，终于回到长安。这时距离他自长安西行已过了18年。在洛阳的唐太宗得到消息，特派宰相房玄龄将玄奘接到洛阳，玄奘向唐太宗禀报取经过程，太宗也对玄奘锲而不舍的精神十分佩服。在唐太宗的支持下，玄奘开始在玉华寺里翻译佛经，一干就是19年，总共翻译了佛经1335卷，共计1300多万字。

玄奘留给后人的不仅是大量的汉译佛经，还有一部与他人合著的《大唐西域记》，书中记载了他取经路过的100多个国家和地区的风俗民情、名胜古迹及城市风光等，是一部杰出的地理著作。这本书如今已被译成多国语言，成为世界名著。明朝吴承恩根据玄奘西行取经的故事，写成著名小说《西游记》，唐玄奘也因此成为著名的历史人物。

▲唐三藏远赴印度取经。

日本大化革新

3世纪以后，日本本州岛地区出现了一个较大的政权——大和国。这个国家原本活动于本州岛中部的大和地区，在不断扩张中，逐渐占领邻近地区，领土越来越大。到了5世纪，已经统一了现在的日本大部分地区，如今的日本就是在此基础上发展起来的。大和国的最高统治者叫作“天皇”。

这个国家把土地分为“屯仓”和“田庄”两部分，前者归皇室所有，后者则属于贵族。同时，人民也被分成两类，一小部分是奴隶，主要用于家庭劳动，另一类是部民，主要用于生产劳动。所谓“部民”，即大和国在向外征服过程中，那些归顺的部落和被征服的部落被集体安置下来，仍保留原来的部落组织，并在原有的土地上继续生活。部民之间多半有血缘关系，有自己的家庭和生产工具，可拥有少量的家庭财产。主人不得随意杀害或买卖部民，但可像对待奴隶一样，把他们当作礼物送人。部民实际地位跟奴隶差不多。当时，部民和奴隶大约占了日本一半以上的人口。

大和国基本上统一了全国之后，有些较大的贵族想独自控制中央政权，以便从中获得更大的利益。在6世纪之前，由物部氏控制朝政，直到新兴的苏我氏打败物部氏，夺得中央控制权。在苏我氏家族主持朝政期间，贵族疯狂兼并土地，残酷剥削部民，致使社会矛盾更加尖锐。到了6世纪，整个社会已十分混乱。

这时统治阶级意识到不适合再继续实施部民制，他们开始学习中国的政治制度，实行改革。主张改革的代表是苏我稻目，因经常与从中国来的人来往，和中国来的移民也关系良好，思想较为开明。他试用编制户籍的办法，效果很好，少有部民逃跑，因此得到了天皇的奖赏。由于采用建立户籍的办法，过去以部为单位的田部民，变成以户为单位的小生产者。这些小生产者直接向国家交纳年贡。

单位：年

大事	地区	公元
穆罕默德创立伊斯兰教。	阿拉伯	610
伊斯兰教向外传播。	阿拉伯	612
李渊称帝，改国号为“唐”。	中国	618
伊斯兰教纪元开始。	阿拉伯	622

单位：年

公元	地区	大事
627	中国	玄奘出发前往印度取经。
630	中国	西北各族君长奉唐太宗为“天可汗”。日本派遣唐使来中国。
	阿拉伯	阿拉伯人进攻麦加，建立国家。

但改革的主张遭到朝廷中顽固势力的反对，如掌握军权的物部尾舆，就极力维护旧有的统治方式。587年，用明天皇驾崩，因为皇位继承问题，稻目之子苏我马子和尾舆之子物部守屋进行决战。在衣折战役中，物部氏被打败。苏我马子控制了朝廷，先是立泊濑为天皇，之后又在592年拥立自己的外甥女推古为天皇。公元593年，推古天皇立用明天皇的遗子厩户为太子，临朝摄政，即圣德太子。

圣德太子对中国文化极为了解，也很欣赏中国大一统的国家体制，所以极力主张加强皇权，于603年开始“推古改革”，取消某些由贵族代代相承的世袭官职，不仅天皇的权力大为增加，国家的官僚体制也开始有了雏形。621年，圣德太子死后，苏我氏担心进一步的改革不利于苏我氏独揽朝政，于是杀死了圣德太子的儿子山背大兄皇子。

中大兄皇子于是在645年联合中臣镰足等人发动政变。以中大兄皇子和中臣镰足为核心的改革派，废黜了由苏我氏拥立的天皇，改立中大兄的舅舅轻王子即位，史称为孝德天皇，并效仿中国的做法，建年号“大化”，迁都难波（今大阪）。646年，新政权颁布《改新诏书》，并全力贯彻至全国各地。

为了让改革得以顺利进行，新政权在全国各地登记人口及检查田产。701年，发布《大宝律令》，将改革成果以法律的形式固定。大化革新后，日本废除了部民制，改采封建土地国有制；废除贵族世袭特权，建立以皇权为中心的中央集权国家；实行征兵制，在京师设立了五卫府，在地方则设军团，所有军队一律归中央统一指挥。从此，日本进入了封建社会。

▲古代日本人的生活图。

阿拉伯帝国的建立

公元632年8月，叛乱军已经逼近阿拉伯人的重镇麦地那。新一任的“哈里发”（在阿拉伯语中是“继承人”的意思）阿布·伯克尔心急如焚。

阿布是穆罕默德的岳父，也是他的忠实信徒，在穆罕默德去世后，被大家推举为新的哈里发，但他即位后不久，便发生叛乱，以麦斯莱为首的哈尼法族聚集一支庞大的队伍向麦地那进攻。众人一筹莫展时，一个年轻军官挺身而出，自告奋勇愿意率领军队前去迎战。这个人名叫哈立德，也曾立下战功，但因为年纪尚轻一直没有受到重视。

情急之下，阿布也顾不了那么多，立刻命令哈立德统率麦地那和麦加的军队前去迎敌。哈立德率领军队和敌军在阿克拉巴决战。敌军倚仗人数优势，步步逼近，阿拉伯部队则节节败退。眼见形势危急，哈立德策马向前，对士兵们高声叫喊：“已经没有援军了，现在只能依靠自己和真主阿拉！阿拉伯军队无路可退，只有和敌人决一死战。”其亲自领军冲杀。经过艰苦缠斗，敌人终于支撑不住撤退。哈立德指挥部队继续追杀，敌人彻底溃败。

经过此战役，阿拉伯彻底消灭敌对势力，哈立德也因此声名大振，被阿拉伯人尊称为“阿拉之剑”。从此阿拉伯稳定基础，逐渐向外扩张。

634年，哈立德率领2500名骑兵，进攻东罗马最富裕的行省——叙利亚。

阿拉伯军队包围叙利亚首府大马士革长达3个月，城里因缺水缺粮陷入恐慌。民众只好到基督教教堂去拜托大主教请求投降。大主教登上城门，对哈立德说：“投降可以，但要承诺不伤害城里居民。”哈立德写下承诺书同意了。承诺书上写道：“以仁慈真主之名，哈立德答应所有大马士革的居民，阿拉伯人进城后，必保证你们的

单位：年

大事	地区	公元
穆罕默德去世，其岳父阿布被选为“哈里发”，重新统一国家。	阿拉伯	632
阿拉伯人征服大马士革。	大马士革	635
阿拉伯人攻占耶路撒冷。	耶路撒冷	639
阿拉伯人占领两河流域。	伊拉克	640
阿拉伯人占领埃及。	埃及	641

单位：年

公元	地区	大事
643	中国	拜占庭帝国派使者东来中国。
645	日本	孝德天皇即位，次年颁布《改新诏书》，推动“大化革新”。
647	地中海、北非	阿拉伯帝国攻占地中海区域，控制北非。
651	中国	阿拉伯帝国首次派使者东来中国。

生命和财产的安全。城墙全部保留，阿拉伯人绝不进入你们的房屋。我们给予你们的是真主的保护，是先知的保护。只要你们缴纳人口税，一年一个第纳尔（当时的货币单位），就可享受所有福利。”大马士革居民见对方要求的税收比东罗马的还少，于是马上投降。635年，阿拉伯顺利占领大马士革。

拜占庭帝国不甘心叙利亚被阿拉伯人占领，集结了20万军队进攻叙利亚。哈立德获得当地人民支持，击败了拜占庭帝国的军队。之后阿拉伯人还占领了中东重要的城市——耶路撒冷，征服伊朗，接着在641年降服埃及，645年拿下利比亚。

660年，阿拉伯人建立奥马雅王朝，定都大马士革。此后不断扩张，横跨了亚、非、欧三洲。

查理

773年的一天，在白雪皑皑的阿尔卑斯山，有一支部队正在艰苦地跋涉。队伍中有个身材高大的人，头戴铁盔，身披铁甲，一手举着铁矛，一手拿着盾牌，骑在披挂着铁甲的骏马上，回头高声发令，这个人就是法兰克国王查理。

这支队伍历经艰难跋涉，终于到达意大利北部伦巴底王国的首都帕维亚城下。伦巴底国王听到消息，急忙到城墙上查看。这支部队来得太突然，国王看得胆战心惊。

这支仿佛是由钢铁组成的队伍杀到城下，铁盔、铁甲、铁枪、铁剑及铁盾牌，闪烁着摄人心魄的冷光。守军军心大乱，没等到敌人攻城就自动投降。伦巴底王国的人从此再也不敢和法兰克人作对。这次远征，查理征服了意大利，他将罗马附近的大片土地献给教皇，建立“教皇国”。

778年，查理率大军顺利地翻越险峻的比利牛斯山脉，入侵西班牙的哥多华王国，这个王国是由北非来的阿拉伯人所建立。哥多华的军队遭到重创，但查理的大军也损失惨重。哥多华国王提议言和，在签订和平协议后，查理便率军回国，由侄子罗兰担任后卫。但哥多华国王出尔反尔，集结了一支强大的部队，埋伏在险要的比利牛斯山朗塞瓦尔峡谷两侧。当夜幕降临，哥多华人借着夜色掩护，居高临下，冲下山谷，将罗兰的部队团团包围。罗兰和所有将士全都英勇战死。法兰西最早的民族史诗《罗兰之歌》，描述的正是这场战役。

由查理所发动的战争，历时最久的一次是远征北方的撒克逊人。这场战争从772年开始，先后发动8次进攻，持续了33年，最终征服了撒克逊人，使之成为法兰克王国的臣民。

历经几十年的征战，查理的王国涵盖了相当于今日的法国、瑞士、

单位：年

大事	地区	公元
阿拉伯军队大败东罗马军队，后因哈里发继承纠纷，暂停向外扩张。	阿拉伯	656
穆阿威雅建立奥马雅王朝，改为世袭制，哈里发时期结束。	阿拉伯	660—750
武则天称帝，改国号为“周”，中国历史上唯一的女皇帝。	中国	690
阿拉伯人攻占迦太基旧地。	北非	698

单位：年

公元	地区	大事
711	西班牙	阿拉伯人击败西哥特王国，征服西班牙大部分地区。
712	中国	唐玄宗登基，年号为“开元”，开始“开元之治”。
714	法国	查理之子“矮子丕平”诞生，之后继任法兰克王国宫相。

荷兰、比利时、奥地利、德国及意大利等地区，成为当时西欧空前强大的国家。而随着版图日益扩张，查理已不再满足于“国王”的称号。

800年的圣诞节之夜，罗马圣彼得大教堂灯火辉煌。在庄严的音乐声中，国王查理在圣坛前祈祷。突然，站在一旁的教皇将一顶金冠戴在他的头上，并带头高呼：“上帝为查理皇帝加冕，敬祝他万寿无疆和永远胜利！”其他人和教士们跟着欢呼。查理于是成为“罗马皇帝”。查理将自己一手打下来的帝国视为古代罗马帝国的延续。

查理下令教会和寺院办学，并在宫中成立学院，聘请学者们前来讲学。还从中等及门第低微的家中挑选子弟，与富贵人家的子弟共同接受教育。甚至任命出身贫穷但学习优异的青年教士为主教。查理曼对基督教极为虔信，定都亚琛后，修建了不少富丽堂皇的宫殿和教堂。还派人搜集和抄写了许多拉丁文和希腊文手稿，为后代保留了很多古典作家的著作。

查理死后不久，帝国就分裂了。843年，他的三个孙子各自登基为王。日后的西欧各国就是由此基础上逐渐发展起来的，东法兰克王国成了日后的德国，西法兰克变成了法国，东、西部之间的地区则是现在的意大利。法兰克人的语言也出现了明显的分化，逐渐形成法语、德语和其他西欧国家的民族语言。

▲法兰克帝国在查理曼统治的时期达到鼎盛。

法兰克王国的分裂

817 年，查理之子路易在宫中召集他的儿子们议事。老迈的路易对儿子们说，他这些年来将所有精力都放在研究基督教，决心将余生都奉献给上帝，没有精力再来处理世俗之事，所以决定将国家交由儿子们管理，从此不再过问国家大政。

大臣们议论纷纷，认为国王此举简直就是疯了！而路易的长子罗贝尔其实早就想接替父亲的位置；次子丕平也有此意，但因为他不是长子，轮不到他置喙；三子小路易听说要将国家交给他们管理，更是喜出望外。不过，他们并不知道自己能分到多少领土，心里忐忑不安，所以没人开口说话。

路易看到儿子们都不说话，接着说："年纪最小的查理就先不管他。"然后，路易宣布了每个儿子负责管理的范围："长子罗贝尔接管帝国的东部，次子丕平负责亚奎丹，三子小路易管理德意志南部巴伐利亚及其附近地区。长子罗贝尔则是日后皇位继承人。"他的几个儿子听完后也都没有表示意见。路易眼见事情这么快解决了，总算松了一口气。

几年之后，路易的小儿子查理长大了，见到兄长们都各有一片属于自己的领土，于是要求父亲也要给自己分一块领土，但路易已经没有土地可以分给他了。但查理还是一再提出要求，路易只好重新划分儿子们的管理区域，但这做法遭到其他三个儿子强烈反对，也就没有了下文。路易的次子丕平去世后，查理重新提出要求，另外两个儿子也争着要丕平的领地，840 年，路易在儿子们的争吵中去世。他的儿子们为了争夺土地，挑起大规模的内战。

842 年，三子小路易和四子查理首先发难，发布反对长子罗贝尔的文告，之后即发动攻势。长子罗贝尔无法抵挡，843 年被迫和两个弟弟于凡尔登签订和约，正式将法兰克王国一分为三。罗贝尔获

单位：年

大事	地区	公元
安纳托利亚（小亚细亚）军区司令自立为王，是为利奥三世，勾结阿拉伯人，进攻君士坦丁堡，开始伊苏里亚王朝。	东罗马	716
阿拉伯人占领西班牙全境，之后西班牙人展开收复失地运动，至 1492 年才赶走了阿拉伯人。	西班牙	718
帝国分裂，什叶派领袖阿拔斯自立为哈里发，控制原奥马雅王朝版图，成立阿拔斯王朝。	阿拉伯	750 | 1258

单位：年

公元	地区	大事
751	中亚（今吉尔吉斯斯坦、哈萨克斯坦等国）	唐节度使高仙芝与阿拔斯王朝战于怛罗斯，高仙芝战败，传被俘士兵中有造纸工匠，造纸术因而西传。
751—987	法国	矮子丕平创立加洛林王朝，是为丕平三世。
753	法国	罗马教皇认可丕平三世的王位。
754	中国	鉴真和尚东渡日本。

得帝国的中部，北起北海，从莱茵河下游以南，包括罗纳河流域，直到意大利中部，国土呈长条状，保有罗马皇帝的虚衔；三子小路易取得莱茵河以东之地，号称东法兰克王国；四子查理获得须耳德河和茵斯河以西，号称西法兰克王国。

三个分立的国家中，罗贝尔王国内的民族最多，且大多互不往来，一向动荡不安，因而在罗贝尔死后，领土被分割。其中，意大利半岛北部为意大利王国，中部为教皇领地，南部地区则被拜占庭帝国和阿拉伯帝国分割，后来又建立了西西里王国。在整个中世纪，意大利始终处于分裂状态，直到近代才统一。

870 年，东法兰克王国和西法兰克王国签订条约，只允许罗贝尔的后裔保留意大利领地，其余部分则由他们瓜分。如此便形成了近代欧洲三个主要国家——意大利、德国和法国的基本领域。

基辅罗斯的盛衰

基辅罗斯即现今俄罗斯、乌克兰和白俄罗斯的前身也是文化摇篮。

945 年冬，基辅罗斯大公伊戈尔带着一队亲兵，往德列夫利安人住处行进，大量的毛皮、蜂蜜、蜂蜡和腊肉装满了大公的马车，士兵们兴高采烈地准备回去，但大公却觉得很不满足，便带着别的亲兵再去一次。

已经被搜刮殆尽的村民们怒不可遏。有位老人说：“狼如果养成了光顾牲畜的习惯，绝不会只来一次就善罢甘休，直到把牲畜吃光，才会心满意足。”“那我们该怎么办啊？”“那就把狼杀了！”人群中有人这么叫喊。“对，把狼杀了！”于是愤怒的村民们团团包围大公和亲兵们。

亲兵们见情势不妙，马上逃之夭夭。而这位大公却还不知死活地说：“你们想干什么？我是大公啊！”话才刚说完，愤怒的人群已经挥舞着木棒将这个不可一世的大公活活打死。这时，老人又喊道：“我们刚杀了公狼，但还有母狼和狼崽子呢！”村民一起高呼：“杀进城里，捣毁狼窝！”

大公被打死的消息立刻传回了城堡。贵族们顿时大乱，这时，大公的妻子冷静地联合自己的亲信大臣，立幼子斯维亚托斯拉夫为继承人，由自己来做摄政王，接着调遣大批军队前往镇压，村民们当然不是对手。

这件事带给年幼的斯维亚托斯拉夫大公极大的刺激，让他想起祖先的光辉历史。斯拉夫人很久以前就居住在现在欧洲东部的广大地区，这些高大威猛的人以吃苦耐劳著称。9 世纪时，他们建立了数个公国，其中南方的基辅和北方的诺夫哥罗德最为强大。

9 世纪末，奥列格王公率诺夫哥罗德大军南下，一举征服基辅，以它为中心建立了“基辅罗斯”，奥列格王公成为首位“罗斯大公”。

单位：年

大事	地区	公元
遭阿拔斯王朝推翻的奥马雅王室遗族迁至西班牙，与阿拔斯王朝长期对立。	西班牙	756—1031
丕平三世进军意大利，将意大利中部土地献给教皇，为“教皇国”的起始。	意大利 	756

单位：年

公元	地区	大事
771	法国	查理登基，成为法兰克国王。
774	法国	查理拿下伦巴底，将意大利北部并入法兰克王国。

他崇尚武力，酷爱扩张掠夺，在其努力下，基辅罗斯逐步发展为欧洲著名的强国。奥列格王公死后，伊戈尔大公即位。

伊戈尔大公被村民杀害，斯维亚托斯拉夫觉得蒙受羞辱，决心要恢复祖先的光荣，因此亲政后更加崇尚武功。

967年，斯维亚托斯拉夫大公与拜占庭帝国联手，打败了保加利亚。这一次胜利让他的扩张欲望无限地膨胀，打算定居在保加利亚，因为那里集中了欧洲乃至全世界的珍宝，有希腊的黄金、捷克的白银、匈牙利的骏马及基辅罗斯的毛皮等，斯维亚托斯拉夫认为，这一切都应该属于他的。

但拜占庭帝国早已在窥视着基辅罗斯，怕它会过于强大，而影响到自己的势力。便趁基辅罗斯不备，突出奇兵。基辅罗斯军队仓促应战，损失惨重，只好撤出保加利亚，踏上归途。拜占庭帝国不愿就此放过基辅罗斯军队，所以早就派出使者请土耳其人在半途伏击。原本已经伤亡惨重的基辅罗斯军队几乎全军覆没，就连斯维亚托斯拉夫也力战阵亡。

经过这次战争，基辅罗斯元气大伤，尽管后继的几位大公励精图治，想重振国威，但结果都不是很理想。1054年，基辅罗斯发生内乱，分裂成三个小国。在互相争斗中，国力渐渐衰微，已无力再去抵抗南方草原的波洛伏齐人的趁机侵扰，基辅罗斯战祸连年，民不聊生。

1185年，一位名为伊戈尔·斯维亚托斯拉维奇的王公，发动对波洛伏齐人的战争，尽管他身先士卒，拼死向前，由于实力悬殊，征伐仍以失败告终。为了赞颂伊戈尔的英勇，诞生了一部名为《伊戈尔远征记》的史诗，许多篇章至今依然脍炙人口。

基辅罗斯分崩离析，各自为政，终于在外忧内患中逐渐走向覆灭。

黄袍加身

959 年，后周世宗病故，年仅 7 岁的柴宗训即位，即后周恭帝。国君年幼，人心浮动。次年元旦，正当后周君臣欢庆新春佳节时，北方边境传来战报：“契丹与北汉发兵南下，联合入侵后周。”执政大臣范质等人决定派遣赵匡胤（殿前都点检，掌握军队的实权）率军北上御敌。

赵匡胤祖籍河北涿州，出身官宦家庭，其父赵弘殷是后唐时期的禁军军官。赵匡胤生长在动荡不安、群雄角逐的五代十国时期。当时武功往往是人们往上爬的最佳阶梯，也是人们建功立业的唯一途径。赵匡胤受家庭的熏陶和社会的影响，孩童时就喜欢舞刀弄枪。长大后，年轻的赵匡胤选择了精练武艺以求功名的道路，因此对刀枪剑斧、骑马射箭都相当熟练。

周世宗死后，周恭帝柴宗训尚年幼，而赵匡胤屡建战功，声望日高，除了典掌禁军，还负责防守京师。赵匡胤接到出征的命令后，立即调兵遣将，大造声势，好像真要去抵御大敌。当大队人马开进大梁城北四十里的陈桥驿时，天色已晚，便驻扎下来。夜里，赵匡胤的弟弟赵光义和谋士赵普，按照赵匡胤的预先部署，派人到将士中鼓动兵变，拥立赵匡胤当皇帝。议论很快就在将士间传开了，认为皇上年幼力弱，未能亲理政事，大伙儿为国出生入死，有谁知道？不如先拥点检为天子，再北征也不迟。

赵光义和赵普见将士们开始行动，立即派飞骑回京，与留在汴梁的禁军将领石守信和王审琦密约，待赵匡胤回师时作为内应。黎明时分，赵光义、赵普和诸将闯进卧室，个个手拿兵器说道：“诸将无主，我们愿立太尉做天子！”众将士一边叫喊着，一边团团围住正打着哈欠的赵匡胤，并把早就准备好的龙袍强行披到赵匡胤身上，随后叩头便拜，高呼“万岁！”这就是历史上著名的“陈桥兵变，

单位：年

大事	地区	公元
教皇利奥三世因内部冲突遭囚禁，逃出后受到法兰克使臣庇护。	意大利	799
利奥三世为查理加冕，号称“查理曼”，承认查理曼帝国继承古罗马帝国的地位。	法国	800
保加利亚人攻打东罗马，皇帝尼基弗鲁斯一世阵亡，米海尔一世继位。	土耳其	811

单位：年

公元	地区	大事
814	法国	维京海盗侵袭法兰克沿海。
	法国	查理曼之子路易继承皇位，统治整个法兰克王国。
817	法国	法兰克国王路易将版图分给三子
827	西班牙	撒克逊人侵扰西班牙沿海。
829	英国	埃格伯特统一七国，建立英格兰王国。

黄袍加身”。这一年，赵匡胤才 34 岁。

赵匡胤黄袍加身后，即率大军回京。后周百官听说赵匡胤拥兵自立，且已回到开封，乱成一团。有人把皇宫大门关起来，企图抵抗。赵匡胤来到通往殿前都点检官署的左掖门时，作为内应的石守信立即打开宫门，让他顺利地回到殿前都点检官署。

此时一群将士将宰相范质和王溥拉到官署门前。赵匡胤立即惺惺作态地对范质表白：“个人深受世宗柴荣厚恩，是大家把我逼到这地步的，我实在是没有办法。”范质正想说话，站在一旁的军校罗彦瑰立即高声吆喝：“今日无主，必须有个天子！”赵匡胤假装斥退他，之后王溥首先退到阶下，跪倒下拜，范质也只好跟着下拜。朝中大臣见大势已定，一个个对赵匡胤表示效忠。小皇帝柴宗训和符太后随即被迫让位。

当天下午，在皇宫崇元殿上，百官齐集，按班次站定，举行了隆重的禅代仪式。翰林学士拿出早已准备好的禅位制书，以恭帝柴宗训的名义宣读，赵匡胤跪倒在龙阶上，面向北受拜。制书宣告完毕，赵匡胤登上皇位。由于赵匡胤原先所领的军队驻地在宋州（今河南商丘），于是改国号为“宋”，仍以开封为都城，称为“东京”，即北宋。

▲赵匡胤“黄袍加身”后建立宋朝。

“征服者”威廉

1066年，哈罗德得知表叔诺曼底公爵威廉要入主英格兰，即位并执意要狠狠教训诺曼底公爵，于是传令大军立刻出击，迎战诺曼底公爵的入侵部队。

哈罗德率领大军，于英格兰南部的黑斯廷斯和诺曼底公爵的部队相遇，双方火速投入战斗。最后哈罗德和他的亲兵全部战死，诺曼底公爵威廉获得胜利，成为英格兰国王。同年12月在伦敦加冕，建立诺曼王朝，史称“威廉一世”。

之所以会爆发这场战争，原因得从8世纪至9世纪时说起。当时的不列颠岛上如中国的战国时代般群雄割据，七国并立。829年，埃格伯特以武力统一七国，建立英格兰王国。

但立国后形势极为不稳定，内忧外患纷至沓来，王权受到严重挑战。英格兰国王埃格伯特、阿尔弗雷德先后登基，对诺曼人和海盗的侵扰展开长期战斗，最终取得了重大的胜利。特别是阿尔弗雷德国王，不仅打败入侵的外敌，还安定了国内社会秩序。他制定新的法典，贵族和自由民在新法律前一律平等，振兴了被长期战乱破坏的英格兰文化。同时他联络各国共同对付北欧海盗，因而在历史上留下了“有历史记载的唯一完美无缺的活动家”的美誉。

爱德华为阿尔弗雷德的儿子，法国诺曼底公爵威廉则是爱德华的表兄弟，在爱德华去世后，威廉借口爱德华曾将王位许诺给他，派兵攻占英格兰。

英格兰人不服威廉以武力夺取王位，于是威廉采取了一连串军事和政治措施，以加强王权统治，史称“诺曼征服”。

1069和1071年，两度爆发反诺曼王朝统治的抗争，但都被武力镇压。富庶的约克平原和多哈姆地区遭到严重破坏，大部分自由民沦为农奴，加速了此地区的封建化。

单位：年

大事	地区	公元
签订《凡尔登和约》，法兰克王国一分为三，为日后法、德、意的前身。	法国	843
苏格兰联合王国成立。	苏格兰	844
唐武宗拆毁佛像，令僧尼还俗，为“会昌法难”。	中国	845
爆发黄巢起义。	中国	875

单位：年

公元	地区	大事
881	德国	东法兰克国王查理三世兼任意大利国王，称为“西罗马皇帝”。
911	德国	东法兰克王国分裂为萨克森、巴伐利亚等小国，加洛林王朝灭亡。
	法国诺曼底	维京人首领罗洛成为诺曼底公爵，次年成立诺曼底公国。

威廉大规模没收反抗的英国贵族领地，因此占有约全国七分之一的耕地，此外，全国有 69 个林区为王室所有，占全国森林面积的三分之一。威廉将全国四分之一的土地赏赐给教会，其目的是要获得教会的支持，并规定高级神职人员（大主教、主教和修道院院长）必须由法籍僧侣担任。另外，威廉也要求大小领主和骑士，包括附庸的附庸都要直接向国王宣誓效忠及服兵役，全国大小贵族向威廉提供 4000 个骑兵，教会则提供 700 个骑兵，因此威廉有近 5000 个骑兵可用来镇压各地的叛乱。

1086 年，征服者威廉为了便于征收土地税，实行人口和土地调查。他派出许多官员，走遍各个地区，询问当地的经济和生活状况，如有多少土地、占有土地及有多少牲口等，详细调查。但参与调查的官员穷凶极恶，所以老百姓将此次清查视为基督教所谓世界灭亡时的“末日审判”，因此其调查报告也被称为《末日审判书》。

诺曼征服尽管为英格兰人带来了大灾难，却有助于中央集权的强化。由于王权的加强，封建制度得以迅速推展。

十字军东征

1095年11月，法国克莱蒙城外聚集大批教士、领主、骑士及人民。时值初冬，但人们的热情并没有因为天气而降低。忽然响起一阵号角和鼓声，一队人举着巨大的十字架从远处走来，后面是一辆装饰豪华的大型马车。十字架被放在高台中央，教皇乌尔班二世走出马车，登上高台。

教皇站在巨大的十字架前，高举手中的《圣经》，向众人说道："在东方的阿拉伯异教徒们，正在迫害东正教的兄弟们。耶稣圣墓的所在地——圣地耶路撒冷，已被异教徒们占领，这是何等的奇耻大辱！"他要求大家拿起武器，为解放主的坟墓、拯救圣地耶路撒冷而战。

教皇继续说："耶路撒冷是大地的中心，遍地流着奶与蜜。在东方，黄金宝石随手就可以拾得，任谁去那里都会变成富翁！去吧，把十字架染红，主会保佑你们战无不胜的！"教皇的号召很快就传遍了西欧各地。饱受灾荒之苦的农民、渴望得到财富的骑士，还有一心想着扩充势力的大小领主们，纷纷加入十字军。

1096年春，急于摆脱困境的法国东北部和德意志西部的破产农民，共六七万人，进犯小亚细亚，被塞尔柱土耳其人轻易打败，只剩三千农民逃回君士坦丁堡。

1096年秋，法国、意大利和德意志西部骑士队伍，约三四万人，开始了第一次东征。从洛林、里昂、土鲁斯与布尔迪西，兵分四路出发，1097年春会合于君士坦丁堡。

才刚抵达富庶的拜占庭，十字军就开始抢劫。拜占庭皇帝亚历克修斯一世很恐慌，设法说服收买或施以压力，迫使一部分十字军首领效忠于他，并赶紧帮十字军渡过博斯普鲁斯海峡。十字军进入小亚细亚后，率先围攻尼西亚，由于拜占庭皇帝的策划，尼西亚驻军向拜占庭帝国投降。当十字军大队前往叙利亚时，拜占庭趁机收

单位：年

大事	地区	公元
亨利一世过世，奥托一世继位。	德国	936
基辅大公伊戈尔率兵进攻东罗马失败，允许基督教在俄罗斯传教。	俄罗斯	945
奥托一世进军意大利，成为伦巴底国王。	德国	951
奥托一世击败入侵的匈牙利人。	德国	955

单位：年

公元	地区	大事
960	中国	陈桥兵变，赵匡胤建立宋朝。
961	意大利	奥托一世进军意大利，占领罗马，巩固教皇势力，并确立在意大利的统治地位。
962	德国	奥托一世加冕为罗马皇帝，建立“神圣罗马帝国”。

复了小亚细亚西部。

1099 年 6 月 7 日，4 万多十字军到达耶路撒冷城下，而城中守军不过千人。经过一个多月的围攻，到 7 月 15 日，终于攻陷耶路撒冷。他们将这座“圣地”的珍宝文物劫掠一空，城中男女老少 7 万多人遭到屠杀。

十字军在其占领的地区建立起了几十个国家，最大的国家为耶路撒冷王国，但这些国家并不稳固。1144 年，土耳其的摩苏尔总督先攻陷爱德沙伯国，之后进逼安条克。西欧各领主再度组织十字军东征。这次十字军虽然由法王路易七世和神圣罗马帝国皇帝康拉德三世指挥，结果还是惨败而归。

1187 年，在日后创立埃及阿尤布王朝的萨拉丁领导下，统一了叙利亚、两河流域北部和埃及，并向十字军正式宣战。7 月 5 日，哈丁一役，大败 2 万名十字军士兵。萨拉丁在这年 10 月 2 日光复耶路撒冷，并进一步扩大战果，收复许多沿海城市。

萨拉丁击溃十字军，震动全欧洲。神圣罗马帝国皇帝红胡子腓特烈一世、法王腓力二世和英王狮心理查，联合组成了第三次十字军，企图再次攻占耶路撒冷。但英、法两国国王矛盾重重，明争暗斗。1191 年，十字军虽然攻占了阿克城，但法王随即返回欧洲，与神圣罗马帝国皇帝亨利六世缔结反英同盟。英王无力单独攻下耶路撒冷，只好与萨拉丁签下停战和约，萨拉丁则允许 3 年内基督教徒可自由前往耶路撒冷朝圣和经商。

第四次十字军东征则是在 13 世纪初，原本打算乘坐威尼斯船只跨海进攻埃及，但在威尼斯商人的怂恿利诱下，进攻矛头却转向了同为信仰耶稣的拜占庭帝国，拜占庭帝国近千年的文化艺术珍品遭到彻底抢劫和破坏。

十字军东征一共进行了 8 次，历时将近 200 年。到了 1291 年，十字军占领的最后一个陆上据点阿克城被阿拉伯人攻克，十字军东征以失败而告终。

早期科学探索

欧洲中世纪是宗教神学统治的时期，然而文明总是会进步，尽管在中世纪教会的统治之下，这时期的科学发展依然为后世的人们留下了一点足迹。

欧洲中世纪首先发展起来的是农业技术，农业是中世纪欧洲社会的经济基础。封建领主的庄园农业，对欧洲农业的发展起了一定的作用。在十字军东征之后，欧洲人对东方的农业生产技术有了较多的了解，水稻、甘蔗及棉花等农作物陆续被引进欧洲。

在冶炼和铸造方面，他们从阿拉伯引进风箱，掌握了熔铁和铸铁技术，并学会了中国的火药、指南针、造纸和活字印刷等制造和使用技术。

在中世纪欧洲科学史上，最有成就的是罗吉尔·培根。他提出“实验科学”的概念，认为实验科学比任何论证科学更为科学，因为只有实验科学才能证明其结论正确与否，实验科学可辨明真伪、揭露欺骗。证明前人说法的唯一方法只有观察与实验。其理论成为日后英国的弗朗西斯·培根的理论先声。罗吉尔·培根所提出的实验科学思想和方法，具有划时代的意义，是近代和现代自然科学的真正起点。

中世纪欧洲的科学探索，为近代和现代科学的发展铺平了道路。

▲英国生物学家暨胚胎学家威廉·哈维，是实验生理学的创始人之一。1616 年，哈维首次公开阐述其血液循环理论，并指出心脏跳动是由于血液循环。但因受到教会封锁，导致这一成果在 1628 年才发表在其巨著《心血运动论》一书中。

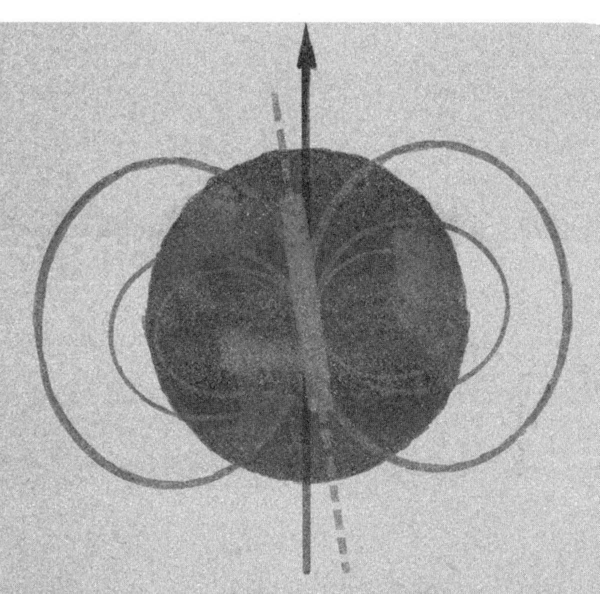

▲1600年，英国物理学家，同时也是杰出的医生威廉·吉尔伯特，发表《论磁石》一书。吉尔伯特认为地球本身就是个大磁体，并发现一个磁体的磁北极与另一个磁体的磁南极相互吸引，而与后者的磁北极相互排斥。他的这本书是研究磁现象的第一部学术著作，为近代磁学研究的开端。

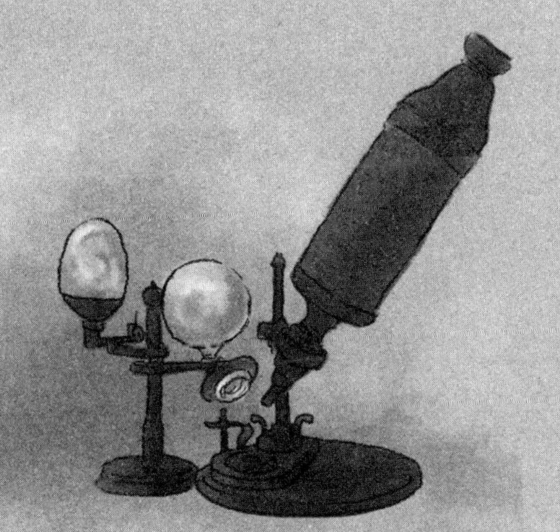

▲15世纪中叶，全世界只有一台短焦距的单式显微镜。复式显微镜出现于1559年，由荷兰眼镜商Z.Janssen兄弟试制。1610年，伽利略首先将显微镜用于科学上。但使显微镜得到发展，并第一个以其来观察微生物世界的，是荷兰显微镜学家列文虎克。

幕府统治

10世纪时的日本，政治极端腐败，百姓普遍穷困，被迫四处流亡，到处起义。各地庄园主为了保护庄园、扩充势力而自组家兵，由主人供应装备和给养，这就是日本“武士”的起源。武士与领主是主仆关系，武士必须绝对效忠领主。

11世纪时，日本皇室和实际掌权的藤原氏展开权力斗争，双方都竭力争取武士的支持，武士的地位因而提升。1192年，源赖朝取得胜利，执掌朝政。并在镰仓设立幕府，成为掌握实权的中央政府。这就是日本幕府统治的开始。

1336年，足利尊氏占领京都，重建新幕府，因新幕府位于京都市内室町，所以称为“室町幕府”。

16世纪中叶，尾张国（今爱知县名古屋一带）的织田信长得到商人的经济支持，依靠由武士组成的骑兵队，及由招募农民组成的步兵队，并从葡萄牙购入枪炮，从1558年起，先后打败了邻近的其他势力，开始了统一日本的事业。1573年结束了室町幕府的统治。

织田信长为了巩固政权，对各地的割据势力发动长达7年的战争。并进行土地面积调查，以确定征收年贡额的“检地”政策。也削减一部分土豪和寺院的私有领地，并彻底结束庄园制度。织田还实行发展工商业的政策，诸如统一货币、开发矿山、撤销关卡、整修道路及允许商人自由贸易等。1582年，织田信长遭到属下背叛，被迫切腹自杀。

织田的亲信丰臣秀吉继续推动织田的统一事业。至1590年，终于结束持续百年的分裂局面，并于1593年，首次将北海道置于中央政权管辖下，实现日本统一。

丰臣秀吉死后，政权落入了织田信长的另一部将德川家康手中。1603年，德川家康在江户（今东京）建立幕府，即“德川幕府”（也

单位：年

大事	地区	公元
加洛林王朝末代国王驾崩，罗伯特家族的雨果·卡佩被拥立为王，开始卡佩王朝统治，法兰克改为法兰西。	法国	987—1328
弗拉基米尔一世娶东罗马皇帝的妹妹安妮公主为妻，并受洗为基督徒。	俄罗斯	987
弗拉基米尔一世下令臣民一律改信基督教。	俄罗斯	988

▲织田信长。

单位：年

公元	地区	大事
1001	日本	紫式部着手撰写《源氏物语》。
1016	英国	丹麦国王卡纽特入主不列颠岛。

▲丰臣秀吉。

▲德川家康。

称“江户幕府”）。

德川幕府于初期极力强化幕府统治，巩固中央集权。他将全国四分之一的土地划为幕府直辖领地，称为“天领”，包括江户、大阪、长崎及其他商业、交通中心和军事要地。天领以外的土地则称为“藩领”，交由260多家诸侯来支配，并授予其全权统治藩领（也称“领国”）。为了防止诸侯叛乱，幕府于1615年公布“武家诸法度”（武家的各种法令），规定武士必须遵守的法则，违者严惩。并规定诸侯必须每隔一年到江户参觐将军，妻儿作为人质，常住江户。这就是所谓“参觐交代”制度。

幕府统治者为了将农民终年束缚在土地上，不准农民迁徙、变更职业及买卖土地等。同时还推行“五人组”连坐制度，以5户为一组，一户欠交年贡，全组负责，如果隐匿犯人，则问罪全组。

德川幕府实行严格的封建等级制度，在武士与百姓（农民）与町人（手工业者、商人）之间划出严格的等级界限，各等级通常世袭不变，互不通婚，甚至连衣食住都有区别。最高等级的武士只占全国人口的百分之十，却统治百分之九十的农民、商人和手工业者。除上述等级外，还有从奈良时期就存在的贱民，居住于郊区，是日本社会最下层的居民。武士阶层则是德川幕府的重要支柱，为了控制思想，德川幕府大力宣扬武士应具有忠、义、勇的“武士道”精神。“武士道”即幕府统治者驱使武士为其效劳的精神武器。

德川幕府对外采取“锁国政策”。早在17世纪初，德川幕府即严格限制外国贸易船只前往日本。1633年，幕府颁布“锁国令”，禁止对外贸易，只允许中国和荷兰商人在长崎通商。幕府采取锁国政策的主要目的是禁止天主教继续在日本传教，避免日益增多的日本天主教徒不服从幕府统治。直到1853年“黑船事件”，幕府屈服于美国炮舰，才重新对外开放。锁国政策造成日本未能及时吸收先进国家的科学技术，并严重阻碍资本主义在日本的发展。

成吉思汗统一蒙古

1162年，蒙古乞颜部的酋长也速该的妻子诃额仑生下一个男孩。当天，也速该带领部众袭击塔塔儿人，获得胜利，并抓到了两个战俘，其中一位名叫铁木真。为了纪念这次胜利，也速该将刚出世的儿子取名为铁木真。

铁木真9岁那年，翁吉剌部的德薛禅，将自己的女儿孛儿帖许配给他。

也速该死后，其属部纷纷离去。原来的属部把泰赤乌部担心铁木真长大后会来报仇，便发动突袭，活抓铁木真，把他戴上木枷示众。之后，铁木真趁着泰赤乌部人举行宴会时，逃回家中。为了防止再次遭到袭击，举家迁到肯特山，但又遭到篾儿乞人袭击，孛儿帖甚至被掳走。

铁木真自知唯有利用蒙古各部之间的矛盾，取得某些部落的支持，才能壮大自己的力量，打败敌人。于是他把黑貂裘献给克烈部的脱斡里勒汗，称他为义父，又与札答阑部的首领札木合结为异姓兄弟，因而得到支持。他们联合出兵，打败了篾儿乞人，夺回了铁木真的妻子。许多旧时的属部又纷纷回到铁木真身边。1189年，铁木真被拥戴为“汗”（古代北方少数民族最高统治者的称号）。

铁木真的胜利引起札木合的不快。札木合以弟弟被蒙古部的人杀害为由，发动所属13部3万人攻击铁木真，结果大败铁木真。由于札木合杀害俘虏，反而引起部分部下不满，他们毅然脱离札木合，投奔铁木真麾下，铁木真转祸为福，反而力量更为壮大。

不久，塔塔儿部首领篾古真起而反抗金朝统治，金朝皇帝命令大将完颜襄率兵攻打塔塔儿。完颜襄约克烈部的脱斡里勒汗和铁木真联合出兵进攻塔塔儿，篾古真兵败被杀。完颜襄封脱斡里勒汗为王，

单位：年

大事	地区	公元
塞尔柱之孙，吐格利尔拜格建立塞尔柱王朝。	土耳其	1037
丹麦在不列颠岛的政权瓦解。	英国	1042
蒲甘王朝完成缅甸史上第一次统一。	缅甸	1044

单位：年

公元	地区	大事
1048	中国	毕昇发明活字版。
1049	罗马	教皇利奥九世开始致力改革教会，禁止教士结婚及神职买卖。

脱斡里勒汗从此就被称为“王汗”；铁木真则被封为“札兀忽里”（前线司令官）。

而后，铁木真击败札木合，并歼灭塔塔儿人，铁木真统一了蒙古东部。但在西边还有许多部落，其中距离铁木真最近的就属势力强大的克烈部。面对铁木真咄咄逼人的锋芒，王汗脱斡里勒也感到备受威胁。再加上王汗拒绝了铁木真为他的长子术赤向王汗的孙女求婚，对立进一步激化。1202 年春，王汗假装同意婚约，企图在婚宴中杀了铁木真。铁木真措手不及，只好带着 19 个人仓皇逃走，退到一个被称为班朱泥河（意思是“沼泽”）的地方，一行人只能喝浑水止渴，射野马为食。

后来，铁木真一直退到了贝加尔湖以东，他一边向王汗求和，一边利用喘息时召集溃军，到了秋季，终于恢复了实力。而王汗却在驻地整日歌舞。铁木真暗地派兵包围王汗的驻地，发起进攻，王汗逃至鄂尔浑河畔，最后死于乃蛮人之手。1204 年夏，铁木真亲率大军出征乃蛮，杀死了乃蛮部的首领太阳汗。从此，铁木真的威名震动蒙古高原，其他部落再也不敢同他争锋。到处逃窜的札木合，则被部下捆绑送交铁木真，最后被处死。铁木真至此完成了统一全蒙古的大业。

1206 年，蒙古各部族在鄂嫩河畔举行忽里勒台（“大聚会”），一致推举 44 岁的铁木真为全蒙古的大汗，尊称为“成吉思汗”。“成吉思”是蒙古语“强大”的意思。

▲成吉思汗骑射图。

蒙古西征

欧洲的伏尔加河两岸是一片无边无际的大草原。从这里往东，经过中亚大草原，直到蒙古和中国新疆边境，一路地势平坦，是自古以来游牧民族往来迁徙的地区。

13 世纪中期后，来此旅行、贸易的欧洲人发现草原上出现“活动的城”——蒙古人的流动营帐。那是由无数大车所组成的队伍。车上载着蒙古包式的房屋，还有成千上万的牛、羊、马及骡等跟随左右。车队前进时，仿佛就是一座城市在草原上缓缓移动。当车队停下来宿营，原本没有人烟的草原，突然出现了一座热闹的城市，城市里有街道、商店和营房等，中央是蒙古人的最高统治者——蒙古可汗点缀着金银珠宝的“金帐”。只要可汗一声号令，整座“城市”又会继续浩浩荡荡地向前移动。

自 13 世纪初，蒙古民族即在成吉思汗的领导下统一，他们在游牧生活中锻炼出剽悍性格，后来又从中原学到先进的军事技术，因此使用的武器不仅有弓箭，还有火炮和火枪等新式武器。由于长期生活在马背上，骑术精湛，可以迅速进攻，西欧封建国家的军队根本不是蒙古骑兵的对手，蒙古人所到之处，敌人闻风丧胆。成吉思汗在征服了中亚的花剌子模国之后，即派遣先头部队西征，一度逼近伏尔加河。成吉思汗死于 1227 年，之后更大规模的西征则是由其孙子拔都发动的。

从 1235 年起，拔都率领大军远征欧洲。蒙古骑兵在短时间内就占领了莫斯科、乌克兰，随后是波兰、捷克、匈牙利、奥地利及南斯拉夫，就连波兰、德意志和条顿骑士团的联军，都被打得一败涂地。蒙古人继续远征至亚得里亚海边，隔海遥望意大利的威尼斯城。到了公元 1242 年时，他们已经征服半个欧洲。

当时欧洲分裂混乱，各国矛盾重重，难以团结抵抗蒙古人的侵略，

单位：年

大事	地区	公元
基督教会首次大分裂，分为西方的“罗马公教”，及东方的“希腊正教”。	土耳其	1054
塞尔柱土耳其帝国崛起，统治西亚。	土耳其	1055
诺曼底公爵威廉入主今英格兰，建立诺曼王朝。	英国	1066
王安石变法开始。	中国	1069

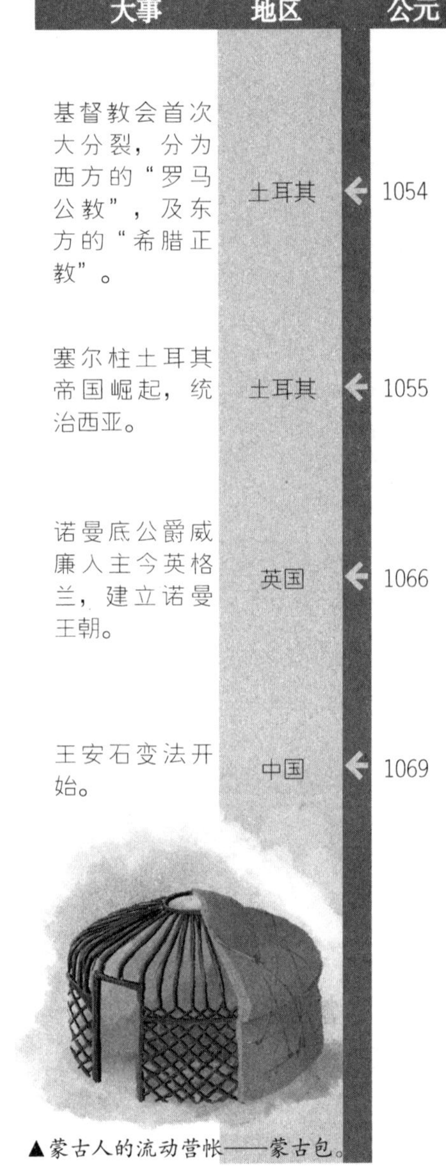

▲蒙古人的流动营帐——蒙古包。

单位：年

公元	地区	大事
1070	土耳其	塞尔柱土耳其帝国攻占耶路撒冷。
	越南	越南李朝学习中国儒家文化。
1071	土耳其	塞尔柱土耳其帝国打败拜占庭帝国，俘虏皇帝罗曼努斯四世。

甚至有许多王公根本无心作战，直接投降。13世纪中叶以后，蒙古人在欧洲的统治主要是在俄罗斯和乌克兰一带。

蒙古远征军还从中亚南下，攻占波斯和伊拉克，当地原为阿拉伯帝国的中心。1258年，另一位蒙古可汗旭烈兀攻下巴格达，灭掉阿拔斯王朝，并占领西亚广大地区。在此之前，由窝阔台汗统率蒙古军主力，已在1234年消灭了中国北方的金国。1271年，忽必烈在中国建立元朝，1279年，南下灭了南宋。

13世纪末，除了中国元朝外，蒙古人还在中亚建立察合台汗国；在西亚建立伊儿汗国；在东欧、俄罗斯建立钦察汗国。欧洲人把钦察汗国称为“金帐汗国”。这些汗国虽然同属蒙古帝国，但它们既没有共同的经济基础，也没有集中的统治机构，形成各自发展的局面。其统治者也逐渐被土耳其人和波斯人同化，越来越多的下层军民改信伊斯兰教。因为内部矛盾激化及当地人的反抗，最后这些汗国不是瓦解就是亡于土耳其人之手。

由于蒙古人一统欧亚大陆，使得东西方经济和文化重新交流。蒙古人从中原王朝学习的驿站制度，运用在辽阔的帝国领土上，在各交通要道建立许多设施和功能完善的驿站，让各大汗国得以互相沟通。且致力于维护国际商道畅通，便利各民族往来。使欧亚大陆沉寂已久的贸易往来复苏，许多欧洲旅行家起程前往梦想中的“东方天国”，穿越辽阔的蒙古大草原，游览富庶且美丽的长江和黄河流域。欧洲人来到中国，不仅将中国文化介绍给欧洲，也将中国许多技术发明传到西方，对欧洲甚至全世界，带来巨大的影响。

在西亚的伊儿汗国，东西方贸易发达，波斯文化也有了新发展。在中亚，与蒙古人有亲缘关系的帖木儿，建立了新的帝国，其后裔还一度进入印度，在印度建立莫卧儿帝国，将蒙古统治的足迹带到印度。

黑暗时代

中世纪的欧洲，城镇十分稀少，大部分地区只能看见森林和田野。有人烟的地方，除了一些庄园农奴居住茅草房外，就是那些坐落在险要地带的城堡。这些城堡实际上就是当地的政权中心，领主和骑士就是这些城堡的主人。

中世纪的欧洲，没有强大的国家政权，封建领主各自割据一方，为了保护领土和扩张势力，经常混战。领主多是骑士出身，未接受教育。再加上当时教会践踏、摧残古代希腊和罗马文化遗产，只知宣扬神学，束缚人们的思想，以致整个社会长期陷入愚昧和迷信的状态，部分史家称之为“黑暗时代”。

领主强迫工匠和农奴建造坚固的城堡，农奴们采运石料、砌起城墙，往往要花费十几年时间，才能在墙内建塔楼、殿堂、宫室和监狱，另外还得在城堡四周挖出深沟。在连接城堡大门的地方，壕沟尤其要挖得更宽更深，从城外进入大门没有固定式桥梁，只有木板做成的吊桥。即使越过深沟，闯进大门，还是不容易进入城堡内部，因为在大门和内堡之间有深且曲折的过道，就夹在城堡的高墙之间，墙上有箭垛，士兵可由上往下监视通过过道的行人。另外，城墙上每隔几十步就设有一座

▲黑暗时期的骑士时常得面临荣耀的决斗。

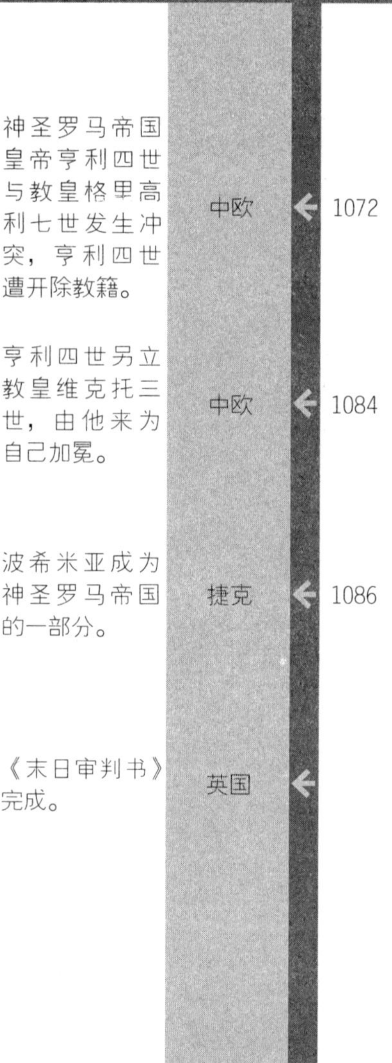

单位：年

大事	地区	公元
神圣罗马帝国皇帝亨利四世与教皇格里高利七世发生冲突，亨利四世遭开除教籍。	中欧	1072
亨利四世另立教皇维克托三世，由他来为自己加冕。	中欧	1084
波希米亚成为神圣罗马帝国的一部分。	捷克	1086
《末日审判书》完成。	英国	

单位：年

公元	地区	大事
1095	土耳其	拜占庭帝国向教皇求援，教皇乌尔班二世号召组成十字军。
1096—1099	土耳其	第一次十字军东征。
1099	西亚	十字军占领耶路撒冷，建立耶路撒冷王国。

塔楼。城堡实际上就是领主、骑士们保护自己的堡垒。

领主和骑士们在城堡里的一切生活所需，都是由农奴和工匠们提供。农奴居住在城堡附近的庄园里，庄园的土地往往分成领主自用和农奴的。农奴首先要把领主自用地上的工作做完，才能在自己的土地上劳动，而这些土地仍是领主的财产，领主可将它收回或卖出，甚至可以连同耕地的农奴一并卖掉。此外，农奴还要向领主交纳农产品与各种苛捐杂税。

欧洲封建骑士的上下级关系，是一种私人的主从关系，骑士只效忠于直属的领主。所以除了直属国王的宫廷骑士，大多数骑士则分别属于各地诸侯和公爵。也有不少骑士自立门户，形成许多“独立王国”。这些诸侯、公爵和独立的骑士，名义上虽然有服从国王的义务，但国王并不能控制他们的地盘和部属，所以“中央政权”也只是个名目而已。

▲中世纪的欧洲等级严森，教会和骑士阶层作威作福。

奥斯曼土耳其帝国

奥斯曼土耳其帝国的建立者是一支游牧于里海东南部呼罗珊一带的土耳其人。13 世纪时，由于蒙古人向西扩张，被迫迁移，最初，他们依附于塞尔柱土耳其人建立的罗姆苏丹国，于萨卡利亚河畔得到了一块封地。1242 年，罗姆苏丹国在蒙古人的打击下瓦解，于是这支土耳其人从此开始发展壮大。

1300 年，部落酋长奥斯曼宣布其部落为独立的国家。1301 年，奥斯曼侵占了富庶的卑斯尼亚平原。公元 1326 年，奥斯曼夺取当时最主要的敌手拜占庭帝国在小亚细亚的重镇布鲁萨，控制了马尔马拉海峡，并将首都迁到布鲁萨，这个新国家就是奥斯曼帝国，居于统治地位的土耳其人则被称为“奥斯曼土耳其人”。

1327 年，奥斯曼帝国的苏丹尔汗颁布诏书：“国家将建立一支新的常备军。其成员必须终身服役，不得建立家庭。士兵将享受优厚待遇，并享有特权。”在奥斯曼帝国，男孩从小就得接受军事训练，整个社会也以战争掠夺为荣，所以这支新军最初只有 1 万人，到了 16 世纪中期已扩展至 4 万人，17 世纪初更增到 9 万人，成为奥斯曼帝国扩张版图的主力。

奥斯曼帝国首先占据了原属于罗姆苏丹国的大片地区，并以此为基础，开始大规模向欧洲扩张。1331 年，奥斯曼军队击败拜占庭帝国军队，攻占尼西亚城；1337 年占领了拜占庭在小亚细亚的全部领土。1354 年，苏丹尔汗率军渡过达达尼尔海峡，占领加里波利半岛，开始进攻巴尔干半岛。

苏丹尔汗的儿子穆罕默德一世在位时，奥斯曼帝国已占领了整个色雷斯东部。1362 年，奥斯曼帝国攻陷亚德里亚堡，切断君士坦丁堡与巴尔干半岛其他地区的联系，并将首都迁移至此。1389 年，欧洲联军与奥斯曼军队在科索沃展开激战，欧洲联军尽管作战英勇，

单位：年

大事	地区	公元
靖康之难后，北宋亡。钦宗之弟高宗即位于杭州，史称南宋。	中国	1127
亨利二世即位，金雀花王朝开始。	英国	1154
源赖朝任征夷大将军，建立镰仓幕府，开启了300多年的武家天下。	日本	1192

单位：年

公元	地区	大事
1198	意大利	西西里国王腓特烈二世兼任神圣罗马帝国皇帝。
	罗马	英诺森三世当选教皇，其在位期间，教廷权力达到巅峰，实现“教权至上”。

甚至在战争中击毙穆罕默德一世，但由于奥斯曼军队占有数量上的优势，联军最后还是被打败，塞尔维亚、波斯尼亚和保加利亚先后成为奥斯曼帝国的附庸国，后来被兼并为奥斯曼帝国的行省。

奥斯曼帝国一连串的征服，震惊了欧洲各国的统治者。为了拯救拜占庭帝国，欧洲各国派出援军。1396 年，在多瑙河畔的尼科波利斯战役中，奥斯曼军队一举击溃了匈牙利、法国及德意志地区等国所组成的联军，从此，欧洲人只能眼睁睁地看着奥斯曼帝国扩张。

同时，中亚的帖木儿帝国日渐强大，并开始向小亚细亚扩张。1402 年，在安卡拉附近爆发一场大战，帖木儿军大败奥斯曼军，奥斯曼苏丹巴耶塞特被俘，此事件暂时挽救了拜占庭。这场战役后，奥斯曼帝国的地方割据势力抬头，巴耶塞特苏丹的四个儿子开始争夺王位，新征服地区的人民也趁机反抗，奥斯曼帝国处于严重的动荡中，不得不推迟向欧洲的扩张。

1421 年，奥斯曼帝国内战终止，又继续向欧洲扩张。1430 年，穆罕默德二世率军占领了帖撒罗尼迦，拜占庭被包围。1453 年，奥斯曼帝国成功拿下君士坦丁堡，并迁都至此，且将君士坦丁堡改名为“伊斯坦布尔”。

在征服拜占庭帝国后，奥斯曼帝国持续扩张，至 16 世纪中期，奥斯曼帝国已成为一个庞大的帝国，版图囊括阿拉伯和拜占庭帝国全部原有疆域等，横跨欧、亚、非三大洲。

1571 年，奥斯曼帝国的海军在勒班陀战役中，被西班牙和威尼斯联合舰队打败，失去对地中海的控制。从此，奥斯曼帝国开始走向衰落。

但丁与《神曲》

但丁出生于佛罗伦萨一个在经济和政治上都颇具地位的贵族家庭。早年攻读文法与修辞，同时在佛罗伦萨培养了对诗歌的兴趣，逐渐形成其独特的风格，成为“温柔的新体诗派”的代表作家。1290年后，但丁开始研读古希腊及罗马作家的作品，创作上因而有了许多变化。

但丁还参与了佛罗伦萨的政治活动，力挺主张民主的圭尔佛党。后来因该党内部发生纷争，但丁遭到放逐，开始漫游意大利各地。其间，但丁用了13年时间完成旷世之作《神曲》。《神曲》对意大利的历史倾注了无限的留恋，对它的未来则充满了憧憬，并批判社会现实的丑恶与黑暗，同时还表现了但丁对生活的热爱及对光明的信心。

1321年9月13日的夜晚，但丁因患疟疾病逝于意大利东北部拉温纳。

《神曲》是但丁的代表作。他用意大利语来写作，是意大利文学早期发展的转折点，且对欧洲文学脱离拉丁语，朝表现新时代文化的方向发展，具有决定性的影响。

《神曲》直译应为《神的喜剧》，是一部内容极其复杂的诗体小说。整部作品分为《地狱》《炼狱》及《天堂》三部，每部有33首诗歌，加上

▲《神曲》是但丁的代表作，是意大利文学早期发展的转折点。

单位：年

大事	地区	公元
铁木真统一蒙古各部族，被尊为“成吉思汗”。	中国	1206
英王约翰签署《大宪章》。	英国	1215
成吉思汗首次西征，入侵中亚，花剌子模亡国。	中亚	1219 | 1223
南宋联合蒙古灭金。	中国	1234

单位：年

公元	地区	大事
1235	东欧	蒙古第二次西征，由拔都领军，直逼东欧，震惊全欧洲。
1240	俄罗斯	拔都灭钦察诸部，攻陷莫斯科。
1244	耶路撒冷	阿拉伯人攻占耶路撒冷。
1246	俄罗斯	拔都以伏尔加河为中心，建立钦察汗国。

序曲，全书共 100 首诗歌，14000 多行。全诗由三行一组的押韵诗体写成，形式工整匀称，韵律平稳有力。

内容充满象征意义，涉及大量神学及天文学。富于寓意的写作手法，使之充满了迷人的神秘色彩，但其主题还是十分明确的，并表达对人性的深刻洞察，在新旧交替的历史时代，人应该在苦难的考验中，从迷惘和罪恶的深渊，达到至善和真理的境界。

在《神曲》中，但丁对教皇、教士进行无情的抨击，将他们下放到地狱的下层，备受苦刑，而且还亲自鞭打他们。但丁通过自己的叙述或与鬼魂的谈话，表达了带有新时代特征的新思想和新世界观。《神曲》肯定了现世生活的意义和价值，处处表现出热爱真理和知识的精神。此外，但丁还批判了“高贵”取决于“门第”的传统看法，强调真正的“高贵”在于优良的道德。

《神曲》中闪耀着人文主义的思想光芒和深刻见解，虽然以诗作面世，却是中世纪神学、哲学和科学思想的总汇，同时也是文艺复兴新文化的序曲。全诗展现了但丁的“百科全书式”的天才，但丁也因创作此书而成为文艺复兴运动公认的伟大先驱。

▲图为在《神曲》第 21 节中，但丁的向导在第八层地狱中回绝马拉科达及其同伙的一幕。

马可·波罗

在 700 多年前的中世纪，从欧洲到北京得花费一年的时间。且沿途尽是无边无际的大草原、荒凉恐怖的大沙漠，还有出没无常的盗贼，即使是最具雄心壮志的旅行家也会心生畏惧。当蒙古人建立空前辽阔的大帝国后，重启了从欧洲到中国的道路。因而出现一批勇敢的旅行家，踏上世上最长、最艰险的出访中国之路，其中最著名的就是马可·波罗。

1254 年，马可·波罗生于意大利威尼斯城的商人家庭。听闻父亲和叔叔讲述关于他们曾经到中国元朝首都大都（今北京）朝见蒙古帝国的忽必烈大汗，并带回大汗给教皇的信件之经历。因此决心要跟父亲和叔叔前往中国。

1271 年，马可·波罗的父亲和叔叔拿着教皇的回信和礼物，再度前往东方，这次马可·波罗也加入了旅行的队伍。他们原本打算从威尼斯进入地中海，横渡黑海，经过两河流域，抵达中东古城巴格达，再从巴格达到霍尔木兹搭船航向中国。

但他们在巴格达遇到了强盗，只有马可·波罗、父亲及叔叔幸运逃脱。最后虽然抵达霍尔木兹，但等了两个月，都没有前往中国的船只。只好改走陆路，从霍尔木兹向东，途经荒凉的伊朗沙漠，越过险峻寒冷的帕米尔高原。一路跋山涉水，来到现今的新疆。然后往东横越塔克拉玛干沙漠，路过古城敦煌，瞻仰举世闻名的佛像雕刻和壁画后，经玉门关见到了万里长城。最后，穿过河西走廊，终于抵达上都——元朝的北部都城。这时已是 1275 年的夏季，整整走了 4 年。

忽必烈大汗非常赏识年轻聪明的马可·波罗，请他们进宫讲述沿途的见闻，并带他们一起返回大都，让他们留在元朝当官任职。

马可·波罗很快就学会了蒙古语和汉语。他借着奉大汗之命巡

单位：年

大事	地区	公元
蒙古第三次西征，直达美索不达米亚，建立伊儿汗国。	西亚	1253
蒙古军征服巴格达，击败阿拔斯王朝。	西亚	1258
亨利三世被迫接受议会提出的《牛津条例》。	英国	
小孟福尔创立议会制度，为英国议会制度的起源。	英国	1265

单位：年

公元	地区	大事
1271	中国	元朝建立。
1273	神圣罗马帝国	鲁道夫获选为神圣罗马帝国皇帝，开始哈布斯堡王朝时代。
1279	中国	宋军大败于崖山，南宋灭亡。

▲记录马可·波罗经历的《马可·波罗游记》激起欧洲人对中国文明的好奇及向往。

视各地的机会走遍中国，还出使过越南、缅甸及苏门答腊。他每到一处，总要详细地考察当地的风俗、地理及人情。回到大都后，向大汗汇报。

1295 年年末，三人才回到了阔别 24 年的故乡。他们从中国回来的消息，迅速传遍了威尼斯。其所见所闻引起了人们极大的兴趣，从中国带回的无数奇珍异宝，让他们成为威尼斯的富豪。

1298 年，马可·波罗于威尼斯与热那亚的战争中不幸被俘。在狱中他遇见比萨作家鲁斯蒂恰诺，因而有了这本由马可·波罗口述、鲁斯蒂恰诺记录的《马可·波罗游记》。

在这本游记中，马可·波罗盛赞中国的繁荣，他将大都形容成“从来没见过的最伟大都城”，城郭方正，街道笔直，有高大的城门、宏伟的宫殿、美丽的住宅和众多的店铺；来自世界各地的货物，川流不息地被运到大都，光是生丝，每天就有超过一千辆车的数量运入城中；大都的奇珍异宝、日用百货，都是世上其他城市无法比拟的。皇宫壮丽美观，举世无双，有多层的台基、洁白的大理石栏杆、高耸的屋顶、金碧辉煌的彩画，及晶莹灿烂的釉瓦，宫殿里宽敞得足以举行几千人的宴会。

马可·波罗最为盛赞的是元朝完善的驿道和便利的交通，从大都到全国，每个角落都有驿道连接，驿道旁种植树木，每隔十几公里就有村镇驿站。每站有专人传递政府情报，遇有紧急公文也能用最快的速度送到北京。并且还提到，在华北用“黑色的石头”当木柴烧（指煤，中国人比世界其他地方早几百年用煤生火）。另外还提到纸币，叙述纸币在中国各地都颇受欢迎，可用来偿付一切款项，非常方便。

《马可·波罗游记》在欧洲广泛流传，激起欧洲人对中国文明与财富的倾慕，诱发了新航路和新大陆的发现。

文艺复兴

罗马城东南方100多公里处，有一座名为卡西诺山的修道院，历史悠久，据说是建于罗马帝国灭亡后不久。它的藏书室里保存了许多古老的图书。在中世纪，修道院里的教士对古书和古代文化并不感兴趣，因此多年来都没有人看管，藏书室早已破败不堪。

14世纪时，有位学者来到这间藏书室，他惊喜地发现许多珍贵的古书，有些还是失传多年的珍本，便不顾那些教士的抗议，开始整理这些古典文化的无价之宝。这位学者就是“文艺复兴”运动的著名代表人物——意大利小说家薄伽丘。

中世纪的西欧处于“黑暗时代”，基督教会成为当时封建社会的精神支柱，它建立了一套严格的等级制度，将“上帝”当作绝对的权威，一切都得按照基督教的经典——《圣经》的教义去执行，任何人都不可违背，否则会受到宗教法庭的制裁。

14世纪末，来自拜占庭帝国的学者在意大利的佛罗伦萨成立了一所名为“希腊学院”的学校，讲授希腊时代辉煌的文明和文化。在此影响下，许多西欧的学者致力于恢复古希腊和罗马的文化及艺术，因而掀起了一股“希腊热”的浪潮。这就是历史上的“文艺复兴”。

当时全欧洲工商业最发达的城市是佛罗伦萨，在文化上也是一马当先，率先高举“文艺复兴”的大旗，展开反对罗马公教主宰一切的文化运动。

这场文化运动首先从学习和恢复被教会破坏的古典文化着手，人们把它比喻为“古典文化的再生和复兴”，这就是“文艺复兴”名称的由来。在文艺复兴运动中，“人文主义”被响亮地提出。教会一贯宣传以神为中心，只有放弃追求人生的幸福，服从教会，才能赎罪得救；而人文主义正好相反，摆脱教会对精神方面的束缚，发挥人的才能和智慧，享受生的快乐，掌握自己的命运，使人性得

单位：年

大事	地区	公元
英王爱德华一世召开议会，首次有平民代表与会，被称为“模范国会”。	英国	1295
奥斯曼土耳其帝国建立。	土耳其	1299
法王腓力四世召开三级会议。	法国	1302

单位：年

公元	地区	大事
1304	意大利	佩脱拉克出生，为人文主义及文艺复兴的先驱。
1309	法国	法王腓力四世将罗马教皇由罗马迁至亚维农，称为“亚维农之囚”，显示王权凌驾于教权之上。
1321	意大利	《神曲》作者但丁去世。

以发挥。

到了15世纪，意大利的文艺复兴运动已为滚滚洪流。在学习继承古典文化的基础上，出现了光辉灿烂的新文化、新艺术。佛罗伦萨的艺术家们在文学、艺术、建筑、绘画和雕刻等方面都发展出伟大的成就，意大利还出现了一些杰出的思想家，思考改造社会的理想方案。到了16世纪，文艺复兴运动的发展更为迅速，更为绚丽多彩，产生了许多著名的文学家、艺术家和科学家，其中最著名的就是达·芬奇、米开朗琪罗和拉斐尔。

以意大利为中心，文艺复兴的浪潮席卷全欧洲。后来，法国、英国及西班牙等国，出现许多知名的宗教改革家、文学家、社会思潮的启蒙者、自然科学家及哲学家等。英国剧作家莎士比亚、法国学者拉伯雷、西班牙文学家塞万提斯，皆是欧洲文艺复兴的灿烂明星。在这些著名的文学家、艺术家及科学家的推动下，欧洲社会和历史的进程被大幅地推进，预示着中世纪“黑暗时代”即将结束。

▲法国学者拉伯雷。

▲西班牙文学家塞万提斯。

郑和下西洋

明成祖的皇位是从侄子建文帝手中夺来的，因此在即位之初，遭到群臣反对。明成祖认为，若外邦都能前来朝贡，尊自己为天下共主，就能够大大提高自己的威信。但要怎么样才能让外邦都来朝贡呢？这就得派人去“宣扬国威”才行，于是明成祖想到了能干的太监郑和。

郑和，本姓马，名和，小名三宝。1381 年，明朝大将傅友德攻下云南时，把刚 10 岁的郑和掳进军中，后来送给了燕王朱棣，于是三宝成了燕王府里的小宦官。他聪明好学，娴熟兵法，在“靖难之役”时立下了不少战功，于是被晋升为内官监太监。

郑和出生在一个富有冒险精神的家庭，祖父和父亲都曾航海前往圣地麦加朝圣。受到祖父和父亲的影响，郑和年少时就有了航海探险的心愿，于是便接下明成祖交办的特别任务。

1405 年 6 月 15 日，郑和告别欢送的官民登上船，带领着庞大的船队向外海驶去。这支船队共有 208 艘船，单是长 44 丈、宽 18 丈的宝船就有 62 艘。船上有将士 27000 多人，还有航海技术人员、管理事务人员、翻译和医生等。

郑和船队从刘家港起航，途经福建、占城、爪哇（今印度尼西亚爪哇岛），至旧港（今印度尼西亚苏门答腊岛的巨港）时，遭到海盗拦截袭击，郑和指挥战船击败海盗，活捉头目陈祖义等 3 人，押解回京处死。

在印度半岛东南方，有一座名为“斯里兰卡山”（今斯里兰卡）的大岛，是当时印度洋东西航路的必经之地。1409 年 4 月，郑和第二次出使西洋，归国途中路过这里时，代表朝廷赠送给斯里兰卡的一座寺庙许多金银供器、织金宝幡、香油、蜡烛及檀香等礼物，还为此立了一座碑，这就是 1910 年在卡高尔市出土的“郑和斯里兰卡

单位：年

大事	地区	公元
英法百年战争开打，英王爱德华三世进攻法国。	法国	1337 | 1453
足利尊氏于京都建立室町幕府。	日本	1338
黑死病大流行。	欧洲	1347
薄伽丘完成《十日谈》。	意大利	1353

单位：年

公元	地区	大事
1356	德国	波罗的海沿海城市召开第一届“汉萨同盟”大会。
1368	中国	朱元璋称帝，建立明朝。
1370	中亚	成吉思汗的后裔帖木儿自称可汗，建立帖木儿帝国，建都于萨马尔罕。

碑”。

同年，当郑和第三次出使西洋途经此地时，当地国王看到郑和的船队有很多财物，起了贪念，企图谋害郑和，劫掠船队。郑和见情况不对，连忙率领船队离开。回航时再次经过斯里兰卡，国王假装很热情地将郑和骗进城中，由王子出面勒索郑和，同时派 5 万人劫掠船队。郑和发现事有蹊跷，立即赶回船队，但道路已被截断，情况万分紧急，于是郑和亲率两千人出其不意攻占王宫，活捉斯里兰卡国王，并将他带回南京。后来明成祖释放他回国。

1415 年，郑和第四次出使西洋，回航时路过苏门答腊国（今印度尼西亚苏门答腊岛西北亚齐）。他送给当地国王大量礼物，但就在当天夜里，苏干腊军队抢劫船队。在苏门答腊军队密切配合下，郑和大败苏干腊的军队，并活捉苏干腊，将他押回北京处死。

郑和三次用兵，都是为了自卫，不得已而为之。带兵是为了保卫船队，消灭海盗，保障各国通商和友好往来，因此深受各国欢迎。从 1405 到 1430 年，郑和先后七次率船队远航，1433 年 4 月上旬，这位伟大的航海家在最后一次航行归途中，病死在印度半岛西南部的古里（今印度科泽科德）。

郑和船队七次下“西洋”，先后到访亚洲和非洲 30 多个国家，最远抵达非洲东岸赤道以南的麻林地（今肯尼亚的马林迪）和慢八撒（今肯尼亚的蒙巴萨港），这是世界航海史上的伟大壮举。

圣女贞德

1429年，在法国东部的杜米列村，17岁的农家少女贞德刚放羊完回家，听见村人议论纷纷，原来是国王正在招募军队，准备援救遭英军围困的奥尔良城。于是贞德要求父亲带她去见当地的法军队长，说要加入部队，拯救祖国。父亲被她的热诚感动，便带她去找队长商量。那军官见到一个小女孩子竟然要参军打仗，便问：“你连如何戴头盔都不知道，怎么上战场？”贞德回答：“我有决心和勇气！”军官又问：“你一个人怎么跟英军作战？”贞德语气坚定地回说：“我要先解救奥尔良城，然后让国王正式加冕。”

原来，在法国国王登基后，按惯例应在兰斯城大教堂举行加冕礼，才算是正式君主。但当时的法国国王查理七世，并未举行加冕礼，地位不稳固，英国人和法国的布根第党人于是利用这借口来分裂法国。

贞德的这番话让这位军官大吃一惊，他觉得贞德不仅勇气过人，而且很有见识和谋略，立刻派人陪同她觐见国王。

但查理七世根本不相信这个农村少女可以挽救国家。他先让手下的学者测试她，再决定是否接见。贞德再次向学者们阐述自己的决心和计划。学者们问：“你可以拿出什么令人信服的证据？”贞德斩钉截铁地回答：“给我军队，解围奥尔良，就是证明！”学者们又问她许多书本上的问题，贞德气愤地喊道，“你们在浪费时间！我根本不识字，我只知道要拯救国家和人民，我要的是战斗！”学者们被贞德坚定的意志感动了，于是给国王肯定的答复。国王接见并同意贞德的战斗计划，贞德终于可以带着部队奔向奥尔良城。

当时法军在奥尔良城内还有一支守城部队，但英军已将全城团团包围，且沿着罗亚尔河法军增援的路线，构筑了一道堡垒。贞德的部队必须拿下这些堡垒，才能推进到奥尔良城下。5月末的某天，

单位：年

大事	地区	公元
南北朝统一，李成桂建立李氏朝鲜。	朝鲜半岛	1392
伊儿汗国被帖木儿帝国所灭。	中亚	1393
帖木儿帝国占领伊朗、钦察汗国。	俄罗斯	1395
英、法两国签订20年停战协定。	英国、法国	1396

单位：年

公元	地区	大事
1399—1471	英国	建立兰开斯特王朝。
1399	中国	靖难之变。
1405—1430	中国	明成祖永乐三年，郑和首次下西洋。期间共七次。
1414	罗马	教廷召开“康斯坦斯宗教会议”，目的为解决教会纷争及改革教会。

▲贞德最终以“女巫”的罪名被处死。

贞德率领部队攻击一座坚固的堡垒。她像往常一样冲在最前面，不幸胸口中了一箭。这场战斗从日出打到日落，法军伤亡惨重，没能攻下堡垒。有人提议后撤，但贞德不答应，她劝士兵们稍事休息，自己则退到灌木林中祈祷。不一会儿，只见她又高举旗帜，像出弦的箭一样向敌人的堡垒猛冲，全体士兵也跟着杀声震天地扑向敌人，法军终于取得了胜利。

经过多次战斗，贞德和她的部队终于来到了奥尔良城下。但守城的法军却不肯开门。因城里和外界已断绝消息，守军不敢轻易相信贞德居然能带兵打败英军，有人甚至认为她是个女巫。贞德绕着城池走了一周，看到城的另一边还有一座最强固的英军堡垒，便指挥法军攻击敌堡。她身先士卒冲过深壕，架起梯子爬上敌堡，守城的官兵亲眼看到了这一切，马上开门出击，很快就攻下了这座堡垒，解围奥尔良。

奥尔良大捷后，贞德保护国王前往兰斯城举行加冕礼。但兰斯城在几百公里之外，且沿途有好几座设防坚固的城市掌握在英人手里，甚至就连兰斯城也在英军控制之下。贞德率领部队在前面作战，连战连胜，终于在 7 月中旬顺利进入兰斯城，于大教堂里举行了查理七世的加冕礼。

查理七世在接受加冕后，自以为根基已稳，其手下大臣、将军更是嫉妒贞德，怕她夺走他们的权位，于是策划了一个阴谋。1430 年春，贞德在康边城外和英军、布根第党人作战。当她回城时，守城军官抢先关门，使她在城门外被布根第党人俘虏。布根第党人以 1 万金币把她卖给英军。贞德在英军中被囚 1 年，1431 年 5 月，英军以“女巫”的罪名，在鲁昂城以火刑将她处死。临刑时，贞德说：“我永远相信我做的事是正义！”贞德死时只有 19 岁。

单位：年

大事	地区	公元
英、法签订《特鲁瓦条约》，法国王权被转让给英王。	英国、法国	1420
圣女贞德解除奥尔良之围。7月，查理七世于兰斯大教堂加冕，确立王位继承合法性。	法国	1429
圣女贞德被英军以“女巫”罪名处以火刑。	法国	1431

君士坦丁堡的陷落

1453年4月6日，拜占庭帝国首都君士坦丁堡城外，土耳其国王穆罕默德二世骑在骏马上，用马鞭指向君士坦丁堡，对士兵们大声喊道：“建功立业的时候到了！以真主之名起誓，一定要攻陷这座城堡。城里所有的东西全都将交由你们处置，成为财富万贯的大富翁，勇敢地冲进去吧！”

土耳其士兵发出了惊天动地的呐喊声，城墙上的拜占庭帝国守军则被吓得魂飞魄散，议论纷纷：“我们已经向意大利罗马教廷求援，看在上帝的分上，他们一定会来救援的。”但也有人表示，等了这么久，却只来了少量援军，恐怕是不想来救援。为了安定军心，有位将军大声说道：“不要害怕！城堡三面环水，背靠大陆，地势如此险要，这么多年来，也一直在加固城墙。土耳其人要想攻破它，简直是异想天开！再说上帝是站在我们这边的，它一定不会让异教徒得逞！”

君士坦丁堡的确固若金汤，西面有两道坚不可摧的城墙，城墙上每隔100米就有一座堡垒，墙外还有很深的护城壕。在城北金角湾的入口处，守军用粗大的铁链封锁水域，所有船只都无法驶入。即使在敌人很难接近的城东和城南海湾处，也筑起了坚固的城墙。

但是，土耳其人根本不把这些防御工事放在眼里，他们已经投入了大量的人力和物力，做足准备。负责攻城的部队多达20万人，另有战舰300艘，将君士坦丁堡围得水泄不通，他们誓言要占领这座历史名城。

攻城不如预期顺利，在接连失利且伤亡惨重之下，穆罕默德二世不得不暂停攻势。他骑着马绕着君士坦丁堡走了一圈，重新研究君士坦丁堡的结构，发现城北的金角湾水面不宽，主要是依靠铁索来阻挡进攻。心想若能绕过铁索，从水路进行偷袭，一定能在敌军毫无防备的情况下攻破城池，但问题是：如何才能让船只绕过铁

单位：年

公元	地区	大事
1434	意大利	美第奇家族取得佛罗伦萨政权。
1438	南美洲	印加帝国第九任皇帝帕查库提开始大肆扩张版图。
1440	南美洲	印加帝国修建马丘比丘城。

索呢？

穆罕默德和部下苦思后想出一条妙计。他派人到热那亚人据守的加拉太镇，重金收买了那里的人，让他们允许土耳其人在加拉太以北铺设一条陆上船槽。船槽是用坚厚的木板铺成的，槽底涂上厚厚一层油脂，好让在船槽上的船只可以由高往低处滑行。就靠着这条船槽，土耳其人将 80 艘战船拖运至金角湾的侧面，在那里架浮桥，筑炮台，向君士坦丁堡发动新一波的攻势。

当轰轰的炮声在北城墙外响起时，守军才惊恐地发现敌舰竟已来到城北，军心顿时动摇了。守城军队从两线撤兵前去增援，将西面的防务交给了前来支援的热那亚士兵，但热那亚士兵由于不熟悉当地的地形和地势，防卫日趋危急。在土耳其大军连续不断炮轰下，西城墙终于被打开了一个缺口。土耳其人发疯似的冲进城里，城里的军民拼死抵抗，展开激烈的巷战。穆罕默德二世亲自上阵，终于拿下了君士坦丁堡。

君士坦丁十一世眼见土耳其军旗飘扬在城堡上空，顿时丧失作战的勇气，连忙逃亡，在途中被土耳其士兵杀死。

土耳其士兵在城里连续三天三夜大肆烧杀抢掠，许多居民被掳为奴隶，豪华壮丽的王宫付之一炬，许多珍贵文物遭抢或被烧毁。不久，奥斯曼土耳其帝国迁都君士坦丁堡，并将它改名为伊斯坦布尔，一直沿用至今。君士坦丁堡的陷落，代表着延续千年之久的拜占庭（罗马）帝国从此覆灭。

“黄金国度”加纳

非洲大陆西部有个古老的国家，建于3世纪，国王所在的城市取名为“加纳”。当地盛产黄金，当地人用黄金来制作各种东西，所以也称为“黄金国度”。

在8世纪时，加纳最后一个黑白混血统治者，遭当地原住民索宁凯人刺杀。于是索宁凯人的酋长卡雅成为国王。卡雅十分能干，在其统治期间，加纳成为西非政治、经济、文化和宗教的中心。

当时，经常会有些阿拉伯商人冒着生命危险，穿过撒哈拉沙漠前往西非，为当地人带来商品，同时为他们自己取得最想要的东西——黄金。古加纳国王卡雅知道如果没有了这条贸易通道，他的王国就会崩溃；再者，垄断贸易通道，有利可图。因此调集了20万大军，其中包括4万名弓箭手，发动战争，以占领这条贸易通道。历经多年征战，最终达成了目的。从此以后，凡是要到西非进行贸易的商人，都必须得到卡雅的同意。卡雅因此征收了大量税金，加纳的国力也日渐强大。

西非三大黄金产地都位于加纳王国的南部。加纳王国实行奴隶制度，开采金矿的奴隶由国家统一调度。在加纳北部和西北部，另有三大产盐中心。自古以来，北非和西南非的黄金和食盐贸易始终都在进行，但中间隔着撒哈拉沙漠，因此难以发展和扩大。之后由于以“沙漠之舟”——骆驼为运输工具，贸易才得以飞速地发展。在西非贸易历史上，骆驼的使用堪称一场革命。

加纳王国充斥着来自各个国家的商人，他们带来食盐、衣物和各种日常用品，用来交换黄金，再将黄金汇集到北非的西吉尔马萨城，铸成金币后，拿到世界各地购买各种商品，再用这些商品回来换取黄金。由于加纳的黄金产量庞大，价格低廉，所以从事这种贸易的商人，获利非常可观。

单位：年

大事	地区	公元
奥斯曼土耳其帝国攻陷君士坦丁堡，拜占庭帝国灭亡，奥斯曼土耳其帝国迁都至君士坦丁堡，改名为伊斯坦布尔。	东罗马	1453
波尔多的英军投降，法国收复加莱以外的领土，英法百年战争结束。	法国	

单位：年

公元	地区	大事
1455—1485	英国	兰开斯特家族与约克家族争夺领导权，爆发“玫瑰战争”。
1460	意大利	意大利文艺复兴运动全盛时期。
1467—1477	日本	应仁之乱，日本从此进入战国时代。

在撒哈拉地区的贸易中，真正的推力是黄金。加纳王国严格控制黄金的生产和贸易。北非商人用食盐换取黄金的贸易活动历经了几个世纪，却从来没有人到过金矿所在地。加纳国王还规定金矿全部归他所有，任何人不得私自开采。老百姓可在河里淘沙金，但淘出的沙金仍归国王所有，个人严禁买卖。

加纳人交易的方式很有趣，买卖双方并不碰面，商人们先把货物按照类别摆在市场上，然后退出市场，敲起手鼓。想买东西的人听到了鼓声后就走进市场，在自己需要的货物旁放些金子，但并不拿走货物，然后也退出市场。等商人们第二次进入市场，如果他认为买主付出的黄金足够交换这些货物，就把黄金取走；如果他认为不能成交，就不会去拿黄金，商人再次退出市场，紧接着，购货者也第二次进入市场，把卖主已收下黄金的货物拿走或在没有成交的货物前再加些黄金。如此反复进行。在整个交易过程中，买卖双方不说话，也不见面，所以被称为“没有声音的买卖”。

加纳通过北非商人，不仅购入食盐，还换回了象牙、衣物、念珠、玻璃制品、瓷器和椰枣等必需品和珍贵物品。借由这些贸易，加纳王国积累了雄厚的财富。

加纳王国从3世纪一直延续至13世纪，历史达上千年之久。加纳的兴衰与黄金休戚相关。黄金是财富，但也是灾祸的来源。为了掠夺黄金，1471年葡萄牙殖民者率先登上加纳海岸，在此建立据点，掠夺黄金，控制加纳的贸易和经济，并将加纳命名为“黄金海岸”。

哥白尼

哥白尼是文艺复兴时期波兰著名的天文学家，为太阳中心说的创始人。太阳中心说纠正了地球中心说，揭穿了宗教神学伪造的谎言，对社会革命发挥了巨大的推动作用。

哥白尼 18 岁时前往克拉科夫就读于克拉科夫学院。由于受到意大利文艺复兴思想的影响，哥白尼在那里不仅接受人文主义的思想，同时因为对天文学和数学有浓厚的兴趣，便开始以天文仪器观测天象。1495 年，哥白尼在舅舅的安排下来到文艺复兴的发源地意大利，于波伦亚大学学习教会法。但哥白尼的兴趣在天文学上，他利用闲暇时间刻苦攻读天文学与数学著作，并坚持天文学的研究。

在意大利，哥白尼和其他天文学家经常讨论对天体结构的想法，他逐渐对在欧洲已盛行一千多年的“地球中心说”产生怀疑。“地球中心说”由古希腊哲学家亚里士多德提出，在 2 世纪时，罗马天文学家托勒密又加以推演论证，使它进一步系统化。地心说认为地球静止不动位处有限的宇宙中心，日月星辰皆围绕地球运转。教会借助这种理论，指称上帝创造地球，并让它居于宇宙中心，日月星辰都是上帝创造出来用于点缀宇宙的装饰品。这个理论被教会奉为金科玉律。

▲哥白尼是文艺复兴时期波兰著名的天文学家，为太阳中心说的创始人。

1506 年哥白尼在弗罗恩堡大教堂担任教士，为了方便天文学的研究，哥白尼特

单位：年

大事	地区	公元
亚拉冈王子费迪南与卡斯提尔的伊莎贝拉公主联姻，西班牙初步统一。	西班牙	1469
葡萄牙人占领今加纳，命名为黄金海岸。	非洲	1471
天文学家哥白尼诞生，于 1543 年发表重要著作《天体运行论》。	波兰	1473
费迪南即位为亚拉冈国王，签订《阿尔卡索瓦和约》，与卡斯提尔王国合并，西班牙王国成立。	西班牙	1474

意选择教堂围墙上的箭楼作为宿舍兼工作室，在里面设置一个小型天文台，用自制的简陋仪器，开始了长达 30 年的天体观测，并写出震惊世界的巨著《天体运行论》，其中选用的 27 个观测事例，就有 25 个是他在这个箭楼上观测记录到的。

《天体运行论》共有 6 卷，哥白尼在书中大胆地提出：“太阳是宇宙的中心，所有行星都围绕太阳运转。地球不是宇宙的中心，而是绕太阳运转的普通行星。”“人们每天看到的太阳由东向西运行，是因为地球自转一周的缘故，而不是太阳在移动。”“天上的星体不断移动，是因为地球本身在转动，而不是星体围绕静止的地球转动。”“火星、木星等行星在天空中有时顺行，有时逆行，是因为它们各依自己的轨道绕着太阳转动，而不是因为它们行踪诡秘。”“月亮是地球的卫星，一个月绕地球转一周。”哥白尼还在这本书中批判托勒密关于地球是静止的理论，地球不动是假象，地球绕太阳转动才是真相。

哥白尼自知“太阳中心说”必定会给教会带来沉重的打击，肯定会暴露所谓上帝创造世界说法的荒谬，所以踌躇了很久，直到他已是 69 岁老人时，才同意将《天体运行论》出版。1543 年 5 月的某天拿到这本书时，他已经瘫痪在床一年多了，他只摸了摸书的封面，便欣慰地合上了眼。

哥白尼创立的“太阳中心说”，从根本上改变旧有的宇宙观，揭穿了宗教神学的谎言，不仅在科学发展史上具有划时代的意义，也使自然科学从宗教神学中解放。

单位：年

公元	地区	大事
1484	西欧	教皇英诺森八世颁布敕令，西欧开始“猎捕女巫运动”，至 18 世纪，有上百万名妇女遇害。
1485—1603	英国	玫瑰战争结束，亨利七世成为英格兰国王，建立都铎王朝。
1486	南非	葡萄牙人迪亚士抵达南非好望角。

哥伦布发现新大陆

1492 年 10 月 10 日，3 艘帆船在巨浪滔天的大西洋上向西航行。随着时间一天天过去，船上的水手们越发焦急，因为已经航行了两个多月，但他们根本不知道距离目的地还有多远。指挥官安抚水手们焦躁不安的情绪，同时也强调，只要坚持下去，一定会到达陆地。

这位指挥官就是著名的航海家哥伦布。当时的欧洲人认为，印度是个极其富饶的国家，到处都是黄金，因此很多欧洲人一心想去东方。可是，欧洲和印度远隔万里，陆路交通极为不便，中间还有土耳其人、阿拉伯人和蒙古人阻挠。欧洲人想找出直通印度的水路，而哥伦布的任务就是要开辟新航路。

哥伦布出生于意大利，从少年时期就热衷于航海。哥伦布读了《马可·波罗游记》，对富庶的东方产生了浓厚的兴趣。当他知道世界为圆形的理论后，联想到向西航行应该也可以到达印度。这个想法让他欣喜若狂，他把发现新航路作为自己终生的志业。

无钱无势的哥伦布要实现远航的梦想，只能请求国王的帮助。他写信给葡萄牙国王、西班牙国王和英国、法国的王室，呈递远航计划，请求资助，但都没有结果。过了七八年后，他终于得到盼望已久的支持，西班牙王室资助他三艘帆船和大部分航行费用，并让他带着西班牙王室致印度皇帝的国书，以王室名义寻找通往东方的航路。

1492 年，哥伦布率领 3 艘帆船，从西班牙南端的巴洛士港起航，开启了遥远的航程。

哥伦布站在“圣玛利亚号”的船头，远眺着无边无际的大海，心里既充满希望，又感到前途渺茫，还有几分恐惧。汹涌的大海让人无法捉摸，此行也许会到达遍地黄金的地方，也许会葬身海底。

终于，在大伙儿都快放弃时，航行在最前面的水手首先发现了

单位：年

大事	地区	公元
航海家哥伦布发现新大陆。	美洲	1492
西班牙与葡萄牙签订《托尔德西利亚斯条约》，确立以“教皇子午线”来划分殖民地范围。	西班牙、葡萄牙	1494
达·伽马到达印度，发现东印度航路。	葡萄牙	1498

单位：年

公元	地区	大事
1499	瑞士	瑞士成为独立共和国。
1510	朝鲜半岛	三浦之乱，朝鲜半岛的日本人发生叛乱，被朝鲜平定。
1511	马来西亚	葡萄牙占领马六甲。

陆地。众水手欢呼着，赶忙收起船帆，停船等待天明。哥伦布内心澎湃，以为自己已经到了印度的某一个岛屿或者日本列岛的边缘，下一步就要踏上印度的领土。

天亮后，哥伦布手持西班牙国旗，率领部下搭小艇登陆。眼见岛上树木葱绿，土地肥美，水源充足，而且岛上有人居住，这些原住民十分友好，对陌生的来客十分好奇。尽管彼此语言不通，但比手画脚，大致还能沟通。原住民们带着鹦鹉、成束的棉线及木制的标枪等，来到哥伦布的船上，哥伦布则用玻璃珠等物品跟他们交换。

哥伦布将他首次登陆的小岛命名为“圣萨尔瓦多”（意思是“救世主”），即现今巴哈马群岛的威特林岛。后续又航行到其他岛屿，以为已经到达印度，所以把当地人称为印第安人（印度人）。哥伦布没有向西，而是由此往南继续航行，到达现今的古巴和海地，以为那里可能就是印度的某个行省。最后十分遗憾没能找到足以代表印度文明的任何迹象，也没有发现黄金和香料，从海地起程回国，始终坚信自己已经到达东方了。

之后，哥伦布又三次前往新大陆航行探险，但并未带回大量的黄金和香料，因此西班牙王室和贵族不再支持哥伦布的航海事业。1506 年，他在失望和悲愤中死去。

▲哥伦布像。

马丁·路德

16世纪初的德意志地区很富裕，有许多繁荣的城市和矿山，工农业生产也相当发达。但因罗马教会对其大肆剥削，这块富庶的土地被称为“教会的乳牛”。教会为了筹集经费修建大教堂，便派人到德意志推销“赎罪券”，宣称只要购买“赎罪券”，就可洗刷罪恶，死后即可进入天堂。教士们每天出没在大街小巷，宣传叫卖“赎罪券”。在德意志人看来，这种做法简直就是敲诈勒索！但当时教会是至高无上的“权威”，根本没有人敢对它公开提出批评。

但在1517年10月31日，威丁堡城教堂的大门上，贴了一篇名为《九十五条论纲》（正式名称为《关于赎罪券的意义及效果的见解》）的宣言，这是威丁堡大学的一位神学教授所写的文章，宣称：“教徒的忏悔之心不能被利用来作为满足教会私欲的手段，只要真诚忏悔，即使不购买赎罪券，也可以免罪。出卖赎罪券毫无意义。”这篇文章一贴出，全国一片哗然。

文章的作者便是马丁·路德，他是新教路德教派的奠基者。这篇文章被认为是“宗教改革”运动的起点。

马丁·路德于1482年出生在德意志东部的艾斯勒本。当时德意志处于分裂状态，严重影响了经济的发展，罗马教会趁机扩大自己的影响，教士们无恶不作。少年时代的马丁·路德，目睹了罗马教会的腐败糜烂。大学毕业后，不顾众人反对，毅然进入雷尔福特圣奥古斯丁修道院当修士，学习神学，洁身自律。并于1508年成为威丁堡大学的神学教授。由于教皇和罗马教会腐败奢侈，马丁·路德决心对基督教进行改革，他开始着手创建自己的宗教学说——“因信称义”。主张人的灵魂要得救，只需依靠自己虔诚的信仰，根本不需要教会的烦琐仪式。这等于否定了教会和教士阶层的特权。

马丁·路德公开以《九十五条论纲》公开批评教会，立刻获得

单位：年

大事	地区	公元
马丁·路德公布《九十五条论纲》，开启宗教改革。	德国	1517
麦哲伦启航，开始环绕地球一周的航行。	西班牙	1519
麦哲伦进入南美洲最南端的海峡，此海峡日后被命名为“麦哲伦海峡”。	南美洲	1520
马丁·路德公开发表其宗教改革的三大著作。	德国	
麦哲伦在菲律宾插手原住民战争，被杀身亡。	西班牙	

单位：年

公元	地区	大事
1521	中美洲	西班牙人科尔斯特率兵灭亡阿兹提克帝国。
1526	印度	成吉思汗和帖木儿的后裔巴伯尔建立莫卧儿帝国。
1529	西班牙	麦哲伦船队成功完成环绕地球一周的创举。

德意志地区的响应和支持，于是他更加坚定自己的信念。他向所有德意志人提出他运动的政治纲领：“联合起来，反对教皇，解放德意志！”1519 年，罗马教会的神学家约翰·艾克同马丁·路德在莱比锡展开了大论战。最后由马丁·路德胜出，这场大辩论无疑是他宗教改革生涯中的一次重大转折。

马丁·路德在 1520 年出版了被称作宗教改革三大论著的《致德意志贵族公开书》《教会被囚于巴比伦》及《论基督徒的自由》。其学说从根本上否定了中世纪的教会组织、圣礼制度和教会法规等，提出建立与资本主义发展相对应的资产阶级廉俭教会，并在宗教理论上，以资产阶级自律的宗教，取代了封建主义他律的宗教。

教皇和教会立即进行反扑。1520 年 10 月，教皇下诏书，勒令马丁·路德在 60 天之内悔过自新，否则将开除其教籍。马丁·路德面对威吓毫不动摇，他跑到威丁堡的十字街头，当众烧毁教皇的命令，教皇暴跳如雷。

教皇勾结皇帝，要马丁·路德出席在沃尔姆斯召开的帝国会议，实际上是要逼迫他当面承认“错误”。马丁·路德昂首挺胸地在帝国会议上据理力争，声称：“我坚持己见，绝不会违背我的良心！”教皇一帮人无计可施，于是蛮横地对他进行人身迫害，宣布他为不受法律保护的人。最后马丁·路德无立足之地，只好隐居到瓦尔特堡，从事翻译《圣经》的工作。1546 年，于自己的故乡去世。

▲自马丁·路德改革后，“罗马公教”逐渐改称为“天主教”。

麦哲伦环球航行

1480 年，麦哲伦生于葡萄牙北部，16 岁时进入葡萄牙国家航海事务厅，相当熟悉航海事务的各项工作。麦哲伦参加过多次殖民战争，到过非洲和亚洲的许多地方。他从亲身经历中得知地球是圆形的，且认为这世界还有许多未知的广阔领域，所以一直想尝试长途航行，以证明自己的看法。他几次向葡萄牙国王提出建议，但都被拒绝。于是改向西班牙政府提出请求，西班牙国王批准了他的计划。按照协定，麦哲伦被任命为探险队的领队，其所率领的船队由国家提供，航海费也由国家来负担。探险过程中发现的任何土地，全部归国王所有，由麦哲伦担任总督，新发现土地的全部收入的二十分之一归麦哲伦所有。为了监督麦哲伦，国王派了王室成员作为船队的副手。

1519 年，麦哲伦率领由 5 艘海船、234 人组成的远航队，从塞维利亚港出发。船队越过大西洋，来到了巴西海岸，并沿海岸往南继续航行，在 1520 年，航行到一个宽阔的大海湾。瞭望员高声喊道："找到海峡了！"水手们非常兴奋，以为已经到了美洲南端，准备进入新的大洋了。

然而，随着船队前进，人们却发现海水变成了淡水，原来这里只是一处宽广的河口，也就是现今乌拉圭拉普拉塔河的出海口。

到了当地的春季时，麦哲伦再度率领船队出发，经过两个月的航行后，又发现了一个海口。这个海峡弯弯曲曲，忽窄忽宽，且波涛汹涌。麦哲伦派出一艘船去探路，但这艘船却掉头逃回西班牙，麦哲伦只好率领剩下的 4 艘船在海峡中继续摸索前进。在这海峡迂回航行一个月后，终于重新见到一望无际的浩瀚大海。

为了纪念麦哲伦这次探航，后人将这海峡命名为"麦哲伦海峡"。船队在这片大洋中航行了 3 个多月，海面始终风平浪静，麦哲伦便将它取名为"太平洋"。

单位：年

大事	地区	公元
皮萨罗征服印加，印加帝国灭亡。	南美洲	1533
亨利八世因婚姻问题与教皇决裂，创立英国国教派。	英国	1534
罗耀拉成立耶稣会，推动世界性的传教活动，范围远及美洲、印度、中国和日本。	西班牙	

单位：年

公元	地区	大事
1536	英国	英格兰与威尔士通过《联合法案》，威尔士并入英格兰王国。
	瑞士	卡尔文发表《基督教原理》，推动宗教改革。

1521 年 3 月初，在船上的淡水即将耗尽、粮食也所剩无几时，船队来到富饶的马里亚纳群岛，当地的原住民热情地欢迎这批来自远方的客人。3 月底，船队来到菲律宾群岛。麦哲伦发现其来自马六甲的手下亨利，竟然能用马来语与当地原住民对话，心中无比激动，他知道自己终于到达东方了！

麦哲伦发动战争，企图征服这块盛产香料的富饶土地，但却被杀死。麦哲伦的助手率领仅存的两艘船，载满香料越过马六甲海峡，途经印度洋、好望角，辗转过了一年多，终于在 1522 年 9 月回到西班牙。这时整个船队仅剩下一艘船与 18 名船员。

▲麦哲伦率领船队首次环球航行，于中途死于与菲律宾当地部族的冲突中，他船上余下的水手在他死后继续向西航行，回到欧洲。

印加文明

南美洲的秘鲁曾经诞生了世上最神秘的文明之一——印加文明。

印加文明发展于1100年前后，仅仅延续了400多年，却留下了许多惊人的文明遗迹和谜团。

印加人不会制造铁器，也没有车、马，却能用石头建造城堡。其所建造的城堡异常坚固，石头与石头之间结合紧密，即使几百年后的今天，也无法将小刀插入石缝间。印加人制作的白金饰品，精美灵巧，有些甚至连现代工艺也无法办到。印加人没有文字，人们采用结绳的方式来记事，他们用打结来表示数字，用颜色代表不同的物品，但是他们却在“大神像”上用符号记录了大量精确的天文学数据。

印加文明与黄金有着不解之缘，印加人所建立的国家被称为“黄金国”。虽然黄金的美丽令无数人倾倒，但也成为贪婪者掠夺的目标。1532年，西班牙殖民者为了掠夺黄金，占领了当地。在这过程中，印加人所失去的不仅仅是黄金、辉煌的艺术与精湛的工艺，印加文明也在一夜之间消失，成为一去不复返的历史记忆。

▲圣多明戈教堂建在印加太阳神庙遗址上，秘鲁人在此举行一年一度的太阳祭。印加文明诸多的传统习俗至今仍存留。

▲马丘比丘是印加文明最后的遗存，位于秘鲁两座云雾缭绕的陡峭山峰之间的一片马蹄形地上，远看仿佛一张图案精致的毛毯铺在巨石上。

▲昌昌古城遗址位于秘鲁太平洋沿岸的荒漠地区，有“城堡之城”之称。16世纪，西班牙殖民者侵占此地，大肆掠夺并破坏该城。从现存的残垣断壁中，仍可想见当年的繁华。

皮萨罗征服印加帝国

自哥伦布发现新大陆后，西班牙人前往新大陆探险的风气越来越盛。

皮萨罗刚来到新大陆，便听说在巴拿马南边有个神秘的国家——印加，那里遍地都是黄金。西班牙国王给予皮萨罗侵占巴拿马以南1900多公里太平洋沿岸的权力，并预先任命他为印加的统治者。1531年，皮萨罗率领一小队殖民军队，分乘三艘船，从巴拿马出发，在今秘鲁登陆。

1532年11月16日，印加国王阿塔瓦尔帕接到皮萨罗的邀请，请他前往卡哈马卡城会面。于是一向轻信西班牙人的阿塔瓦尔帕带着5000个随从赴约。皮萨罗要神父宣读文告："教皇是上帝的代表，现在教皇将这里的土地赐给西班牙总督皮萨罗。"国王阿塔瓦尔帕对这个文告表示强烈反对，于是皮萨罗以反对天主教及图谋组织反抗西班牙人等罪名扣留国王，随行的5000印加人因为害怕伤害到自己的国王，竟不敢动武。

皮萨罗提出国王获释的条件："用黄金填满囚禁国王的那间屋子，还得用银子装满两间同样大的屋子！"国王无奈之下，只有传达命令，让臣民将金银送去。一连花了几个星期，才把三间屋子装满。

但皮萨罗最后仍将印加国王处死。印加人群龙无首，力量涣散；皮萨罗趁机占领印加首都库斯科，将之变成殖民地。日后，西班牙人便以此为中心，占领除今日巴西以外的整个南美洲。

为了巩固西班牙在南美洲的统治，西班牙国王颁布法令，在美洲殖民地实行"分地"和"监护"制度，将侵占的土地分给贵族和殖民者，并授予他们征税、开矿及奴役印第安人的特权。随着土地被瓜分，印第安人沦为奴隶或农奴，许多印第安人遭到屠杀或被迫害致死。

单位：年

大事	地区	公元
伊凡四世举行加冕典礼，此后俄罗斯君王皆尊称为"沙皇"。	俄罗斯	1547
文艺复兴代表作家塞万提斯诞生，著有《堂吉诃德》。	西班牙	

单位：年

公元	地区	大事
1549	英国	诺福克郡农民叛乱，反对圈地运动。
	日本	耶稣会教士沙勿略抵达日本，为欧洲人在日传教之始。

殖民者为了保证西班牙本国制造的葡萄酒、橄榄油、绸缎和亚麻布能在美洲高价卖出，甚至禁止在其殖民地养蚕及种植葡萄和橄榄等作物。西班牙人在南美洲用尽一切手段掠夺、挖掘和劫运黄金。1545 年至 1560 年间，平均每年从美洲运到西班牙的黄金多达 5500 公斤。

殖民者还带来宗主国的封建专制制度，实行种族奴役政策。在西属殖民地内，国王任命的总督拥有军事、行政和司法的最高权力。城乡的重要官职全由殖民统治者或宗主国迁来的移民所掌握，某些下级职位则由“土生白人”担任。整个社会的上层阶级是殖民者地主贵族、军政官吏和教会高级僧侣，其次是移民来的工商业中产阶层，再者是小农、工匠及土生白人等小生产者，位居社会最底层的则是印第安人、黑人和混血种人，这些“有色居民”被视为“劣等民族”，备受侮辱。

天主教会是殖民统治的重要支柱。殖民者采取“一手拿剑，一手拿十字架”的政策，强制将天主教定为殖民地的“国教”，印第安人和黑人也相继被迫入教。教会大规模经营地产，横征暴敛，收受各种“献金”，并参与垄断矿场、作坊，甚至经营高利贷事业。西班牙的殖民政策，让南美洲的人民深陷灾难之中，当地固有文化遭到彻底毁灭，社会发展受到严重阻碍。

▲图为印加国王阿塔瓦尔帕跪在皮萨罗面前。皮萨罗在印加大肆掠夺搜刮，对印加人进行残酷迫害。

日内瓦的教皇卡尔文

1509年出生于法国北部的卡尔文，在念大学时，被路德教的新思想强烈吸引。大学毕业后，卡尔文在教学工作之余，设法和新教团体保持密切联系。当时的国王严厉禁止在法国境内传播新教，对新教教徒一律格杀勿论。笃信新教的卡尔文不得不在1534年开始流亡生涯。先是前往德意志，之后又到了瑞士。

此时的瑞士，虽然名义上隶属神圣罗马帝国，但其实是许多独立的州际联盟。其发达的工商业、充分的自治权及民主的市议会，让当地宗教改革的呼声日益高涨。苏黎世有一位名为慈运理的神父，领导苏黎世的东北各地进行宗教改革。其所倡导的新主张包括否定罗马教廷权威、反对“赎罪券”、解散修道院、教士可以结婚及民主选举神职人员等，这些代表新兴资产阶级利益的呼声，得到了市议会的鼎力支持。于是笃信天主教的封建贵族，设法阻止新教的传播。

慈运理为了加快推行新教的步伐，动用武力，结果引起内战，他在一次战斗中阵亡。新教失去了领袖，陷入群龙无首的局面。此时卡尔文于1536年发表了《基督教原理》，让新教徒们看到了希望的曙光。

同年，卡尔文的足迹延伸到当时瑞士宗教改革的中心——日内瓦。当时的日内瓦宗教改革运动进行得如火如荼，如废除弥撒、抗议兜售赎罪券、改进礼拜仪式及改进教会组织等。但当地天主教的势力依然强大，所以新旧两教时常进行辩论。新教的另一个教派——再洗礼派的主张比卡尔文教派更为激进，他们不断组织平民起事，破坏天主教堂，拆毁修道院。这些激烈的行为使当局禁止召开辩论会，并迫害再洗礼派，平民运动遭到了严酷的镇压。卡尔文教派也受到了不同程度的迫害，以致卡尔文不得不再一次仓皇而逃。

然而，宗教改革的主张毕竟是进步的呼声，历史的大潮汹涌而

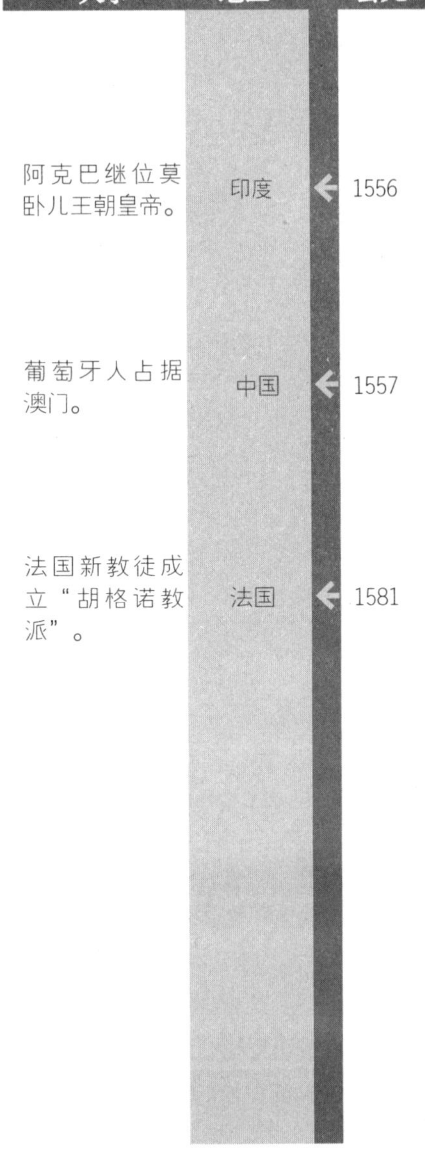

单位：年

公元	地区	大事
1561	英国	哲学家暨政治家培根诞生，提出“知识就是力量”及归纳法等理论。
1564	意大利	科学家伽利略诞生。
1565	菲律宾	西班牙占领菲律宾。

来无人可挡。宗教改革派在日内瓦终于掌握大权。新教徒们迫切需要卡尔文这样一位领袖人物，于是日内瓦市政当局在 1541 年向流落在外的卡尔文发出正式邀请函。

一回到日内瓦，卡尔文立刻开始进行改革。让教会不再受制于罗马教皇；教职改由选举产生；信奉卡尔文教派的组织，实行政教合一的体制，由高级宗教会议统一领导。以此为基础，日内瓦成了政教合一的神权共和国。国家法律和宗教纪律，成为约束人们行为的两条准绳，不论是教会，还是行政当局，都要拜伏在卡尔文的法杖之下。日内瓦成为新教的罗马，卡尔文也顺理成章地成为“日内瓦的教皇”。

一朝大权在握后，卡尔文开始视新教中的其他派别为“异端”，当年略占上风的再洗礼派成了卡尔文的眼中钉，他下令将这一派的信徒全部驱逐出境，不走的便格杀勿论。

1564 年，卡尔文死于日内瓦。卡尔文教之所以受到支持，在于它符合当时新兴资产阶级的发展，更在于卡尔文对新教的信心和贡献。

▲卡尔文是法国著名的宗教改革家、神学家，且为卡尔文教派的创始人。

恐怖伊凡

1547 年，新任俄罗斯大公伊凡四世加冕。

典礼开始后，伊凡四世表示他不喜欢“大公”这个称谓，要求官员改称他为“沙皇”，因为这个称谓才足以媲美恺撒大帝，他要做出像恺撒大帝那样的光荣事迹。

1549 年，伊凡四世开始推行加强皇权的各项改革，其中最主要的就是进行军事改革。改革的内容包括：限制按照门第高低选拔军官的制度，提高中小贵族在军队中的地位。领主须按照每 1 平方公里土地 10 名骑士的标准，为沙皇提供骑兵。废除世袭领地，增设中央国家机关。统一全国法律，在各地设立司法机关，缩小地方长官的司法权。将全国土地划分为两部分，一是普通区域，由贵族组成的“杜马”管理；二是特殊区域，由沙皇直接管理。所有肥沃的土地和繁华的商业区，全部归皇家所有，若在特殊区域里有贵族的世袭领地，一律没收，对于贵族的损失，则给予偏僻地区作为补偿。

这项改革遭到贵族强烈的反对，贵族们纷纷发动暴乱，企图将伊凡四世赶下台。为了镇压贵族们的反抗，沙皇也采取了十分残忍的手段，因此伊凡四世被称为“恐怖的伊凡”。

由于改革，俄罗斯的国力逐渐强盛，开始向外扩张。1552 年，沙皇亲自率领 15 万大军征服了喀山。这是伊凡四世首次对外用兵，但其目标是要跟恺撒一样征服欧洲。俄罗斯是个内陆国家，没有出海口，要想征服欧洲，就必须找到出海口。沙皇于是决定占领波罗的海沿岸的立沃尼亚地区。他曾用“波罗的海海水的分量，值得用金子来衡量”来形容占领出海口的重要性。1558 年 1 月，沙皇亲率军队，大举进攻波罗的海沿岸地区。这场战争持续了 25 年之久！战争后期，甚至发展成一场国际性的战争，几乎所有波罗的海沿岸国家都被卷入其中，最后俄罗斯以失败而告终。不过，这时俄罗斯的

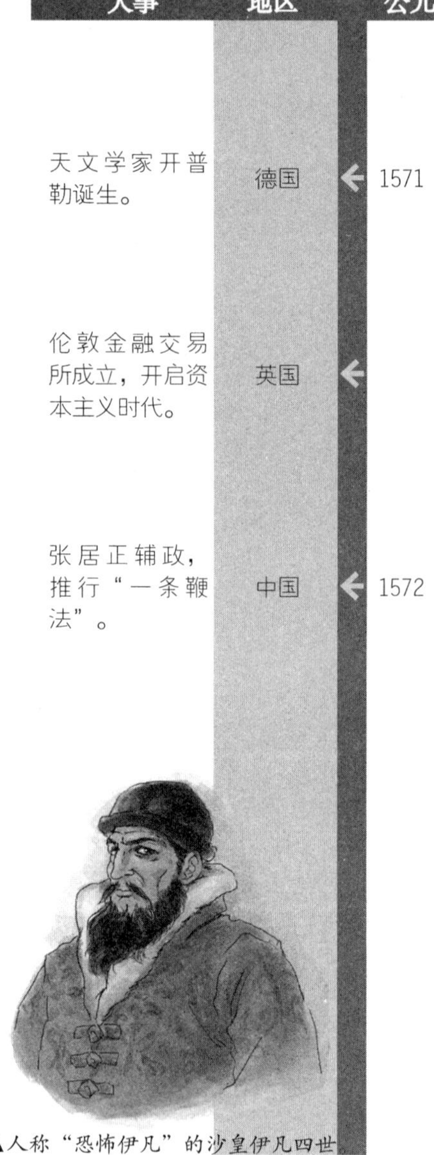

▲人称“恐怖伊凡”的沙皇伊凡四世

单位：年

公元	地区	大事
1573	日本	织田信长驱逐足利义昭，室町幕府结束。
1579	英国	英国殖民势力入侵印度。
1580	伊比利亚半岛	西班牙吞并葡萄牙。

版图已经囊括了整个伏尔加河流域。

1584年3月，沙皇驾崩，享年54岁。

▲“恐怖伊凡”对外实行侵略扩张，对内实施专制统治，残酷镇压反对派。图中，他挥舞着人头，漠然地看着属下杀人放火。

“大侠”堂吉诃德

在西班牙的拉曼查住着一位年近五十的老单身汉——吉哈诺先生，他身体瘦弱，迂腐而且顽固。他整天沉浸在骑士侠义小说里，梦想做个勇敢的骑士，冒险、闯荡天涯、扶贫济危以及扫尽世间不平，而扬名天下。于是他拼凑了一副由曾祖传下来破烂不堪的盔甲，并用了 4 天的时间为那匹瘦得皮包骨的马取了高贵而响亮的名字，还替自己取名为“堂吉诃德·台·拉曼查”，意思是“拉曼查鼎鼎大名的骑士堂吉诃德”，并且模仿古代骑士忠诚于某位贵妇人的传统，物色了邻村一个养猪村姑作为自己的意中人，并为她取了个贵族名字，叫作杜尔西内亚·台尔·托波索，决心终身为她效劳。

一切备齐后，在一天早晨，他穿甲执盾，骑上他那匹和主人一样瘦骨嶙峋的老马，离家进行他的游侠事业。

这位堂吉诃德先生先后一共出巡 3 次。

但他所做的事，没有一件是不失败、不被人嘲笑的，而他却浑然不觉，依旧自得其乐。他把穷旅店当作城堡；把妓女当成贵妇；把理发师的铜盆当作魔法师的头盔，把皮酒囊当作巨人的头颅，不顾一切地持矛杀过去；还把羊群当作魔法师的军队，大加杀戮；甚至莫名其妙地杀了押解囚犯的士兵，释放了囚犯，却被囚犯虐待，闹出无数荒唐可笑的事情。

他的这些行为不但伤害了他人，也往往弄得自己头破血流，遍体鳞伤，甚至险些丢了性命。直到临终前，他才醒悟，且不许他唯一的亲人——他侄女，嫁给读过骑士小说的人，否则就要剥夺她的遗产继承权。

这就是西班牙著名小说家塞万提斯的长篇小说《堂吉诃德》的主要情节。

塞万提斯出身于没落贵族家庭，父亲是个穷医生。由于家境困难，

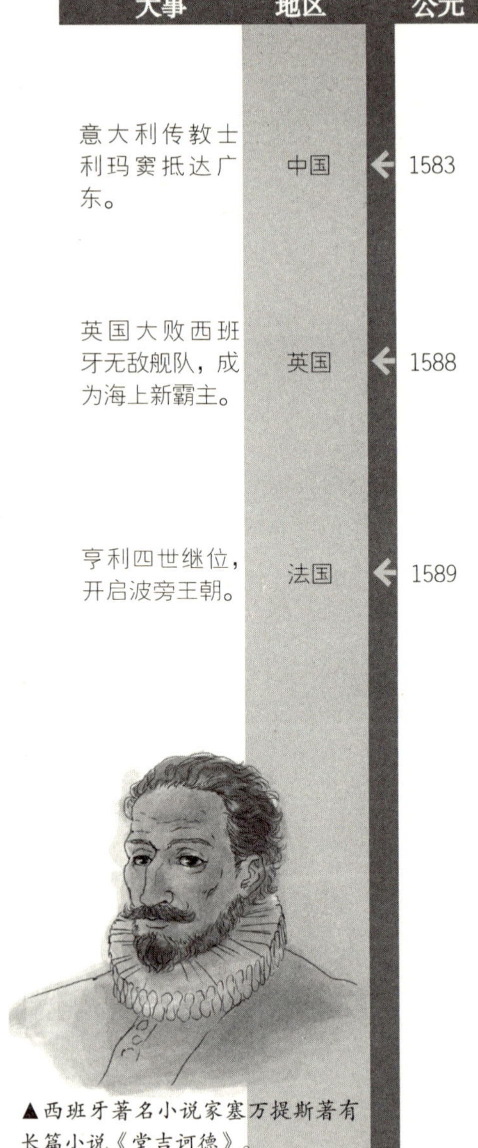

▲西班牙著名小说家塞万提斯著有长篇小说《堂吉诃德》。

单位：年

公元	地区	大事
1590	日本	丰臣秀吉统一日本。

塞万提斯只念到中学。但他非常喜欢读书，有时在街上见到烂报纸，也会捡起来阅读。

青年时期的塞万提斯是个爱祖国、爱自由的热血青年。当奥斯曼舰队入侵地中海地区，西班牙与威尼斯共和国组成联合舰队进行抵抗，塞万提斯毅然参加在意大利的战斗，并屡建战功。在回国途中，他被土耳其海盗俘虏，过着非人的奴隶生活。后被亲友赎回，在西班牙过着穷困潦倒的生活。1587年，塞万提斯谋得一个征税员的职位，但他因秉公办事，征收教堂的麦子来抵偿贫苦百姓应缴纳的赋税，而被教会驱逐。他因为不能上缴该收的税款，不止一次被捕入狱，就连他那不朽的《堂吉诃德》，也有一部分是在监狱里构思和写作的。1616年，他在贫病交加中去世。

《堂吉诃德》一书中，出现了将近700个人物，所描写的生活画面十分广阔，真实而全面地反映了16世纪末到17世纪初西班牙封建社会的现实，揭露了正在走向衰落的西班牙王国的各种矛盾，并谴责贵族阶级的荒淫无耻，同时对平民的疾苦表达深切的同情。

▲堂吉诃德与伙伴桑丘。

阿克巴大帝

阿克巴是印度莫卧儿王朝最著名的皇帝，身为皇帝的他却是个文盲，每天都需要别人为他朗读各种书籍，不过阿克巴的知识也因此相当渊博，能够和学者讨论文学、哲学及宗教等问题。另外，他热爱艺术，在宫廷中养了一百多位画家，每月举办三次画展。阿克巴总是兴致勃勃地观赏，经常加以点评，而且给予优秀作品奖赏。在其宫廷里，还有来自各地的音乐家。因为阿克巴经常聆听印度、波斯、中亚及克什米尔等地的音乐，自己逐渐也能作曲，并请人将印度梵文乐谱转译成波斯文，再用波斯文演唱。他也要求官员们要互相学习，让信奉印度教的官吏学习波斯文，信仰伊斯兰教的官吏学习印度文，后来阿克巴底下的官吏们，有些甚至能同时用波斯文和印度文写诗填词！

当时印度境内的主要民族已有各自的宗教信仰。阿克巴虽然信仰伊斯兰教，但印度长期以来却是以印度教为主流，两教教徒经常发生冲突。为了协调两教的关系，阿克巴采取系列措施，除了宣布各教派平等外，他还选用印度教人士担任高官，而他自己也娶了信奉印度教的贵族的女儿。阿克巴在宫廷中采纳印度教惯例，每天清晨登上阳台接见臣民，参加印度教节庆，朝廷觐见时佩戴印度教标志等。印度教不许宰杀牛，他就禁止宰牛与杀生。

阿克巴个性宽容大度，他创立了一个没有上帝、没有先知、没有教务的“圣教”。圣教提倡廉俭，要求信徒“弃绝世俗欲望，以拯救自己”。所有请求入教的人，都由他亲自接见。教徒们都十分敬仰阿克巴，甚至愿意为这位皇帝献出自己的财产、生命和荣誉。阿克巴所创的“圣教”既没有庙宇，也没有祈祷仪式，只要求教徒要爱护动物，尽可能地施舍、赈济及做好事。“圣教”并不强迫他人入教，因此，印度境内不同教派都能和平相处，阿克巴的帝国根

单位：年

大事	地区	公元
丰臣秀吉入侵朝鲜，朝鲜向明朝求援，引发中日朝鲜战争。	朝鲜半岛	1592
解析几何学之父笛卡儿诞生。	法国	1596

▲莫卧儿王朝第三代皇帝阿克巴。

单位：年

公元	地区	大事
1598	法国	法王亨利四世颁布《南特诏书》，实行宗教宽容政策，法国宗教战争结束。
1600	英国	英国成立东印度公司。

基也越加巩固。

尽管阿克巴尊重印度教，但对印度教的陈规陋习则加以禁止，尤其反对寡妇自焚殉身、杀婴、童婚、近亲结婚及不许寡妇再嫁等陋习。当时的印度流行寡妇自焚殉身，如丈夫过世，妻子要跳入火堆殉葬。这种残忍的风俗在印度流传已久，阿克巴非常痛恨此陋习，他派人到全国巡察，当寡妇不是自愿殉葬时，专员就必须去保护她们。

阿克巴在取得全国统治权后，开始扩张领土。对不同地区采取不同政策。如果是自愿归顺的，阿克巴会让原来的领主继续管理，并对其子孙委以重任；但对不愿意归顺、拒绝投降的，便以武力征服，兼并其土地。他兼用武力及怀柔手段，在15年内统一了北印度，接着又用了16年将版图扩大至遥远的西北地区，再以三年的时间，平定了南方王国，从而建立起了强大的莫卧儿王朝。然后阿克巴着手整顿及改革内政，重新丈量土地，将帝国版图分为182个税区，严格按各地区的等级征税；废除将战俘卖为奴隶的习惯；取消人头税、香客税（对朝圣的印度教徒所征收的税金）、田赋附加税；若遇到天灾人祸，则一律免交田赋；统一度量衡等。

1605年10月，阿克巴皇帝驾崩。其后代子孙统治印度的50多年，是莫卧儿帝国鼎盛时期，这要归功于阿克巴皇帝为帝国的繁荣打下的坚实基础。

▲泰姬陵是莫卧儿第五代皇帝沙贾汗为其爱妃建造的陵墓，为莫卧儿王朝代表性建筑。

为科学献身的伽利略

1590年的某天，意大利比萨的斜塔下聚集了许多比萨大学的学生，来看数学教授伽利略进行一项实验。当时被认为绝对权威的亚里士多德曾说过，两个铁球，一个10磅重，另一个1磅重，同时从高处落下来，10磅重的一定先着地，速度将是1磅重的10倍，而伽利略竟否认其观点，公开宣称重的铁球和轻的铁球会同时落地。

在众人议论声中，伽利略出现在斜塔顶上。他一手拿着一个10磅铁球，另一手拿着一个1磅铁球，两个铁球同时脱手，从空中落下来。斜塔周围的人都忍不住惊呼，因为大家看见两个铁球同时着地！伽利略把实验再做一次，结果仍然相同。这时大家才明白，原来像亚里士多德这样伟大的科学家所说的话也不全然都是对的。

伽利略于1564年出生在意大利比萨，进入比萨大学后，遵从父命学医。在大学里，伽利略却深深地爱上数学，在宫廷数学家里奇悉心辅导下，他结合了阿基米德的浮力原理和杠杆原理，研究出精密的测量方法，发明了用以测定合金成分的“液体静力天平”。1589年，他受聘为比萨大学数学教授，当时年仅25岁。他在研究中发现，亚里士多德的许多理论都是错的，所以设计了上述那个实验，证明自己的理论是正确的。

但这实验触怒了比萨大学里亚里士多德学派的信徒，因此伽利略被赶出比萨大学。之后他来到学术风气自由的帕图拉大学。每逢他上课时，教室里都挤得水泄不通。伽利略为学生们讲解宇宙的运动和变化，这与亚里士多德的学说又正好相反。

1609年，伽利略听说荷兰人发明了望远镜，他通过别人的描述，经过刻苦钻研和实验，成功研制出世界第一架放大倍数为33倍的天文望远镜。伽利略开始探索神秘的天空，并于1610年出版了《星际使者》，证明地球和所有行星都是围绕太阳运行的。1613年，伽利

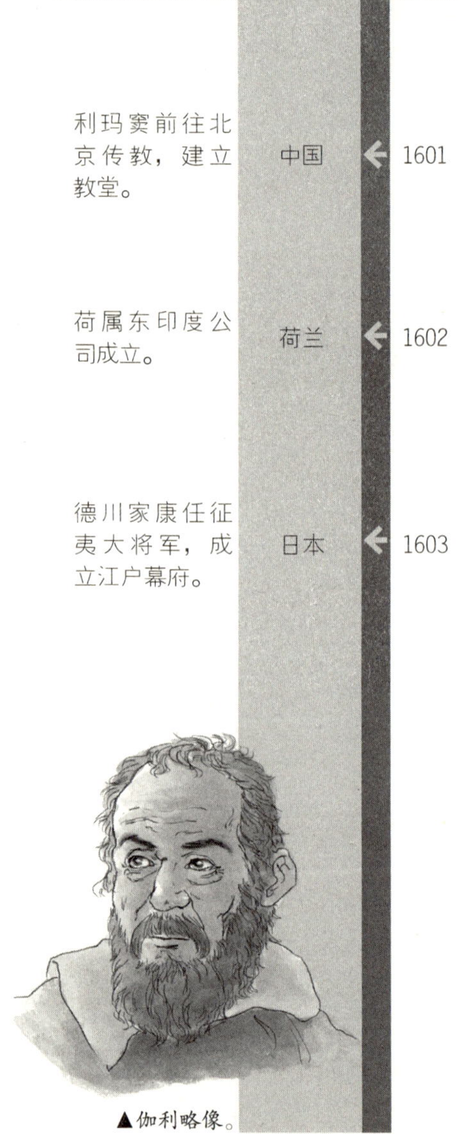

▲伽利略像。

单位：年

公元	地区	大事
1603—1649	英国	伊丽莎白一世过世，苏格兰王詹姆斯一世继位，开始斯图亚特王朝时代。
1607	北美	英国在北美弗吉尼亚建立第一个殖民地。
1608	法国	在加拿大建立魁北克城。

略又在《论太阳黑子》一书中，肯定太阳是宇宙的中心，维护哥白尼的“日心说”。

不过，当时势力强大的教会反对哥白尼的“日心说”。教会在1616年下令不准他讲授哥白尼的学说。1623年，伽利略开始写作其最有名的著作——《关于托勒密和哥白尼两大世界体系的对话》，并求见教皇乌尔班，向教皇介绍有关哥白尼学说的书籍。教皇同意他写出对“日心说”赞成和反对的论点，但不许他写出“地球是绕着太阳旋转”的结论。1629年，伽利略完成了这本杰作，他在书中巧妙地阐明自己支持哥白尼学说的证据。教会的权威人士很快就发现伽利略仍在支持哥白尼的“日心说”，便将他押上宗教法庭进行审判。

当时伽利略已经很老了，他在法庭上受尽折磨。1632年，他被迫发誓哥白尼的理论是一派胡言，并保证以后永不宣传和谈论它，若违反甘愿受死。当伽利略宣布完此誓言，他大声喊道：“无论如何，地球是在运动着的！”

伽利略最后被判处终身监禁，予以监外执行。但他并未放弃科学，1636年，他又完成了另一部巨著《论两种新科学及数学演化》。这时伽利略已双目失明。晚年只有女儿在身边照料他。1634年，女儿先他而死，他更加孤独和痛苦。1642年1月8日，这位伟大的科学家孤零零地离开人世。

▲比萨斜塔位于意大利中部，伽利略在这座斜塔上做了一个名垂千古的实验，使得这座倾斜的高塔更加享誉世界。

无敌舰队的覆灭

1588年5月，西班牙派出“无敌舰队”，扬言水陆并进，毁灭英国。

西班牙是当时欧洲最强大的国家，势力范围遍及欧、亚、非、美四大洲，西班牙称霸的基础就是它庞大的舰队。英国虽想向海外扩张，和西班牙争夺美洲殖民地，但以英国的海军实力，还不足以和西班牙进行大规模海战，只能对西班牙商船采取干扰和袭击战术。

西班牙经过3年筹划派出了欧洲历史上空前庞大的“无敌舰队”，并在欧洲大陆集结一支精锐部队，配合舰队渡过海峡，打算彻底征服英国。这支舰队的指挥官是麦地纳·西东尼亚公爵，战舰体积庞大，但航速缓慢。英国舰队的指挥官是德雷克，共有大小船只140艘，作战部队9000人，战船虽然体积小，但轻快灵活，航速比敌舰快上1倍，发射火炮的速度更是比对方快了4倍。

“无敌舰队”的150艘大战舰排成月牙形，浩浩荡荡驶进海峡。英国舰队并不正面迎战，而是让少数快速战舰绕过敌舰，尾随在后，等待机会突袭掉队或帆桨损坏的敌舰。这让西班牙人大为恼火，认为英国人根本不敢和他们正面决战。

7月28日，西班牙舰队驶抵法国的加来港，距离此不远处，西班牙已另外集结了一批精锐的陆军部队，等待舰队将他们运过海峡。一旦陆军在英国登陆，西班牙就会取得绝对优势，所以，英国海军决定抓紧时机，趁着西班牙海陆两军还未会合时，就先打败它的舰队。这天午夜时分，英国人在夜色和重重雾霭的掩护下，将6艘商船偷偷驶进加来港。这6艘船全部装满了易燃物品，在船身上也涂满了柏油，当接近西班牙舰队时，英国人就将这些商船点着，借着风势闯入西班牙舰队之间，很多西班牙战舰因此被烧毁。

7月29日清晨，德雷克率领60艘英国战舰出击。在交火中，西班牙的大战舰完全处于被动状态。海战的关键是炮，由于英国炮

单位：年

大事	地区	公元
与西班牙签订休战协议。	荷兰	1609
开始与荷兰进行贸易，于平户开设商馆。	日本	

▲德雷克指挥英国舰队将西班牙无敌舰队打得节节败退。

单位：年

公元	地区	大事
1581	荷兰	尼德兰宣布脱离西班牙统治，获得独立，成立“荷兰共和国”。

兵的命中率高，结果西班牙舰队处处挨打。从早晨打到黄昏，英舰来往奔驶，到处开火；而西班牙舰队却只能在原地徘徊，结果被击沉和击伤了五六十艘战舰。

最后西班牙人决定逃跑。但海峡一直刮着强劲的南风，还有英舰截击，无法往回逃。残存的西班牙舰队就随风北上，准备绕过大不列颠岛，沿着爱尔兰岛西岸驶回西班牙。这段路程不仅漫长，而且有北海飓风恶浪的袭击，西班牙舰队因而遭受到了更严重的损失。当“无敌舰队”由爱尔兰驶回西班牙时，整个舰队损失了100多艘战舰和14000名官兵，只剩下43艘残破的船只。

随着战争结束，西班牙不仅征服英国的梦想未能实现，且从此一蹶不振，英国逐渐取代西班牙的海上霸主地位。

▲ 1588年，西班牙“无敌舰队”在英国舰队炮火轰击下，慌乱撤退。

17 世纪的海上马车夫——荷兰

16 世纪，西班牙运送金银财宝的舰队活跃在辽阔的大西洋上。每年春天，舰队从西班牙出发，渡过大西洋，前往美洲大陆，再装载着从美洲掠夺而来的金银财宝，浩浩荡荡地返回本国。这些西班牙船舰装备精良，船体坚固，在大西洋上来去纵横，耀武扬威。尽管西班牙舰队威震四海，但他们也经常遭到海盗袭击。其中最有名的，当属号称“海上乞丐”的尼德兰（包括现在的荷兰和比利时）人。

尼德兰人之所以被称为“海上乞丐”是有原因的。“尼德兰”的意思是低地，是莱茵河入海处大片低地的总称，包括现今的荷兰、比利时、卢森堡和法国东北部的一部分，当时西班牙帝国一半的税收来自这里。而西班牙在统治尼德兰时，经常辱骂尼德兰人是“乞丐”。尼德兰人曾发动起义，起义者喊出了“乞丐万岁”的口号，以此来讽刺西班牙统治者。

西班牙国王派了一个名为阿尔瓦的残暴贵族来担任新总督，负责镇压尼德兰革命。阿尔瓦决心血洗尼德兰。因此一上任，便大肆逮捕与屠杀尼德兰人。

尼德兰人忍无可忍，纷纷起义，不断袭击敌军及其运输线，并逐渐从林区游击活动转为进攻市镇。1579 年尼德兰北部各省结为联盟，于 1581 年正式宣布脱离西班牙的统治，成立联省共和国。在 7 个省当中，荷兰省的面积最大，经济也最发达，因此取名为荷兰共和国。从此，尼德兰分成两部分，北部形成独立的国家——荷兰，南部仍然被西班牙统治。

西班牙统治者当然不能容忍独立的荷兰共和国存在，于是进军尼德兰北部。1588 年，西班牙“无敌舰队”在英吉利海峡被英国海军彻底击溃，西班牙从此丧失了海上霸权，国力急遽衰落。荷兰共和国趁机收复被西班牙占领的北方领土，还夺取了南方部分地区，

单位：年

大事	地区	公元
下令禁教。	日本	1612
开始罗曼诺夫王朝统治。	俄罗斯	1613
召开“三级会议”，邀集贵族、教士及平民的阶级代表与会讨论增税议案。	法国	1614

单位：年

公元	地区	大事
1616	英国	“戏剧之父”莎士比亚逝世。
	中国	努尔哈赤建立后金国。
	日本	限定欧洲船只仅能停泊平户和长崎。

1609 年，西班牙和荷兰缔结停战协定。

尼德兰革命是史上首次成功的资产阶级革命，并在欧洲建立了第一个资产阶级共和国。从此，荷兰走上快速发展的道路。荷兰独立后，大力发展资本主义工商业，商业、海洋运输业和金融业非常发达，很快就跃升为西欧强国。

17 世纪，欧洲各国之间的贸易往来日益增多。当时的国际贸易通道主要是在海上，哪个国家的造船工业发达、拥有商船的数量和吨位最多，就能控制东西方贸易，称霸海洋，还能进行海外殖民掠夺。船只在当时就像陆路运输的马车一样，哪个国家掌握了海上的马车，就是海上的马车夫。在整个 17 世纪，荷兰是世界上最强大的海上霸主，因此被称为“海上马车夫”。

当时，荷兰的造船业居世界首位。仅在首都阿姆斯特丹，就有上百家造船厂，全国可同时开工建造几百艘船只。荷兰的造船技术最先进，船只造价比英国几乎低一半，因此欧洲许多国家都向荷兰订购船只。

荷兰的商船吨位占当时全欧洲船只总吨位的四分之三，拥有 15000 多艘商船，几乎垄断了海上贸易。当时的阿姆斯特丹是国际贸易的中心，港内经常有 2000 多艘商船停泊。

荷兰的海军舰艇几乎是了英、法两国海军的一倍。它们在世界各大洋上航行，保护本国商船，并从事海外殖民掠夺。但是“海上马车夫”的好景不长，从 17 世纪中叶起，英、荷两国就在各大洋上展开了争霸战，后来，法国也参与进来。法荷战争中，荷兰最后以惨败而告终，从此失去霸主地位。

▲在整个 17 世纪，荷兰是世界上最强大的海上霸主，因此被称为“海上马车夫”。

“戏剧之父”莎士比亚

莎士比亚是英国文艺复兴时期最杰出的艺术大师，被称为“戏剧之父”。

莎士比亚在27岁那年写了历史剧《亨利六世》三部曲，上演后引起轰动，为他赢得了很高的声誉，因而在伦敦戏剧界站稳了脚跟。

16世纪末，他写了一出悲剧《罗密欧与朱丽叶》。大致剧情如下：意大利两个世代都是仇敌的贵族子女擦出了爱情的火花，却因为家族仇恨而双双身亡，这件憾事深深感动了两家人，最终消除了世仇，化敌为友。

几年后，莎士比亚的两个好友为了改革政治，发动叛乱，结果一个被送上绞刑台，另一个被关入监狱。他十分悲愤，于是写了《哈姆雷特》。剧中，年轻的丹麦王子哈姆雷特从他国回到丹麦，得知叔父杀害他的父亲，当上了国王，还强将自己的母亲纳为妾。哈姆雷特为父亲复仇的愿望，渐渐扩大为一种社会责任，他认为应该挺身而出，改变这个不仁不义、充斥谄媚者和阴谋家的世界。最后他却被自己情人的哥哥以毒剑刺死，哈姆雷特的母亲也跟叔父同归于尽。王子临死时，要求把一切真相“昭示后人”。这出戏剧充分表现出个人与社会的冲突、理想与现实的矛盾。哈姆雷特的形象，对于后世300多年来的欧洲作家，在塑造个人反抗社会的典型人物上，产生了深远的影响。

1616年，莎士比亚因病离开人世，享年52岁。他为世人留下了37部剧作、一卷十四行诗及两部叙事长诗。他所写的剧作至今仍在世界各地演出。

莎士比亚的戏剧作品结构严谨，情节丰富，人物性格鲜明。他擅长将文学语言和民间语言巧妙地结合，因此遣词造句显得特别生动且精练。莎士比亚是一位能充分表现出人性伟大的作家，他通过

单位：年

大事	地区	公元
卡尔文教派争取宗教自由，引发“三十年战争”。	中欧	1618—1648
东印度公司在爪哇建立殖民地，建立巴达维亚城。	荷兰	1619
清教徒乘“五月花号”前往新大陆。	英国	1620

单位：年

公元	地区	大事
1621	荷兰	成立西印度公司，垄断西非和美洲的贸易。
1622	中国	耶稣会传教士汤若望来中国。

笔下的人物，不断提出人类内在心灵最根本的问题，因此与观众很容易产生共鸣。

▲莎士比亚是英国文艺复兴时期最杰出的艺术大师，被称为“戏剧之父”。

文艺复兴三杰

15世纪至16世纪著名的艺术家达·芬奇、米开朗琪罗及拉斐尔，被后世誉为意大利文艺复兴时期的“三杰”。他们的辉煌成就，对欧洲，甚至对全世界的艺术发展，产生了深远的影响。

达·芬奇将数学、解剖、透视、明暗及造型的各种实验和研究成果应用于绘画，并努力探索艺术的形式。他一生创作了7000多页手稿和大量绘画作品，其中又以画作《最后的晚餐》和《蒙娜丽莎》最为著名。

米开朗琪罗在绘画方面的代表作品是绘于梵蒂冈西斯廷教堂穹顶的《创世纪》，这幅壁画在艺术史上被称为人体艺术的百科全书；在建筑方面的代表作品则是罗马圣彼得教堂等；雕塑代表作包括“大卫”及“摩西”等雕像。

拉斐尔在吸收各家之长的基础上，形成了构图和谐、人物形象温顺柔情的艺术特色。他曾担任罗马梵蒂冈大教堂的装饰建筑师，可惜37岁时就英年早逝了。代表作品有《西斯廷圣母》《花园里的圣母》及《圣母升天》等。

▲达·芬奇像

▲拉斐尔像

▲米开朗琪罗像

▲《西斯廷圣母》为拉斐尔的代表作。画中塑造了一个具有崇高牺牲精神的母性形象。圣洁美貌的圣母玛利亚略显忧伤，从云端下来，衣服随风飘动，为了拯救人类，她把儿子送往人间。在这幅画中，拉斐尔把自己美好的理想寄托在圣母身上，寄望其笔下的圣母能为世人带来希望和美好的一切。

▲《蒙娜丽莎》是达·芬奇的代表作。画中，蒙娜丽莎仪态安详，脸上露出一抹微笑，眉宇间展露了内心的愉悦，眼睛充满魅力，嘴角微微上扬。艺术史家将蒙娜丽莎的微笑称为“神秘的微笑”。在构图上，达·芬奇采用了正面的胸像构图，人物造型呈金字塔形，凸显了蒙娜丽莎的秀丽端庄。

▲《原罪·逐出乐园》是米开朗琪罗的代表作《创世纪》中的局部画面，包含了两个情节——亚当和夏娃在蛇的引诱下偷吃禁果以及被逐出伊甸园。亚当露出痛苦的表情，用双手挡住天使，他的姿势既有拒绝，也有保卫自己和妻子的意味。这幅画展示俗世的情感，人不是上帝的奴仆，而是创造世界和主宰自己命运的主人。

三十年战争

962 年，德意志地区的国王在罗马由教皇加冕称帝，于是诞生了神圣罗马帝国。帝国的势力日渐强大，其疆域包括了德意志、奥地利、波希米亚、意大利北部和瑞士等。到了 13 世纪末，帝国被分割成许多诸侯国，神圣罗马帝国的皇帝沦为不具实权的傀儡。

1526 年，神圣罗马帝国吞并了波希米亚。当时，帝国已名存实亡，因此波希米亚实际上是奥地利哈布斯堡家族的领地。1617 年，哈布斯堡家族的斐迪南受神圣罗马帝国皇帝之封，成为波希米亚国王。波希米亚在划归哈布斯堡家族领地时，奥地利曾承诺，不论是哈布斯堡家族的哪一个成员为国王，都必须承认并遵守波希米亚王国的法律，保留原有的议会、宗教及政治上的自主权等。但斐迪南上台后，却违反了哈布斯堡家族的承诺，将波希米亚当作奥地利的附庸国，取消波希米亚的法律和自主权，波希米亚人彻底沦为奴隶。

自 16 世纪以来，欧洲发生多次宗教改革，新教风行，反对新教势力的人成立了“耶稣会”，以维护旧有的宗教秩序。斐迪南身边的一位狂热的耶稣会成员，残酷地迫害波希米亚的新教徒，引起了波希米亚人强烈不满。1618 年 5 月 23 日，愤怒的新教徒冲进王宫，把斐迪南国王的两个亲信，按照波希米亚人的惩罚方式，从窗口扔了出去，这就是历史上所谓的“空窗投事件”。

波希米亚人自组临时政府，选出 30 位保护人（其中大部分是新教贵族）领导起义。他们占领各政府部门，废除一切法规，取消所有赋税，并攻击耶稣教会成员。这个事件引发了一场长期战争，从 1618 年空窗投事件，持续至 1648 年，史称“三十年战争”。

“空窗投事件”之后，斐迪南派了一位使者前往神圣罗马帝国。当时的神圣罗马帝国诸侯分为两派，一派跟随新教同盟的腓特烈，另一派则以信奉天主教的巴伐利亚公爵为首。斐迪南的特使请求巴

单位：年

大事	地区	公元
首度制定专利法，鼓励新发明。	英国	1624
荷兰入侵台湾南部，建热兰遮城（今安平古堡）；西班牙人占据台湾北部。	中国	
英国国会通过《权利请愿书》，避免查理一世王权专制。	英国	1628

单位：年

公元	地区	大事
1633	日本	首次颁布锁国令。
1636	中国	皇太极将后金国改国号为“清”。
1639	日本	再次颁布锁国令，禁止葡萄牙人赴日。

伐利亚公爵出兵波希米亚，与此同时，波希米亚的新教徒向神圣罗马帝国的另一个领袖腓特烈求救，结果腓特烈战败。1620 年 11 月初，起义军和斐迪南的军队在波希米亚首府布拉格附近决战，起义军失败，斐迪南重新坐上宝座，波希米亚再次陷入奥地利的统治之下，成为神圣罗马帝国哈布斯堡家族的领地，并被迫改奉天主教，甚至将德语定为国语。

战败后，腓特烈前往英国和荷兰寻求支持。1625 年，英国、荷兰怂恿丹麦国王入侵神圣罗马帝国失败，神圣罗马帝国在欧洲的地位大为提高。此时新教同盟中的瑞典由于一直都垂涎神圣罗马帝国的肥沃土地，便借此机会，在 1630 年进攻。最后瑞典国王被击毙，双方因此议和，取得了短暂的和平。随后，神圣罗马帝国获得西班牙的帮助，再次与瑞典作战，大获全胜。

1635 年，年轻的法国国王路易十三，对丹麦和瑞典的失败深感愤怒。他为了打击神圣罗马帝国，在法国首相的斡旋之下，得到了英国、荷兰及瑞典等国的支持，于是对西班牙宣战。神圣罗马帝国则出兵援助西班牙。战争规模空前浩大，法国因为有诸多国家支持，取得了胜利。迫使西班牙退出战争，神圣罗马帝国只好求和。

1648 年 8 月 6 日，神圣罗马帝国皇帝和瑞典及新教诸侯们签订和约。9 月 17 日，神圣罗马帝国与法国也签订条约。10 月 24 日，参战各方齐集神圣罗马帝国明斯特市政厅，签署《威斯特伐利亚和约》，终结了三十年战争。

近代史

世界近代史开始于 1640 年。资本主义制度自此逐渐在英国确立。资本主义的确立，不但摧毁了封建制度，还打破了中世纪以来桎梏人们心灵的神权统治，推翻了扼杀个体自由的君主制度和文化专制。

资产阶级的胜利，为工业革命的发展做了准备。从 18 世纪后期到 19 世纪，英国、法国、美国及德意志等国与地区，先后进入了工业革命时代。工业革命在世界各地引起了深刻的社会变革，无产阶级出现，同时马克思主义在工人阶层中传播开来，成为一股具有影响力的政治力量，跃上历史的舞台。1871 年，世界上第一个无产阶级政权——巴黎公社成立。

1870 年后，科学技术快速发展，出现新兴的工业部门，垄断资本，列强掀起瓜分世界的风潮，使得亚洲、非洲和中南美洲各国的民族危机日益加深，反对殖民政权压迫的民族解放运动，汹涌澎湃地展开了。

断头国王查理一世

1649 年国王查理一世当众被斩首，但英国人民为什么将自己的国王推上断头台呢？这得从 17 世纪初期说起。

17 世纪时，英国的资本主义经济已经有了很大的发展。英国封建王朝为了保证国家的税收，将多种商品设为专卖，严重损害了新兴工商业者的利益，同时对农民进行残酷的压榨，忍无可忍的人民纷纷揭竿而起。

1625 年，查理一世登基，并于 1629 年解散议会。1638 年，苏格兰爆发了反英格兰起义，起义军迅速攻入英格兰北部，为筹措军饷，1640 年 4 月，查理一世被迫召开已经解散 11 年的英格兰议会，但议员们争论不休，根本无法解决问题，3 个星期后，查理一世再次解散议会。但由于面临巨大的财政危机，查理一世听从斯特拉福的建议，为了向人民征税，再度召开议会。

上届议会议长皮姆在议会提议：第一，完全否决国王征收军费的诏令；第二，逮捕大臣斯特拉福；第三，宣布此议会是长期议会，不允许国王任意解散议会。在一片赞同声中，议会通过了皮姆的提议。议会的决议鼓舞了伦敦市民，纷纷涌上街头表达支持议会。查理一世见苗头不对，只好牺牲亲信斯特拉福。

1642 年 1 月，查理一世决定对议会下手，亲自带领 400 名护卫冲入议会，企图逮捕正在开会的 5 名议员。不料议会代表早已得到消息，躲到伦敦市里受市民保护。查理一世只好逃到支持他的约克镇。

同年 8 月，查理一世对国会宣战。议员克伦威尔提议出兵攻打国王，并招募了一支以自耕农、手工业者为主的骑兵队——“铁军”。1645 年，随着战事扩大，议会同意克伦威尔建立一支由两万人组成的“新模范军”，由他来担任总司令，最后获得胜利。查理一世见情势不利，急忙逃到苏格兰。

单位：年

大事	地区	公元
国会通过《大宪章》。	英国	1641
清教徒革命。	英国	1642
法王路易十四（太阳王）登基。	法国	1643

单位：年

公元	地区	大事
1644	中国	李自成攻入北京，明亡，吴三桂迎清兵入关。
1648	欧洲	“三十年战争”结束，签订《威斯特伐利亚和约》。
1649	英格兰	英王查理一世遭处死，英国进入短暂共和时期。

1649 年 2 月，国会以叛国罪将查理一世判处死刑。

▲查理一世像。

护国公克伦威尔

克伦威尔生于1599年，1640年被选为英国国会议员，参与反对国王的《大宪章》的起草工作。

查理一世向议会宣战，克伦威尔毅然加入反对国王的战争。克伦威尔一开始就展现出了过人的指挥能力，他没有经由国会来筹组军队，而是自己出钱建了一支纪律严明、有战斗力的队伍。

起初部队只有区区几个人，他的军衔也只是上尉，但他的部队常常以少胜多，越战越勇，人数也越来越多。到了1644年，他已经是一位指挥万人大军的中将，人们称呼其军队为“铁军”，所到之处，敌人闻风丧胆。克伦威尔的声望也日益升高，最后当上了议会军的总司令。

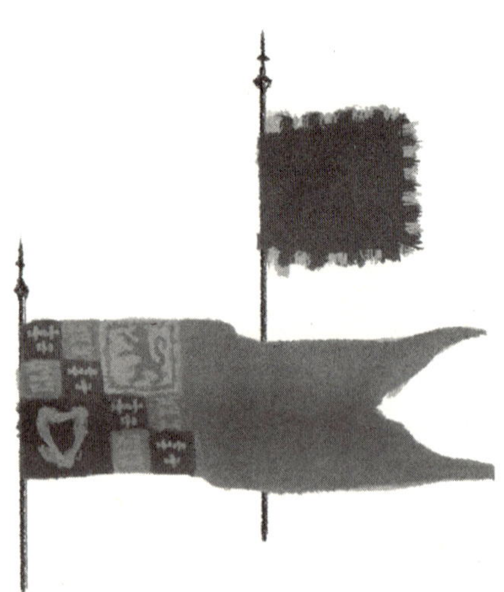

▲图中左侧是在纳西比战役中，查理一世的旗帜；右边则是克伦威尔议会军所使用的旗帜。

1644年7月2日，在英格兰北部的马斯顿草原上，议会军和王军相遇。王军统帅鲁伯特与纽斯卡尔，率领1万步兵和7000骑兵，在草原上摆开阵势。而议会军以大炮轰击王军，紧接着，议会军2万名步兵和7000名骑兵分三路向王军发动攻击。

鲁伯特急忙下令迎战。虽然打退了左翼的议会军，但中路已被克伦威尔亲自率领的铁军突破。王军骑兵掉头逃出战场，议会军一鼓作气地追杀，而王军步兵因失去骑兵掩护，

单位：年

大事	地区	公元
沙皇颁布《法典》，从法律上确认农奴制度。	俄罗斯	1649
克伦威尔任共和国“护国公”，实行独裁统治。	英国	1653

单位：年

公元	地区	大事
1654	英国、荷兰	签订《威斯敏斯特和约》，荷兰承认英国的海上霸主地位。
1660	英国	查理二世即位，斯图亚特王朝复辟。

立即溃散。鲁伯特见大势已去，带领少数残兵败将仓皇逃跑。在短时间内，议会军取得决定性胜利，这就是著名的马斯顿草原战役。

此后，议会军接连攻下一座又一座城堡。最后，查理一世被迫逃往苏格兰。1649 年查理一世被送上断头台。处决一个星期后，苏格兰议会便宣布拥立查理一世的儿子查理二世为国王，并加紧备战，准备出兵讨伐英格兰。克伦威尔得到这个消息，迅速出兵，不久攻占苏格兰首都爱丁堡。

1651 年，克伦威尔歼灭苏格兰军队，查理二世逃往法国，克伦威尔因此得以占领整个苏格兰，残酷地镇压爱尔兰独立起义。至此，他完全统治了英格兰、苏格兰和爱尔兰。

第一次内战（清教徒革命）结束后，部分国会议员害怕铁军过于强大，有干政的可能，于是企图解散军队，并拒绝补发拖欠的军饷。士兵和中下级军官一片哗然，克伦威尔眼看跟着自己出生入死、屡建战功的将士备受委屈，满腔怒火。1653 年 4 月，他带兵进入议会，公开怒斥议员，强行解散议会。

1653 年 12 月，克伦威尔终于当上了英格兰、苏格兰及爱尔兰的护国公，成为英国的实质统治者。但 1658 年，克伦威尔因病去世，遗体葬于威斯敏斯特大教堂的墓地。

▲奥利弗·克伦威尔，英格兰军人暨政治家，英国首位共和国领袖，也是近代欧洲史上杰出的统治者之一。

单位：年

大事	地区	公元
郑成功驱逐荷兰人。	中国	1662
三藩之乱。	中国	1673 | 1681

郑成功驱逐荷兰人

明朝末年，来自欧洲的荷兰人趁明朝腐败之际，占领澎湖列岛和台湾。1624 年，荷兰人登陆大员，在台湾实行殖民统治，并在现今台南市建立普罗民遮城（今赤崁楼）和热兰遮城（今安平古堡）。

荷兰人主要是看上台湾的地理位置适合作为贸易转口港，之后也发现台湾土地肥沃，可生产具有商品价值的农作物。在荷兰人统治期间，台湾的农业主要种植可作为贸易用途的经济作物，如稻米和甘蔗。

郑成功，生于 1624 年，卒于 1662 年，郑之龙之子，本名森，福建泉州人。于明亡之际到福州，和其家族一起拥戴明朝唐王的隆武政权。为隆武帝赐姓“朱”，改名成功，后又加封“忠勇伯”，镇守闽赣边界。

1646 年，桂王朱由榔（永历帝）在广州肇庆即位，郑成功奉永历为正朔，被永历帝册封为“延平王”。郑军在闽南、粤东一带，以厦门、金门为基地，拥兵与清军对抗。在此期间，他所率领的强大水师，活跃于东南沿海一带，数度攻入长江口，甚至一度打到南京城下，但最后还是因为兵力相差悬殊而失败。

1659 年，郑成功远征南京失败后，被清兵逼得走投无路，只好在海外另寻安全的抗清据点，继续反清事业，于是将目标锁定台湾。

1661 年，郑成功率领数百艘大小船舰及 3 万多人的部队，由领航人何斌带领，趁着潮水大涨，强行渡过满布暗礁、号称“天险”的鹿耳门外港，登陆后随即以惊人的速度，兵分两路攻向热兰遮城。荷兰人措手不及，

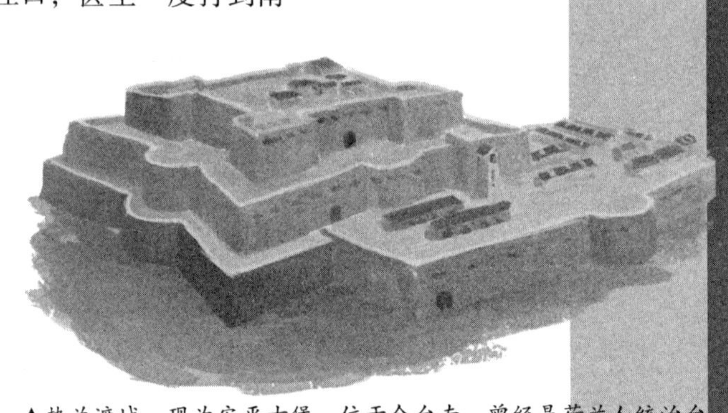

▲热兰遮城，现为安平古堡，位于今台南。曾经是荷兰人统治台湾的中枢，也曾经是郑氏三代的居城。

单位：年

公元	地区	大事
1679	英国	英王查理二世颁布《人身保护法》。

被迫退入城内。

郑军向热兰遮城外的乌特勒支碉堡发动大规模炮战，迫使守军放弃碉堡，并击垮了荷兰人的信心。双方签署和约，郑成功同意荷兰人带走航行所需的粮食、子弹和部分现款离开台湾。

▲郑成功率军大败荷兰人，以台湾为抗清据点。

光荣革命

“光荣革命”为一场没有流血的革命，这段历史得从“护国公”克伦威尔谈起。

克伦威尔生前以铁腕手段治国，英国人民早已不满，但迫于军威，只能忍气吞声。克伦威尔去世，各种被压制的势力一起造反，其中最有势力的就属保王党。1660 年，保王党分子、英国驻苏格兰军队司令蒙克率军进驻伦敦，并邀请查理一世的儿子查理二世回国重任国王。经过谈判，查理发表宣言，保证回国后绝不恢复君主专制，赦免参与过革命的人，宗教信仰自由，也不要求收回共和国政府没收的王室贵族财产。议会便宣布查理二世为“英格兰、苏格兰及爱尔兰最强有力的和不容置疑的国王”，斯图亚特王朝因此复辟。

但查理二世一登基，就马上翻脸不认账，对参与过革命的人进行报复。凡是参加过审判查理一世的人，都被以“弑君”罪名判处重刑。再由政府出资，将那些被没收的土地买回来，重新交给原来的主人。

查理二世在流亡期间受过法国国王路易十四的庇护，所以在国家大事上，他一概听从路易十四指示。查理二世的某些措施虽然让那些拥护他登上王位的人大失所望，但由于他平时和蔼可亲，懂得适时妥协，所以在世时并未受到多少攻击，得以安享天年。

1685 年，查理二世去世，他的弟弟詹姆士二世即位。詹姆士二世一心一意想恢复天主教在英国的统治地位，经过新教洗礼的英国，已经没有多少天主教徒，但他却任命天主教神职人员担任国家职务，并在宫廷里举行天主教祈祷仪式；还成立出版社，印发天主教宣传品。这些措施严重损害了中产阶级和新兴贵族的利益，大多数民众也拒绝参加采用天主教仪式的礼拜。詹姆士二世甚至将不听从命令的主教送交法庭审判，但在新兴贵族、资产阶级和人民的支持下，法官宣布遭国王迫害的主教无罪。

单位：年

大事	地区	公元
法王路易十四将皇宫迁至凡尔赛。	法国	1682
清将台湾纳入版图。	中国	1683
爆发“光荣革命”，詹姆士二世遭放逐，由其女玛丽二世及夫婿荷兰国王威廉三世继位。	英国	1688

公元	地区	大事
1689	英国	英国光荣革命后，通过《权利法案》。
	俄罗斯	彼得一世掌握实权，又被称为“彼得大帝”。
	中国、俄罗斯	清政府与沙皇彼得一世签订《尼布楚条约》。

单位：年

资产阶级和新兴贵族决定发动政变。他们与荷兰国王威廉谈判，要求他对英国进行武装干涉。威廉是英王詹姆士二世的女婿，其妻玛丽是詹姆士二世的长女，由于詹姆士二世此时没有儿子，所以她是王位当然继承人。玛丽是新教教徒，对英国资产阶级有号召力。

1688 年 6 月，詹姆士二世的王后生下儿子，王位继承权因此有了变化。同年 6 月 30 日，英国议会向威廉发出邀请书，请他立即前来英国保护他们的自由。威廉同意，并声明自己到英国的目的是保护英国“新教、自由、财产及自由的议会”。

1688 年 11 月，威廉率军在英国南部登陆，随即向伦敦进军，受到贵族和乡绅们的支持，许多高级军官亲自至其驻地表示支持，詹姆士二世因此仓皇逃往法国。

1689 年 2 月，议会宣布威廉为英国国王，玛丽为女王，实行双王统治。随后，国会陆续通过《权利宣言》和《王位继承法》，规定未经议会同意，国王不得下令创制或废止法律；不得任意征税；不得任意招募军队及维持常备军；王位继承问题也不能由国王一个人决定，必须经议会讨论并通过；国王必须是新教徒。

这就是“光荣革命”的经过，“光荣革命”正式开启了英国君主立宪制，君主立宪制为当时世上最先进的国家制度。英国国力从此快速增强，至 19 世纪开创了“日不落帝国”时代。

▲詹姆士二世的女儿玛丽，在 1689 年被英国议会宣布为英国女王。

彼得大帝改革

1682 年，彼得一世 10 岁时，俄国发生了宫廷政变，彼得和同父异母的兄弟伊凡一同被立为沙皇，由同父异母的姐姐索菲亚摄政。

17 世纪的俄国拥有广阔的内陆，却没有通向黑海、里海和波罗的海的出海口。为了取得出海口，彼得一世发动了对土耳其、瑞典的长期战争，但最终都战败。俄国在军事上的落后，促使彼得一世派遣使节团前往西欧各国考察。

从 1687 年开始，彼得一世隐姓埋名游历欧洲各国。据说他非常重视学习西方先进的科学技术，曾经在阿姆斯特丹最大的造船厂当了 4 个多月的学徒，亲自学习造船技术，了解一艘大船是如何建造的，且若有空闲，还会去参观手工工厂、博物馆，访问著名的学者和科学家。在伦敦，他考察了英国的国家制度，还出席过英国国会。

1689 年，正当彼得一世在国外进行考察时，国内发生了兵变，叛军企图拥立其异母姐姐索菲亚为沙皇。他闻讯后急忙赶回国，残酷地镇压叛乱，处死了 1000 多人。

平息叛乱后，彼得一世开始亲政，并在俄国进行全面改革，这就是俄国历史上有名的“彼得大帝改革”。首先禁止蓄须及改穿西式服装，要求大臣们不再行跪拜礼。同时，先后开办了多所欧式学校，创立博物馆、图书馆和剧院，并创办了俄国第一份报纸——《新闻报》。

彼得花费最多心力的是军队的改革，包括兴办兵工厂、造船、铸炮及改善武器装备等，并扩大征兵。他下令在农奴、奴隶和自由民中招募士兵，仿照西欧步兵，头戴三角形军帽，身穿暗绿色军装，在莫斯科近郊集训。彼得一世打破旧传统，按能力和才干任用各级官吏，出身低微的人也能在政府中担任要职。

1700 年秋天，彼得一世率 3 万大军包围瑞典的纳尔瓦堡，一

单位：年

大事	地区	公元
洛克发表《政府论》。	英国	1690
由国会通过设立“英格兰银行”，为当时欧洲最大的金融机构。	英国	1694

▲彼得大帝是俄国伟大的政治改革家。

单位：年

公元	地区	大事
1697	俄罗斯	彼得一世赴欧洲考察。

方面检验他的军队是否有能力打胜仗，另一方面也是为俄国取得出海口。结果俄国惨败，彼得一世只身逃回莫斯科。但这并没有让他丧失信心，他利用瑞典国王查理十二世进攻波兰的时机，从全国各地征集新兵，加紧训练。军队没有大炮，他下令每三座教堂交出一口铜钟，用来铸炮。在一年内就铸造出了300多尊大炮。

▲彼得一世剪了一位大臣的胡子，显示彼得一世与传统决裂的决心。

1703年，俄军再次进攻瑞典在波罗的海沿岸要塞。战况异常惨烈，最后，俄军终于占领了涅瓦河畔，拿下临海的大片土地。1712年，彼得一世在涅瓦河两岸的荒岛上建立了一座新城市，取名为圣彼得堡。次年，将首都从莫斯科迁移至此。

1721年跟瑞典缔结和约。俄国从瑞典手中夺得了芬兰湾、里加湾、卡累利阿的一部分，及爱沙尼亚、拉脱维亚等波罗的海沿岸的广大地区，成为欧洲强国。1721年10月，俄国枢密院尊称彼得一世为“大帝”和“祖国之父”，并将国名正式改为“俄罗斯帝国”。

法国启蒙运动

法国启蒙运动是从 17 世纪至 18 世纪，在法国形成的一场文化教育运动。主要是怀疑和反对当时的教会权威和封建制度，推崇“理性”，哲学上倾向于自然或无神论，政治上主张开明专制或民主政体。

法国启蒙运动的代表人物包括：伏尔泰、卢梭、孟德斯鸠及狄德罗。伏尔泰是法国启蒙运动的导师和精神领袖,在反封建专制和对抗教会势力中度过一生，其思想对 18 世纪的欧洲产生了巨大的影响，后来甚至有人说“18 世纪是伏尔泰的世纪”；卢梭提出人生而平等自由，由于私有制导致不平等的状况，人们于是订立契约来保证自由，民众有权推翻破坏契约的专制政体；孟德斯鸠的“三权分立”学说，对许多国家的政治体系产生了巨大影响。启蒙思想家所宣扬的天赋人权、三权分立，及自由、平等、博爱思想，曾经席卷新、旧大陆，在欧美广泛传播，成为资产阶级民主革命的先声。

▲卢梭的著作有助于开启民智，对之后的法国大革命产生了推动作用，它们流传后世，影响深远。

▲狄德罗是法国著名的哲学家和思想家，也是法国启蒙运动重要的一员，他最重要的贡献是集合了一批学者编撰《百科全书》，这是宣扬启蒙思想的重要著作。

▲伏尔泰是法国启蒙时代思想家、哲学家及文学家，启蒙运动公认的领袖和导师。《老实人》为其代表作之一。

▲夏特莱侯爵夫人是少数积极投身启蒙运动的妇女之一，她将牛顿的《自然哲学的数学原理》翻译成法文，并与伏尔泰合编了一本关于牛顿自然科学的著作。

单位：年

大事	地区	公元
彼得大帝推行西化改革。	俄罗斯	1699
爆发北方大战，俄罗斯取代瑞典成为波罗的海霸主。	俄罗斯、瑞典	1700 | 1721

本杰明·富兰克林

1706年，本杰明·富兰克林出生于美国波士顿一个手工业家庭。幼年时家里贫困，只上过两年学校，12岁就到印刷厂当学徒。但他非常勤奋，向亲戚朋友借书，或自己赚钱买书，靠着刻苦自学，获得丰富的知识。

有一种说法是，1752年，富兰克林做了一个震惊世界的实验。他在大雷雨即将到来时，将风筝放到天空中，风筝越飞越高，高到肉眼几乎看不见，大雨倾盆而下，富兰克林握着风筝线的手突然感到一阵酸麻，挂在风筝线下端的铜铃碰撞起来，伴随着阵阵声响，冒出点点火花。富兰克林冒着生命危险揭开了雷电之谜。

在这之前，富兰克林就已经在思考雷电的问题，并曾于1749年写报告给英国皇家学会，建议将尖端金属杆装在屋顶上，再用铁丝把金属杆与地面连接，这样就可以把天上的电引到地下，防止房屋遭到雷击。他的建议遭到皇家学会的“科学家们”的讥讽和嘲笑。但富兰克林相信自己的想法是对的，于是写信告诉一位法国朋友，这个法国朋友便将一根铁杆直立在屋顶上，下雷雨时真的把天空中的闪电引到了地下。这就是避雷针，人们至今还在使用。后来，富兰克林进一步研究，了解电是会流动的，且还可分为正电和负电，因此富兰克林是电学的开山始祖。

富兰克林不仅是个伟大的科学家，还是一位杰出的政治家和卓越的外交家，并且是美国独立运动的领袖之一，为建立美利坚合众国做出伟大的贡献。1776年独立战争爆发后，富兰克林毅然断绝与英国的一切联系，捐出财产支持独立战争。参加《独立宣言》起草工作，并接受“大陆会议”委派，以外交特使的身份出访欧洲，在美国初建之时的外交上，扮演着重要的角色。

富兰克林运用其渊博的知识和崇高的学术声誉，首先在法国取

单位：年

公元	地区	大事
1701	德国	普鲁士王国建立。
	英国	国会通过《王位继承法》，规定天主教徒不得担任英王；发明播种机，英国开始农业机械化。
1702—1713	西欧	西班牙王位继承战争。

得广泛的同情与支持，再利用英、法两国间的矛盾，与法国政府签订了《美法友好商务条约》及《美法同盟条约》，并促使法国远征军赴北美参战。后续又以出色的外交手段，争取西班牙、荷兰参加对英战争。此外，以俄国为首的其他欧洲国家也相继宣布中立。如此一来，英国陷入空前孤立的地位，而美国则运用有利的国际条件，逐步扭转战争初期的被动局面，并取得最终胜利。

独立战争胜利后，富兰克林肩负起与英国和谈的重任。经过一年多的努力，终于迫使英国在1783年签订了《巴黎和约》（又称《美英凡尔赛和约》），正式承认美国独立。富兰克林于1790年4月与世长辞，有两万多人为其送葬。

▲本杰明·富兰克林，集政治家、科学家和作家等多种身份于一身，是18世纪仅次于乔治·华盛顿的最著名的美国人。

库克船长与澳大利亚的发现

若不算澳大利亚原住民，最先发现澳大利亚的，应该是距离最近的亚洲人。明朝郑和下西洋时，途中可能曾在澳大利亚北部登陆。在此之前，从唐朝开始，印度尼西亚一带的渔民就经常在澳大利亚北部沿海采集海参，加工后卖给中国商人。在中国古书中早已有关于“南方大陆”的记载。

马可·波罗于13世纪从中国返回意大利时，将这个信息带回欧洲。欧洲人非常兴奋，因为这恰恰吻合了古希腊思想家的推测，必须有个南方大陆来跟北方大陆平衡，否则脚下的大地就要落入无底的深渊。

1606年，荷兰人在澳大利亚东北的约克角登陆，他们划着小船沿河而上，遇到了原住民。白人与原住民第一次的相遇以悲剧结束，有几名白人被标枪刺死。之后，荷兰人多次到达澳大利亚海岸，他们搞清楚澳大利亚的海岸线，并画出一张地图，还将这块大陆命名为“新荷兰”。当然，这一切不能让竞争对手知道，但纸包不住火，最后这张地图还是流入他国。

第一个来到澳大利亚的英国人是丹皮亚。他于1688年发现澳大利亚，仍是从贫瘠的西北海岸登陆。他试图找寻淡水，可是除了沙地、动物足迹和原住民外，什么也没有找到。

发现澳大利亚东海岸的历史荣誉于是落在詹姆斯·库克的身上。库克出身低微，曾当过水手，后来加入海军，成为低阶军官。有一次，英国皇家协会计划朝南方大洋远航，于是皇家协会向海军求助，海军派出“奋进号”，并刻意挑选不会引人注意的库克当船长，同时提拔他为海军上尉。

在库克的指挥下，“奋进号”1768年驶出英国港口。船上共有94人，包括年轻的植物学家班克斯及其8名助手。

单位：年

大事	地区	公元
科学家兼政治家富兰克林诞生，他发现电及发明避雷针，并在日后参与起草美国《独立宣言》。	美国	1706
国会通过《联合法案》，英格兰和苏格兰正式合并为“大不列颠联合王国”。	英国	1707

▲虽然第一个发现澳大利亚的人不是库克船长，但他由于首先发现澳大利亚东海岸而名垂史书。

公元	地区	大事
1712	俄罗斯	彼得一世迁都至圣彼得堡。

单位：年

“奋进号”按时到达了太平洋中的岛屿塔希提，科学家们顺利进行天文观测。当观测结束后，库克船长按照海军部指示继续向南航行，准备去了解那个迷雾缭绕的南方大陆，并以国王的名义宣布占领它。

从塔希提出发，“奋进号”往南航行。根据荷兰人的地图，前方有新西兰，还有位置不清的“新荷兰”大陆的东海岸。

1769 年，“奋进号”到达新西兰。库克花了几个月彻底弄清楚新西兰是南北两个大岛，外加无数的小岛。接着继续向西航行。1770 年，“奋进号”到达澳大利亚东南端，驶入植物湾，库克成为第一个发现澳大利亚东海岸的欧洲人。他升起英国国旗，以国王乔治三世的名义，宣布占领这块土地。

“奋进号”到达澳大利亚东海岸的最北端后，库克船长再次郑重地宣布英国对整个澳大利亚东海岸的占领，并将其命名为“新南威尔士”。他们之后即便发现整个东海岸到处都有原住民，但还是认为这是一块无主的土地。在那个时代，似乎只有所谓的“文明人”，才有资格作为土地的所有人。1770 年 8 月 23 日，“奋进号”离开了约克角。

▲库克船长登上澳大利亚东海岸后，以英国国王乔治三世的名义，宣布占有这块土地。

普加乔夫起义

爆发于1773年至1774年的普加乔夫起义，为俄国史上规模最大、参与人数最多的一场农民革命。

凯瑟琳二世统治时期，采取许多维护大贵族和大地主利益的政策。当时，农奴是地主的私有财产，没有人身自由。地主可任意侮辱打骂，也可将他们当牲口一样任意买卖。农奴们忍无可忍，由叶梅利扬·普加乔夫带领起义。

普加乔夫生于哥萨克家庭。18岁时被征调前往波兰打仗，之后还参加过对土耳其的战争，由于作战英勇，被升为少尉。后来因病退伍还乡。当时，哥萨克人普遍传说沙皇彼得三世并没有死，流落于民间。普加乔夫于是冒称彼得三世，发动俄国史上最著名的一场农民革命。

1773年9月17日，普加乔夫率领由80多位哥萨克组成的队伍攻打雅伊克城堡，首战告捷。接着便向奥伦堡进军，但由于兵力悬殊，没有成功。于是他改用围点打援的战术，长期围困奥伦堡。

同时，普加乔夫展开宣传，号召起义推翻凯瑟琳二世的统治。起义军很快扩展至3万多人，凯瑟琳二世女皇惊慌失措，急忙调动三路大军，增援奥伦堡。

1774年春，凯瑟琳二世再次派出大军增援奥伦堡，最后起义军损失惨重，从奥伦堡撤退。

起义军改向俄国南方另一军事重镇喀山发动猛攻，成功攻破喀山城，政府军仓皇逃走。当时，莫斯科兵力空虚，但普加乔夫却错估形势，没去进攻莫斯科，反而是向顿河挺进，打算发动顿河地区的哥萨克人去攻打察里津，然后再进攻莫斯科。

在西进途中，又有许多群众参加，起义军席卷了沿途几个省份。凯瑟琳二世急忙从土耳其战场调回军队，追击普加乔夫。起义军逼

单位：年

大事	地区	公元
雍正禁教。	中国	1723

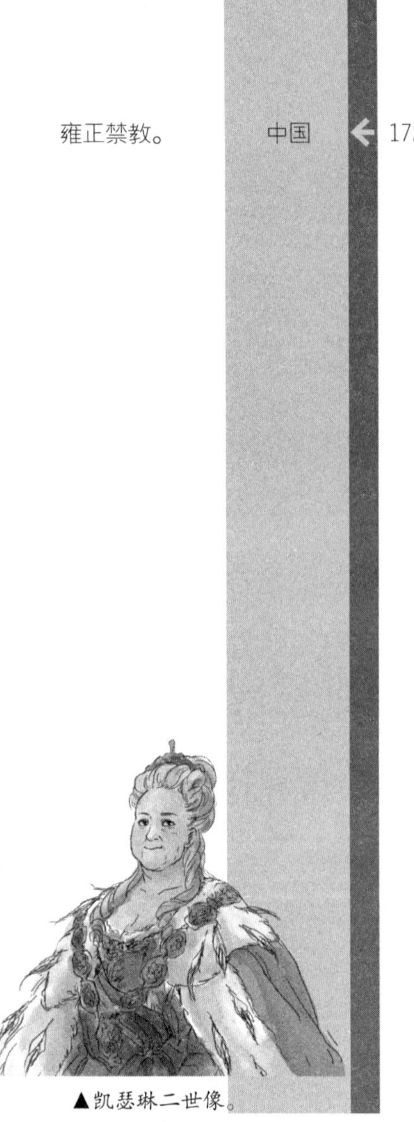

▲凯瑟琳二世像。

单位：年

公元	地区	大事
1733	英国	约翰·凯伊发明“飞梭”，英国纺织业飞跃成长。

近察里津，准备攻城时，政府军的救援部队已经尾随而至。双方在萨尔尼科夫展开决战，起义军被击溃。普加乔夫带领200多残部，东渡伏尔加河，逃往草原深处。

沙皇政府悬赏缉拿普加乔夫：若活捉赏卢布3万，带来尸体的赏卢布5万。1774年，普加乔夫被出卖，被送交政府军。

1775年，普加乔夫被送上断头台，接着被肢解、焚尸。他的许多战友则被绞死，或遭到流放。

俄国历史上规模最大、参与人数最多的一场农民革命就此以失败告终，但它在俄国历史上留下了巨大的影响。伟大的诗人普希金曾以普加乔夫起义为素材，创作了小说《上尉的女儿》。直至今日，普加乔夫的事迹还在俄罗斯人民中流传着。

▲起义失败后，普加乔夫被囚在铁笼中押往莫斯科。

单位：年

大事	地区	公元
腓特烈大帝即位。	德国	1740
哲学家狄德罗编撰《百科全书》。	法国	1751

莱克星顿的枪声——揭开美国独立战争的序章

1775年4月，马萨诸塞总督兼驻军总司令盖奇得到消息，在距波士顿不远的康科德镇上，有一个“通信委员会”的反英秘密军需仓库。盖奇立即命令史密斯少校率800位英军前往搜查。部队连夜出发，于第二天凌晨来到距离康科德10公里的小村镇——莱克星顿。

前面侦察的士兵回来报告说，村口有民兵出没。少校始料未及，举起望远镜一看，大吃一惊，原来莱克星顿村口已有民兵严阵以待，是进是退，少校一时拿不定主意。但莱克星顿的民兵可等不及，率先开枪，冲向英军。史密斯一看对方只有几十个穿着破烂的民兵，便不放在眼里，举起指挥刀发出还击命令。几分钟后，枪声渐渐稀疏，民兵们因为人少、地形不利，很快撤离了战场，隐蔽起来。

初战告捷，史密斯非常得意，指挥士兵直奔康科德。英军赶到镇上时，天色已亮，街道上一个人也没有，史密斯下令搜查，但什么也没找到。原来民兵早已将仓库转移，“通信委员会”的领导人也躲了起来。

史密斯觉得情况有些不妙，连忙下令撤退。这时，镇外喊杀声、枪声突然大作，附近各村镇的民兵已得到消息，从四面八方往康科德赶来，包围撤退中的英军。他们埋伏在篱笆后面、灌木丛中、房屋顶上及街道拐角处向英军射击。英军纷纷倒地，当英军举枪还击时，却连个影子也找不到。英军一路向波士顿方向撤退，沿途不断遭到袭击。战斗持续到黄昏，最后是靠从波士顿赶来的一支援军，才救出史密斯等人。这一役，英军死伤247人，民兵也牺牲了几十人。

莱克星顿的枪声震动了大西洋沿岸的13个殖民地，美国独立战争从此展开。

18世纪后半叶，英国在大西洋沿岸建立了13个殖民地，每个殖民地都是由英国派来的总督直接统治。于殖民地开发了大量庄园，

单位：年

公元	地区	大事
1753	英国	大英博物馆成立。

建立纺织、炼铁及采矿等工业，经济已较繁荣。

英国政府为了增加财政收入，不断增加殖民地的税收。1765年，更增加征收印花税，规定一切公文、合约、执照、报纸、杂志、广告、单据及遗嘱等，都必须贴上印花税票才能流通，这让殖民地人民相当愤慨。于是“自由之子”及“通信委员会”等秘密反英组织相继出现，各地纷纷抵制英货、赶走税吏、焚烧税票，及至武装反抗。

英国政府立即派兵镇压。1770年3月5日，波士顿市民在玩掷雪球时，不慎扔到几位英国士兵身上，英国士兵竟然向手无寸铁的市民开枪，当场打死5个市民，并打伤了6人，这就是震惊北美的“波士顿惨案”。

一波未平，一波又起。1773年，英国颁布《茶税法》，帮助英国本土商人向北美倾销茶叶。12月中旬，又一批茶叶运到波士顿港口。北美人民忍无可忍，一天晚上，50个市民伪装后冲上船，将300多箱茶叶倒入海中。这就是著名的“波士顿倾茶事件”。

英国政府认为这是一大挑衅，于是派军队前往北美镇压。当得知波士顿附近的康科德有个秘密军需库后，便于1775年4月18日晚间派兵前去偷袭。

有个民兵得悉后，连夜将消息传到了康科德镇，于是在莱克星顿打响了独立战争的第一枪。独立战争胜利后，为了纪念莱克星顿战役，在莱克星顿镇中心竖起一座手握步枪的民兵铜像。正是这个小村镇的民兵，为美国的独立奠定第一块基石。莱克星顿于是成为美国自由独立的象征，被誉为“美国自由的摇篮”。

▲独立战争胜利后，莱克星顿镇的中心竖立起一座手握步枪的民兵铜像，以纪念莱克星顿战役。

美利坚合众国的缔造者——乔治·华盛顿

1789 年 4 月 30 日，是美国人民永生难忘的日子。13 门礼炮相继响起，象征北美 13 州终于脱离英国殖民统治。纽约广场上的人们欢呼雀跃。美国独立运动的领袖乔治·华盛顿，宣布美利坚合众国独立了。

1732 年华盛顿生于弗吉尼亚。自幼丧父，只继承了少量的田产和 10 个黑奴。当时，英、法两国为争夺北美殖民地，进行了长期的战争，英国为战胜法国，竭力争取北美大庄园主的支持。1754 年，弗吉尼亚总督答应把 800 平方公里的土地分给参加反法战争的庄园主。华盛顿积极参加英国对法作战，指挥弗吉尼亚的地方部队，英勇战斗，屡立战功。但当战争结束后，英国却宣布西部土地为王室私产，不准垦殖。此举动让华盛顿从此成为英国殖民政策的坚决反对者。“波士顿惨案”发生后，华盛顿在议会上慷慨激昂地表示，愿意出钱招募 1000 名战士，亲率这支部队救援波士顿。

1775 年 6 月，北美 13 个英属殖民地，在费城召开“大陆会议”，华盛顿被任命为大陆军总司令。会后，华盛顿立即率军出发，亲临前线指挥战斗，给予英军沉重打击。

战争初期，美军打得非常艰苦，大多数人是临时招募来的农民，衣服破烂不堪，没有武器，也没有受过正规军事训练，且美军的后勤供应也极度短缺，士兵们经常吃不饱、穿不暖；反观英军，装备精良，训练有素，后勤供应充足。所以美军一败再败，纽约等要塞相继失守。

即便在如此严峻的形势下，华盛顿的决心从没动摇过。他以非凡的才干，组织原本散漫、缺乏纪律的美军，在战斗中锻炼成长，逐渐成为一支极具战斗力的部队。

1776 年 12 月 25 日，趁着英军在圣诞节寻欢作乐之际，华盛顿

单位：年

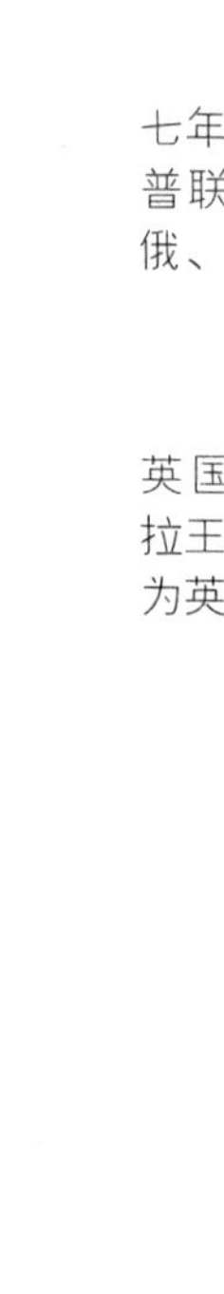

大事	地区	公元
七年战争，英、普联合对抗奥、俄、法联军。	西欧、中欧	1756 | 1763
英国击败孟加拉王宫，印度沦为英国殖民地。	印度	1757

▲乔治·华盛顿像。

单位：年

公元	地区	大事
1762	俄罗斯	女皇凯瑟琳二世即位，实行开明专制。
	法国	卢梭出版《社会契约论》。

率大军突袭特伦顿城，一举俘虏千余英国官兵。1777年10月，美军在萨拉托加大败英军，进而扭转独立战争的局面。与此同时，美国又争取到法国等国的援助。1780年，英军将主力转移至南方港口城市约克镇。法军和美军两路并进，直逼约克镇。法军以舰队封锁海港，切断英军的海上补给线，同时也断绝了英军的退路。

1781年10月，决战的时刻终于到来，华盛顿将英军主力围困在约克镇。经过一周苦战，10月19日英军竖起了白旗，英军统帅康华利向华盛顿投降，美国独立战争取得最终胜利。1783年9月，英、美在法国签订了《凡尔赛和约》，英国正式承认美国独立。

战后，华盛顿解甲归田，回到弗吉尼亚继续经营自己的庄园。1789年，华盛顿再度出山，主持制宪会议，并当选为美国第一任总统。两任总统期满后，华盛顿返回家乡，过着隐居生活。1799年华盛顿病逝，安葬于弗农山庄，此处后来被美国政府列为圣地。

▲华盛顿永远安息的地方——弗农山庄，成为美国人心目中的圣地。

狂飙运动

“狂飙运动”是18世纪70年代在德意志形成的文学运动，因作家克林格的剧本《狂飙突进》而得名。这场运动反对封建割据，批评死气沉沉的封建文学艺术和虚伪的道德，提倡个性解放和创作自由，歌颂自然、强调天才和民族风格，是德意志启蒙运动的延续和发展。

“狂飙运动”的代表人物有赫尔德、歌德和席勒。赫尔德提倡民族感情，为人道主义理想而奋斗；歌德是德意志最著名的诗人、剧作家及思想家，其作品《少年维特的烦恼》与《浮士德》是世界文学的瑰宝；席勒则是伟大的剧作家和诗人，著有剧本《强盗》《阴谋与爱情》和《威廉·退尔》等。

18世纪80年代中期以后，“狂飙运动”渐渐走向衰落。由于德意志经济与政治的限制，这场运动未能进一步发展。文学革命没能发展成政治革命，但在文学上取得的辉煌成就，对日后德国和世界文学皆有杰出的贡献。

▲歌德是德意志文学的代表作家，公认的世界文学巨人之一。他用了60年的时间来完成史诗巨著《浮士德》。歌德写出了不少反封建的作品，成为“狂飙运动”的主要参与者之一。1774年，歌德完成了《少年维特的烦恼》，书中塑造了一个出身市民阶层，要求个性解放的青年，在封建等级制度严格的环境中，到处受到偏见的压抑与排挤，且陷入恋爱旋涡，终至以自杀了结了一生。维特的自杀象征个人主义对封建专制的反抗是无能为力的。

▲席勒是德国文学史上著名的“狂飙运动”的代表人物，是德国文学史上地位仅次于歌德的伟大作家。

《欢乐颂》

席勒的《欢乐颂》，创作于1785年，为其代表作之一。贝多芬完成《第九号交响乐》时（1823年），挑选《欢乐颂》作为《第九号交响乐》的歌词。两者的结合，焕发出迷人的艺术魅力：

“欢乐啊，美丽神奇的火花，
来自极乐世界的女儿。
天国之女啊，我们如醉如狂，
踏进了你神圣的殿堂。
被时光无情分开的一切，
你的魔力又把它们重新连接。
你温柔的翅膀飞翔到哪里，
哪里的人们都拥抱成兄弟。
亿万生民，互相拥抱吧！
把这一吻送给全世界，
弟兄们，在那繁星密布的上苍，
定有位慈父居住在上方。
……”

罗伯斯庇尔

1758年出生的罗伯斯庇尔，在大学毕业后，回到阿拉斯担任律师。他熟悉法律，思维敏捷，口才出众，经常无偿为平民辩护，很快就成为当地的名人，并被推选为阿尔图瓦第三等级代表，参加三级会议，登上法国政治舞台。

他是一位争取民主的英勇战士，以意志坚决、生活简朴闻名。革命初期，巴黎有许多革命者组成的俱乐部，其中以雅各宾俱乐部最有名，其成员经常在雅各宾教堂开会，所以被称为雅各宾派。罗伯斯庇尔是该俱乐部成员，后来成为雅各宾派的领袖。主张消灭封建专制，建立人人平等的共和国，因此获得热烈拥护，声望与日俱增。

1791 年 6 月，国王路易十六企图逃往国外，勾结外国贵族势力镇压法国革命，结果被群众抓获。罗伯斯庇尔主张严惩国王，废除君主制，但被保守的君主立宪派拒绝。同时哈布斯堡皇帝和普鲁士国王联合发表宣言，企图武力干涉法国革命，而法国国民公会中的保守派竟然无动于衷。1792 年春天，普奥两国联合出兵进攻法国，法军节节败退，革命面临空前危机。

雅各宾派的三个主要领导人——罗伯斯庇尔、马拉和丹东，向全国人民发出保卫祖国的呼吁，罗伯斯庇尔慷慨激昂地表示：“战争一旦开始，就必须是胜利的！”

各地义勇军纷纷开往前线，最终将侵略者赶了出去。在雅各宾派的坚持下，国王路易十六于 1793 年 1 月 12 日被推上断头台，此举引起欧洲各国君主对法国的仇视。1793 年春天，普鲁士、奥地利、英国及西班牙等国组成反法联盟，大举进攻法国。1793 年 5 月 31 日，巴黎警钟再度被敲响，雅各宾派再一次挺身而出，发动第三次起义，推翻掌权的吉伦特派，开始了雅各宾派的专政。

罗伯斯庇尔作为雅各宾派的首领，在面对危急形势时，采取了

单位：年

大事	地区	公元
通过针对北美殖民地的印花税法。	英国	1765
瓦特改良蒸汽机，工业革命开始。	英国	1769

▲罗伯斯庇尔是法国大革命时期政治家，是雅各宾派的实际首脑及独裁者。

单位：年

公元	地区	大事
1770	北美	波士顿发起抵制英国货品，爆发波士顿屠杀事件。
	澳大利亚	英国船长库克发现澳大利亚东海岸。

一系列果断的措施，迅速驱逐外国侵略者，并且平定了国内的叛乱。但危机才刚消失，雅各宾派内部就出现了危机，马拉被暗杀，雅各宾派分裂成左右两派。罗伯斯庇尔非但没有调和两派矛盾，反而给予无情镇压。他采取白色恐怖政策，通过革命法庭处死反对派，甚至处决了自己的战友丹东。结果让雅各宾派陷入孤立的处境，使反对派分子有了可乘之机。

1794 年 7 月 27 日，即法国“共和历”共和二年热月 9 日，罗伯斯庇尔在国民公会会场听取代表发言。有个代表突然跳上讲台，声嘶力竭地喊道：“打倒暴政！”其他代表纷纷响应：“逮捕罗伯斯庇尔！”在一片叫喊声中，反对派强行实施逮捕令。罗伯斯庇尔等人未经审判就被送上断头台。在临死前一刻，他高傲地说了一句话：“把我的头砍下来示众，这不是天天都能看到的。”这件事后来被称为“热月政变”，它结束了雅各宾派专政。

▲雅各宾派徽章。

▲马拉是雅各宾派的三位主要领导人之一，于 1793 年遇刺身亡。

▲丹东于 1794 年被处死后，罗伯斯庇尔的敌人更多了，雅各宾派陷入了孤立的境地。

拿破仑称霸欧洲

1795 年，法国在对第一次反法联盟的战争中取得了胜利，法国、普鲁士及西班牙缔结《巴塞尔合约》，第一次反法联盟瓦解，只剩下英国、奥地利和意大利还在与法国作战。1796 年，法国督政府任命拿破仑为意大利方面军总司令。拿破仑率领 38000 士兵投入战争，打败 9 万意奥联军，迫使萨丁尼亚国王签订《巴黎和约》，退出反法联盟。拿破仑还率军进入米兰，包围芒图。1797 年芒图的奥地利军投降。征服意大利之后，拿破仑又率军攻入奥地利本土。

由于远征意大利和镇压王党叛乱有功，拿破仑成为法国的政治明星。1799 年 3 月，第二次反法联盟军队从意大利、瑞士及荷兰三个方向朝法国进攻。同时，法国国内王党活动猖獗，督政府风雨飘摇。正在埃及作战的拿破仑获悉国内政权不稳定，便于 1799 年 11 月 9 日（雾月 18 日）发动著名的“雾月政变”，推翻督政府，从此掌握了法国政权。

1800 年，拿破仑与第二次反法联盟开战。这时俄国已退出这场战争，普鲁士国王威廉三世也希望与法国和解，法国的主要对手只剩下奥地利。为了打败奥地利，拿破仑亲赴意大利指挥作战。最后法军获胜，重新占领了意大利。

从 1800 年到 1802 年，拿破仑成功地镇压了法国王党的叛乱，并打败第二次反法联盟，战绩赫赫。1802 年 8 月，拿破仑成为法兰西第一共和国的终身执政。此时的法国已成为欧洲的主宰。

不过，到了 1804 年，欧洲的形势出现变化，俄国沙皇亚历山大一世开始与普鲁士和英国亲近，英国也怂恿及资助法国保王党的阴谋活动。在这种形势下，法国的资产阶级为了维护拿破仑政权，开始酝酿世袭制度。1804 年 5 月 15 日，在拿破仑授意下，元老院宣布拿破仑为法兰西的世袭皇帝，号称拿破仑一世。12 月 2 日，在巴黎

单位：年

大事	地区	公元
普加乔夫农民起义。	俄罗斯	1773—1774
爆发“波士顿倾茶事件”。	北美	1773
在费城举行第一次大陆会议，北美殖民地决定暂停对英贸易。	北美	1774

▲拿破仑像。

单位：年

公元	地区	大事
1775	美国	美国独立战争爆发。
1776	美国	《独立宣言》，宣布美国独立建国。
	英国	亚当·斯密《国富论》出版。

圣母院，教皇庇护七世为拿破仑主持了盛大的加冕典礼。在“皇帝万岁”的呼喊声中，法兰西进入第一帝国时代。

1805 年 12 月，俄国皇帝与哈布斯堡皇帝亲自指挥军队，准备跟拿破仑一决雌雄。为了避免腹背受敌，拿破仑决定速战速决。他命令法军右翼后撤，引诱奥俄联军主力进攻，然后再将其拦腰切断，予以歼灭。沙皇亚历山大一世的冒进，导致战役失败。法军将奥俄联军切为两段，联军溃不成军，拿破仑大获全胜。第三次反法联盟瓦解。

1806 年 9 月，英国、俄国、普鲁士及瑞士组成第四次反法联盟，欧洲战火再起。这场战役是拿破仑军事生涯中的一次重大胜利。

战争胜利让法国得到莫大的好处，也大大地鼓舞了法国人民，拿破仑的威名传遍整个欧洲。

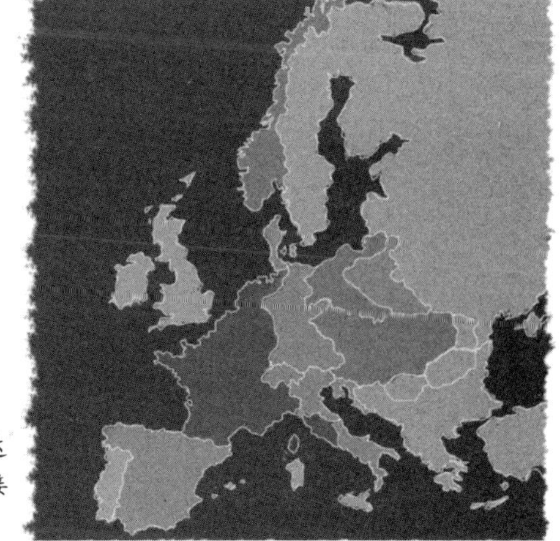

▲法兰西第一帝国势力范围所达之处。包括由拿破仑直接、间接统治区及同盟国。

雨果

维克多·雨果是法国浪漫主义文学运动的领袖，也是法国文学史上伟大作家之一。他的一生几乎跨越整个19世纪，文学生涯长达60年，创作力经久不衰。其浪漫主义小说精彩动人，雄浑有力，具有永久的魅力。

雨果于1802年诞生在法国南部。祖父是个木匠，父亲是军官，曾被拿破仑的哥哥西班牙国王约瑟夫授予将军军衔，是国王的亲信重臣。

雨果天资聪慧，9岁就开始写诗，15岁时写出《读书乐》，受到了法兰西学士院的奖励，20岁时，发表诗集《颂歌与杂诗》，国王路易十八因此赐给他年金。

1827年，雨果发表剧本《克伦威尔》及其序言。剧本虽未能演出，但那篇序言被认为是法国浪漫主义的宣言，成为文学史上划时代的文献，对法国浪漫主义文学的发展，发挥了很大的推动作用。

1830年，雨果的《欧那尼》在法兰西大剧院上演，产生巨大影响，确立了浪漫主义在法国文坛的主导地位。

1830年7月，法国爆发“七月革命”，封建复辟王朝被推翻。雨果热情地赞扬革命，歌颂那些革命者，写诗哀悼那些在巷战中牺牲的英雄。

发表于1831年的《巴黎圣母院》则是雨果最富于浪漫主义色彩的小说。情节曲折离奇，富于戏剧性和传奇色彩。

故事发生在中世纪，“愚人节”那天，流浪的吉卜赛艺人在广场上表演歌舞，有个名叫爱丝美拉达的吉卜赛姑娘，长得美丽动人，舞姿也非常优美。这时，巴黎圣母院的副主教克洛德，对美丽的爱丝美拉达深深着迷，他内心燃烧着情欲之火，疯狂地爱上了她。于是他命令教堂敲钟人、相貌奇丑无比的卡西莫多，去将爱丝美拉达

单位：年

大事	地区	公元
英、美代表在巴黎签订《凡尔赛和约》，承认美国独立。	美国	1783
制定世界上首部成文宪法。	美国	1787

▲维克多·雨果是法国浪漫主义文学运动的领袖，是法国文学史上极具才华的作家之一。

单位：年

公元	地区	大事
1788	法国	路易十六召开三级会议。
1789	美国	华盛顿当选首任总统。
	法国	法国大革命揭开序幕，巴黎民众攻占巴士底监狱，国民议会公布《人权宣言》。

抢过来。结果，法国国王的弓箭队队长弗比斯救了爱丝美拉达，并抓住卡西莫多。他把敲钟人带到广场上施以鞭刑，善良的吉卜赛姑娘不计前嫌，反而送水给卡西莫多喝。

敲钟人虽然外貌丑陋，内心却纯洁高尚，他非常感激爱丝美拉达，也爱上了她。天真的爱丝美拉达对弗比斯一见钟情，当两人约会时，克洛德悄悄地在后跟踪，出于嫉妒，他用刀刺伤了弗比斯后逃跑，却害爱丝美拉达背上谋杀罪名而被判处死刑。卡西莫多从绞刑架上抢下爱丝美拉达，藏在巴黎圣母院内，克洛德趁机威胁爱丝美拉达跟他上床，遭到拒绝后，就恼羞成怒地把她交给国王的军队，无辜的姑娘被杀死。卡西莫多愤怒地把克洛德推下教堂，活活摔死，然后拥抱着爱丝美拉达的尸体死去。

小说表达了雨果对封建政府和教会的强烈憎恨，也反映了他对下层人民的深切同情。七月革命后，法国建立了以路易·菲力普为首的“七月王朝”。此后，雨果将近十年没有写作。

1848 年 6 月，巴黎人民起而推翻“七月王朝”，成立共和国。刚开始，雨果对革命并不理解，但当资产阶级计划消灭共和国时，雨果成为一位坚定的共和主义者。1851 年 12 月，拿破仑三世发动政变，雨果参与共和党人组织的反政变起义。拿破仑三世上台后，建立法兰西第二帝国，对反抗者无情镇压。雨果也遭到迫害，被迫流亡国外。流亡期间，雨果写政治讽刺杂记和讽刺诗，猛烈抨击拿破仑三世的独裁统治。他先后发表了长篇小说《悲惨世界》《海上劳工》和《笑面人》。

1870 年，普法战争爆发，法国在色当一役大败，普军直逼巴黎。在国家存亡之际，雨果结束了流亡生涯，回到祖国。他到处演讲，号召人民起来抵抗侵略者，还用著作和朗诵诗歌所得的报酬，买了两尊大炮献给国家。

1885 年，雨果逝世，法国人民为这位伟大的诗人举行国葬。其遗体被安葬于先贤祠。

▲《巴黎圣母院》是雨果最富浪漫主义色彩的小说。

自由海地的诞生

海地位于中美洲，原先为西班牙殖民地，后来法国打败西班牙，取而代之占领海地。海地人大多是非洲黑奴的后代，世代忍受着殖民者的残酷压迫与剥削。

早在1790年，海地的黑白混血种人和自由黑人已发动过武装起义，但遭到法国殖民者血腥镇压。起义虽然失败，但这并未阻止海地人民争取自由独立的决心。

1791年8月，海地的黑白混血种人和黑人再次发动起义。他们高喊“宁愿死也不当奴隶”的口号，向殖民统治者和白人贵族发动猛攻。在这次起义中，出现了不少英雄人物，如杜桑·卢维杜尔、克里斯托夫及德萨莱纳等人。其中，杜桑是一位杰出的领袖，奴隶出身的他，原是庄园里的马车夫，在参加起义后，很快就成为起义军的领袖，被誉为“卢维杜尔”，意思是“替大家打开道路的人”。

1793年，法国因国内混乱，只派出6000人的军队前往海地镇压起义，因而遭到歼灭。西班牙和英国见有机可乘，于是先后入侵海地，但杜桑领导的起义军英勇奋战，赶走了英国与西班牙的侵略军，同时平定黑白混血种人上层集团的叛乱，最终统一整个海地岛，建立了革命政权。

1801年6月，海地宣布独立，并召开制宪会议。宪法明确规定废除奴隶制度，不分人种、肤色，一律平等，皆享有自由的公民权、私有财产神圣不可侵犯及贸易自由等，在这次会议中，杜桑被选为终身总统。

拿破仑得知此消息后，立刻召见其妹夫勒克莱尔，命令他远征海地。1801年12月，勒克莱尔率领54艘战舰、3万士兵，企图恢复在当地的法国殖民统治。

杜桑领导起义军坚决保卫海地，对法军展开游击战，勒克莱尔见形势不妙，想到一个主意，他写了一封言辞恳切的信给杜桑，在

单位：年

大事	地区	公元
海地爆发黑人起义，反抗法国殖民统治。	海地	1791
法国改为共和体制，为法兰西第一共和国，路易十六被送上断头台。	法国	1793

单位：年

公元	地区	大事
1796	中国	白莲教之乱。
1799	法国	拿破仑发动“雾月政变”，推翻督政府，被选为第一执政。

信中表示：“我不仅为法国将士的阵亡而悲伤，同时，也为贵军将士的牺牲而痛心。我是真心的，在世上您找不到第二个如我者。我真诚地邀请您来谈判。谈判一成功，我就撤回法国。”

杜桑也为连年战争所造成的伤亡而痛心不已，决定亲自前去谈判。临走前，他对战友们说：“这一去凶吉难料，万一法国人背信，加害于我，请不要悲伤，要用更坚强的拳头，彻底击败敌人。”

于是杜桑单枪匹马来到法军驻地。果真是个骗局，杜桑当场被逮捕，戴上镣铐。1802 年 6 月，被押送到法国。1803 年 4 月，这位杰出的黑人领袖死于法国狱中。

杜桑之死，更加激起海地人民对殖民统治者的仇恨。在克里斯托夫和德萨莱纳的领导下，继续跟法国殖民者作战。1803 年，法军宣布投降，起义军发布了《海地独立宣言》。

1804 年，海地正式宣布独立，并恢复了印第安人的传统名称——“海地”，意思是“多山的地方”。海地革命是中南美洲首次取得胜利的革命，为推翻殖民统治、建立自由国家树立了榜样。

▲奴隶出身的杜桑，原是庄园里的马车夫，在参加起义后，很快就展现了其领袖特质。

滑铁卢战役

1813年，俄、英、普、奥等国组成的反法联盟打败拿破仑。拿破仑被迫退位，并被放逐至厄尔巴岛。

1815年年初，反法联盟在维也纳召开议会，由于分赃不均而剑拔弩张。同时，法国人民越来越不能忍受波旁王朝的残酷统治，更加怀念拿破仑时代。

1815年2月，拿破仑率领一队人马悄悄离开厄尔巴岛，抵达法国南岸，所有的城门都为他敞开。

波旁王朝派出的阻击部队多半都是拿破仑的旧部，他们纷纷归附。拿破仑不费一枪一弹，顺利进入巴黎，在万民欢腾中重登王位。之后，他组成一支37.5万人的大军，决定要化被动为主动，以攻为守，在联军集结完成之前，争取战机，率先击溃英、普联军。

正在维也纳开会的反法联盟立刻停止争吵，英、俄、普、奥、荷、比等国再次结成反法联盟，与拿破仑军队交战。

战斗进行得异常激烈，加上下起了大雨，枪炮声、雷雨声交加，轰轰作响。直到傍晚雷雨过后，普军才发现法军已占领林尼村，普军防线已被切断。而且，法军迅速包围了普军，普军见形势不利，四散溃逃。

拿破仑在击败普军之后，亲率大军转而进攻英军，英军统帅听到普军战败，害怕孤军作战，于是迅速往滑铁卢撤退。法军将领受命拦截英军，但最后还是让英军得以顺利撤走，拿破仑尾随英军至滑铁卢附近。

英军统帅惠灵顿率6万多人，及大炮156门，选择在易守难攻的滑铁卢村布阵。惠灵顿号称“铁公爵”，在战术上长于防守而短于进击，与拿破仑交战之前，他更加谨慎，着重防守，因此为最后的胜利奠定了基础。

单位：年

大事	地区	公元
法国浪漫主义文学运动领袖和作家雨果诞生，著有《悲惨世界》等名作。	法国	1802
拿破仑与英国订立《亚眠条约》。	法国、英国	
向法国购买路易斯安那，美国得以控制密西西比河以西的地区。	美国	1803
拿破仑称帝，建立第一帝国，颁布《拿破仑法典》。	法国	1804
宣布独立，脱离法国统治。	海地	

单位：年

公元	地区	大事
1806	欧洲	拿破仑在西普鲁士成立“西发里亚王国”；且禁止欧陆国家与英国贸易；并解散神圣罗马帝国，另组莱茵邦联。
1807	法国	拿破仑重建波兰，成立华沙大公国。
1808	法国	拿破仑率军入侵西班牙，发动半岛战争。

6月18日法军抢先开炮，向英军右翼乌古蒙堡垒射击，形成对峙，但情况发生了重大变化，之前逃散的普军在重新集结后及时赶到，拿破仑不得不从预备军中抽出两个骑兵师来迎击普军。同时，拿破仑急速传令，猛攻英军中部阵地。惠灵顿顽强抵抗，双方互相厮杀，法军奋勇拼杀，终于占领了圣拉埃村。英军无力支持，法军也疲惫不堪，双方都在焦急地等待援军。

最后从远处飞驰过来大队人马。那支部队高高飘扬的旗帜是普鲁士军旗，顿时，英军士气高涨，精神为之一振，惠灵顿立即命令部队反击，英普联军扑向疲惫不堪的法军。拿破仑见状，立即命令近卫军投入战斗，拼死抵挡联军的进攻，但已无回天之力，终因腹背受敌而全军溃败。拿破仑则仓皇骑马逃离战场。

1815年6月底，在巴黎的爱丽舍宫，拿破仑再次签署退位诏书，结束了其“百日复辟”。不久便被流放到位于大西洋南部、远离欧洲大陆的圣赫勒拿岛，直至1821年5月死于当地。

门罗宣言

1817 年，詹姆斯·门罗继麦迪逊之后出任美国总统。门罗在美国历史上最著名的事迹即是在国会发表《门罗宣言》。此政策简言之就是：美国不干涉欧洲列强的事务，也不允许欧洲列强干涉美洲的事务。

自从英国各殖民地获得独立后，中南美洲的人民也如此期望。在 1821 年前，委内瑞拉、巴拉圭、阿根廷、智利、哥伦比亚、秘鲁和墨西哥先后宣布独立；到了 1824 年，欧洲国家在中南美洲的殖民地，只剩下西印度群岛和南、北部沿海一带。

对其他殖民地为摆脱欧洲统治，而采取类似美国革命的行动，大多数美国人是认同的。1822 年，门罗总统在舆论的强烈要求下，承认新成立的国家，包括哥伦比亚、智利、墨西哥和阿根廷，并与这些国家互派公使，承认它们是真正独立。

欧洲列强组成了“神圣同盟”来对抗革命，以保护自身利益。当革命威胁到王室利益时，他们便采取干涉手段，来阻止革命潮流进入其统治地区。这种政策和美国所主张的“自决原则”背道而驰。

1823 年 12 月，门罗总统在国会发表了所谓的门罗主义：“一、美洲大陆已经建立并维持它们的自由和独立，今后任何欧洲强国，不得将它们当作未来殖民的对象。二、结盟列强的政治体制，基本上异于美洲的体制，我们认为，欧洲列强把它们的体制扩展到西半球任何一处，都将危及我们的和平与安全。三、我们从未干涉，将来也不干涉任何欧洲国家现有殖民地或属地的事务。四、我们从未参与欧洲列强因它们之间的纠纷所进行的战争，因为那样并不符合我们的政策。”

门罗的这项外交政策，主要是为了制止欧洲列强对中南美洲的侵略，确保中南美洲各国的独立。不过，此宣言也是美国为侵略中

单位：年

大事	地区	公元
拿破仑征俄失败。	法国	1812
拿破仑帝国瓦解，梅特涅召开维也纳会议，解散莱茵邦联，另组德意志邦联。	奥地利	1814
拿破仑在滑铁卢之役惨败。俄、奥、普组成神圣同盟。	欧洲	1815

▲进入 20 世纪后，西奥多·罗斯福总统继续推行门罗主义。

南美洲而制造的借口，成为美国将中南美洲划为自家“后院”的工具。

单位：年

公元	地区	大事
1816	拉丁美洲	拉丁美洲各国纷纷独立。
1823	美国	发表《门罗宣言》。
1829	希腊	土耳其承认希腊独立。

美国吞并佛罗里达

美国从法国手中购得路易斯安那后，将目标转到西班牙殖民地佛罗里达。佛罗里达物产丰富，战略位置十分重要。美国趁着拿破仑入侵西班牙时，吞并西佛罗里达。在英美战争爆发后，美国众议院，授权总统占领在密西西比地区及佐治亚州以南的东佛罗里达，西班牙请求英国帮助，但未能如愿。1818年，美国军队借口消灭印第安人的敌对部落，进入了东佛罗里达，并迅速占领该地区。而后，美西达成协议，西班牙以500万美元将佛罗里达出售给美国。

▲美国第五届总统詹姆斯·门罗。

奴隶贸易

奴隶贸易开始于资本主义初期。由于资本主义的发展，需要大批廉价劳工。新大陆被发现以来，英国等殖民主义国家纷纷涌进美洲，将它当作巨额财富的来源地。大量原住民被赶往矿井，当他们被榨干最后一滴血汗时，被成批地埋在废弃的矿井中。如此一来，资本家的劳动力来源就难以确保。殖民者于是将眼光转向原始落后的非洲。

贩运黑奴正式成为一种商品交易是在1513年，西班牙国王在这一年正式颁发执照，允许将黑人运至美洲作为奴隶。把非洲黑奴贩卖到美洲，可以得到几十倍甚至上百倍的利润。1730年，拿4码（约366厘米）白布就可在非洲换得1个黑奴，把1个黑奴运到牙买加，可以卖到60至100英镑。

有一张当时贩卖黑奴的广告："1769年7月24日，查尔顿，下月3日，星期四，将拍卖94个年轻、健康的黑奴。其中，成年男子39人，成年女子24人，男孩15人，女孩16人。这些奴隶是由戴维和约翰·狄亚斯公司从塞拉利昂运达的。"这张广告将当年掠夺者的惨无人道表露无遗。

奴隶贩子捕捉黑人的方法大致分为两种，一为自己动手抓，再者就是用买的。最初，他们亲自去非洲大陆掠捕，但在掠捕过程中，有不少奴隶贩子被打死或打伤。所以，他们便改变策略，让非洲本地的黑人头目去捕捉他们自己的同胞，这样一来，不只安全，也更加有利可图。

捕获奴隶后，为了防止他们逃跑，奴隶贩子把黑奴一个个用铁链锁起来，甚至用铁丝从黑奴的肩胛骨处穿起来，然后囚禁在牢笼里，等待运往美洲。上船后，每个奴隶身上都要烙上所属贵族的姓名，戴上脚镣、手铐后，再穿上铁丝，就像运猪般把他们塞进拥挤不堪、

单位：年

大事	地区	公元
引爆"七月革命"。路易·菲利普建立七月王朝。	法国	1830
比利时独立。	荷比卢	
马志尼组青年意大利党，推动民族统一运动。	意大利	1831

单位：年

公元	地区	大事
1833	英国	通过《工厂法》，废除奴隶制度。
	英国、中国	英国取消东印度公司对中国贸易的独占。
1835	英国	国会通过准许工人组织工会的法案。
1839	中国	林则徐于广州查禁并销毁两万余箱鸦片。

空气污浊的船舱里。运送过程中，不时流行瘟疫或各种疾病。因为会影响利润，所以患病的黑奴都被直接扔入大海。对于胆敢反抗或不听从摆布的奴隶，奴隶贩子会施加处罚，轻者以皮鞭抽打，重者被砍头、挖心、断其手足，或用绳索活活勒死。不少奴隶不堪忍受这种非人待遇，一有机会就奋起反抗或逃亡，有些奴隶甚至宁愿跳海自杀。因此，奴隶的残废率至少达百分之三十，有时甚至高达百分之五十。

奴隶贸易为西方带来巨额财富，为早期的资本主义发展提供了人力资本。然而对于黑人来说，奴隶贸易带来的却是无穷的苦难。在奴隶贸易的时期中，总共有 1000 多万个黑人被贩卖至美洲，而非洲为此损失的人口则高达 1 亿！

贩奴运动起因于满足资本主义蓬勃发展的需要，而贩奴制度的废除，也是资本主义迅速发展的结果。因为奴隶们经常起来反抗、怠工、罢工、逃亡，甚至武装起义，而随着资本主义的发展，资本家需要的是自由劳动力，这种自由劳动力随着大工厂的出现，需求量越来越大。

▲ 19 世纪初奴隶贸易的场景，奴隶贩子正在检查一群非洲黑人，他要将这些黑人“批发”运到巴西，卖为奴隶。

19 世纪初，工业资本主义最发达的英国，带头掀起废奴运动。从此，废奴运动在世界各地此起彼伏，形成一股不可阻挡的时代潮流。尽管如此，贩奴行为并没有立刻停止，还断断续续地维持了近百年，直到 19 世纪末才结束。

工业革命

1640 年开始的英国资产阶级革命，代表着世界历史进入近代阶段。18 世纪末，英国率先进行工业革命，继其之后，美、法、德等国也先后开始了工业革命。到了 19 世纪，这些国家的工业从轻工业扩展至重工业，并于 19 世纪末达到高潮。工业革命是从手工生产过渡至机器大量生产的时期，是生产技术的根本变革，同时也是一场剧烈的社会关系变革，西方国家由此步入工业化社会。

工业革命是技术发展史上一次“质”的飞跃，因为在蒸汽机出现以前，发展的工具系统都属于人类肢体的延伸，而蒸汽机则是人体动力系统的延伸；从此在工具系统中加入越来越强大的能源系统，借此使得工具系统中的机械部分，从结构到功能都发生质的变化，人类改造自然的生产能力，达到前所未有的发展，创造了近代以来依靠工程技术实现经济起飞的奇迹。

▲工业革命是从蒸汽机的发明及改良开始的，而蒸汽机的发明及改良是瓦特留名历史的伟大成就。

▲英国发明家史蒂文森设计制造的“火箭号”蒸汽火车，性能优良，被用于1830年完工的利物浦至曼彻斯特的铁路上，揭开人类交通运输史上崭新的一页。

▲1764年，英国纺织工人詹姆斯·哈格里夫斯设计了一种新式纺车，用这种纺车纺线，一个人可同时纺出多条纱线，大大提高了纺纱效率。哈格里夫斯把这台新机器命名为“珍妮机”。珍妮机的出现，是使纺织这项劳动从手工生产迈向机器生产的重要一步。

虎门销烟

鸦片是一种用罂粟果实制成的毒品。少量服用，能镇痛、止泻、止咳，若拿来吸食，很容易上瘾，吸食者会变得面黄肌瘦，精神萎靡不振。鸦片原产于印度，而向中国输入鸦片的是西方的英、法、美等国，主要是英国。英国在占领印度后，大量种植罂粟，制成鸦片。据估计，1829 年时，中国已有 200 万人吸食鸦片，每年外流 420 万两白银。

1839 年年初，道光皇帝委派钦差大臣林则徐前往广州。林则徐坚决主张禁烟，他在任湖广总督时，就采取严厉的措施禁止鸦片，成了禁烟派的代表人物。后来他上书皇帝，大声疾呼，若再不禁烟，中国将无可抵抗侵略的兵勇，也没有银子作为军饷。道光皇帝被林则徐的慷慨陈词打动，决定禁烟，并全权交由他处理。

林则徐心知若要想彻底禁烟，非得先从内部整顿不可，一定要查出并严办那些走私鸦片的汉奸和贪官。到了广州，林则徐以钦差大臣的身份，进入书院表示要对学生进行考试。

考场大门紧闭，学生们在里面紧张地等待发考卷。考卷发下来时，学生们一看都愣住了，原来考卷里夹着一张纸条，上面写着：“此次考试，可不答试题，但必须将自己知道的烟贩姓名、住址和活动情况写出来，对官兵受贿走私的内幕，更要写明白，不得隐瞒。”书院的学生来自各地，知道的内幕很多，对鸦片走私也深恶痛绝，于是都写了起来。

此外，林则徐还用了种种办法，查清走私鸦片的情况，严惩违法的官兵和烟贩，并发出通告：“外国商人必须在三天内交出全部鸦片，并写下永远不再贩运鸦片的保证书，今后如果再被查出鸦片，将没收货物，处死犯人。”

消息传到外商居住的广州洋馆里，烟商们都慌了手脚，有些人

单位：年

大事	地区	公元
中、英爆发鸦片战争。	中国	1840
清廷被迫签下《南京条约》，开启中国不平等条约签订之始。	中国	1842

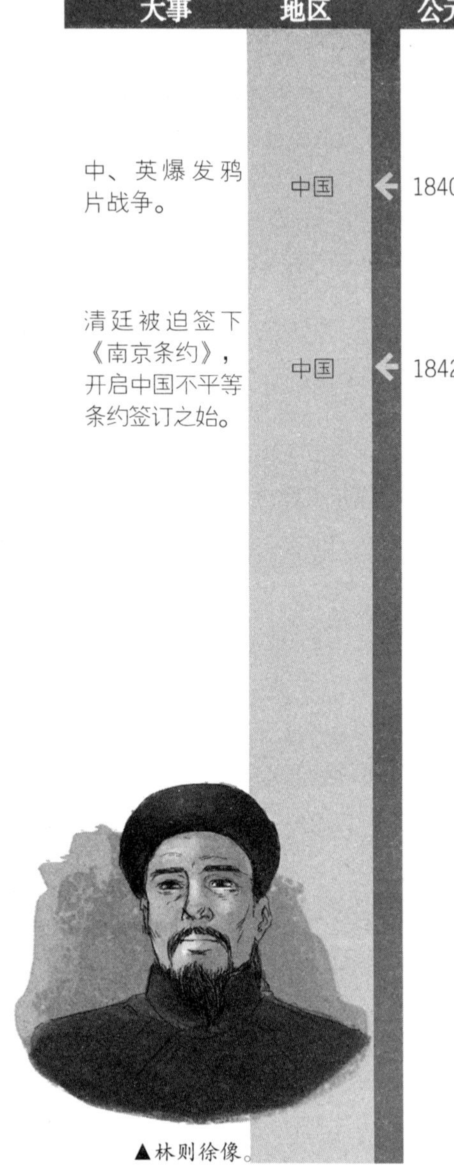

▲林则徐像。

单位：年

公元	地区	大事
1848	英国	马克思与恩格斯合著《共产党宣言》。
	法国	二月革命，建立第二共和国。
	奥地利	维也纳发生暴动，首相梅特涅流亡英国。

▲参加鸦片战争的清军水师兵船。

交出鸦片，但也有烟商在英国商务监理义律的煽动下密谋拒交。其密谋被在洋馆里的中国工人发现，就在义律策划让几个大鸦片贩子偷偷逃跑时，洋馆外面已经被围得水泄不通。

林则徐知道此事后，了解民心所向，于是对英商发出通告，既然拒绝交出鸦片，还策划逃跑，只好中断中英贸易，并派兵封锁洋馆，撤回馆里的中国人员，断绝洋馆通往海上的交通。若再抗拒，就停止食物供应，且水师将严密监视英国船只的行动。

英国商人因此不得不交出鸦片，总共 2 万余箱（包括美商的 1500 多箱），共计 237 万斤左右。林则徐决定在虎门海滩当众销毁这些鸦片，他叫士兵在海滩上挖两个方形大池子，池子的前端挖有涵洞，后端通水沟。销烟前，先把水从沟里引进池里，再制成卤水。

1839 年 6 月 3 日，林则徐率领广东各级军政官员，在虎门海滩边的高岗上，亲自指挥及监督销毁鸦片。群众闻讯赶来，周围人山人海。工人和士兵们将鸦片切成碎块，投入卤水的池子里，接着撒入石灰，用力地搅拌。不一会儿，池里的卤水和鸦片翻滚起来，烟油上冒，烟渣下沉，浓烟冲天而起，就这样连续销毁了 20 多天，直到 6 月 25 日，才销毁了全部的鸦片。紧接而来的就是影响日后中国甚大的“鸦片战争”。

▲虎门销烟示意图。

惊天动地的红色宣言

1847年，“正义者同盟”总部进行着一场激烈的争论，问题集中在是否全盘接受马克思、恩格斯的思想，进而改组正义者同盟。马克思、恩格斯都不是正义者同盟会员，不少人持反对意见。最后，经过投票表决，同意接受马克思、恩格斯思想，并委托代表前往布鲁塞尔和巴黎，与马克思和恩格斯会面，邀请他们加入。

其实，马克思和恩格斯一直都在关心正义者同盟的活动，因为当时在欧洲的许多工人团体和共产主义小组中，正义者同盟的影响力最大，其思想、宗旨也较进步，且在欧洲各国都有会员。马克思和恩格斯早就有意加入他们。

马克思和恩格斯为全面改组同盟做了充分准备。1847年6月，正义者同盟在伦敦召开首次代表大会。因为经济困难，马克思未能出席。恩格斯根据事先跟马克思商量好的计划，与威廉·沃尔佛一起主导改组工作。根据马克思和恩格斯的提议，大会决定将正义者同盟改名为“共产主义者同盟”，并借由恩格斯起草的章程，确立“民主集中”原则，第一条明确规定同盟的行动目的是推翻资产阶级政权，建立“无产阶级专政”的政权，消灭旧有以阶级对立为基础的资产阶级社会，建立没有阶级及私有制的新型社会。

根据马克思和恩格斯的建议，同盟废除了原有的“人人皆兄弟”的口号，以“全世界无产者，联合起来”的新口号来取代。就这样，一个新型的无产阶级政党——“共产主义者同盟”诞生了。

1847年12月29日，共产主义者同盟在伦敦召开第三次代表大会，马克思和恩格斯皆出席。此次大会的主要任务是制定新的章程及纲领。会议一共开了10天。早在两个月前，同盟中央委员会曾用问答形式写了一份纲领草案——《共产主义信条的象征》，并分发给全体成员讨论。后来，恩格斯又草拟了一份纲领，名为《共产主义原理》。

单位：年

大事	地区	公元
洪秀全起义，建“太平天国”。	中国	1851—1864
拿破仑三世发动政变，宣布解散立法议会。	法国	1851
首次举办万国博览会。	英国	

▲卡尔·马克思是一位革命家、社会学家、历史学家和经济学家，是马克思主义的创立者和奠基人，是世界无产阶级和劳动人民的伟大导师。无产阶级精神领袖，当代共产主义的先驱。

单位：年

公元	地区	大事
1852	法国	拿破仑三世称帝。
1854 | 1856	欧洲	爆发克里米亚战争。
1854	日本	开放海禁，结束锁国。

最后，大会同意了马克思和恩格斯的观点，并决定委托他们起草一份宣言，作为共产主义同盟的行动纲领，并向全世界公开发表。

大会结束后，马克思和恩格斯开始着手撰写这份宣言，不久即完成《共产党宣言》，并于1848年2月在伦敦正式出版。《共产党宣言》阐述了共产主义理论，成为日后无产阶级斗争的总纲领。它着重说明资产阶级的灭亡，及无产阶级的胜利，是“不可避免的客观规律”，并明确规定无产阶级革命的任务和目的，也提出无产阶级革命的策略。在这份宣言的结尾，马克思和恩格斯宣称：“让统治阶级在共产主义革命面前发抖吧！无产者在这个革命中失去的只是锁链，他们获得的将是整个世界！”

之后，《共产党宣言》很快就被翻译成各国文字，被广为传播。这份宣言的发表，是一件划时代的大事，因为它深深影响了日后全世界的历史进程。

▲弗里德里希·恩格斯也是马克思主义的创立者和奠基人，是影响世界历史进程和世界无产阶级革命运动的领导人之一。

约翰·布朗起义

约翰·布朗临死前曾说："我坚信只有用鲜血才能清洗这个罪恶深重的国度。"约翰·布朗是美国废奴运动的英雄人物，他为解放黑人献出自己的生命。在他逝世的时刻，美国北方各州全部降半旗，建筑物上饰以黑色装饰，教堂则鸣钟志哀。

提起废奴运动，就得先了解19世纪中期的美国社会。

北美人民赶走英国殖民者，建立了美利坚合众国。但美国内部却存在着两种对立的社会制度，北方各州工商业迅速发展，而南方各州仍保留着奴隶制度。南方的经济以种植业为主，需要大量劳动力，而黑人则为廉价的劳动力，因此，黑奴从美国建国初期的60万人，逐渐增加到400万人。黑奴过着牛马不如的生活，像牲口般在市场被买卖，被当作"会说话的牲口"。最终激起黑奴们起身反抗，他们杀死监工，焚烧种植园，甚至武装起义。同时，美国北方各州也掀起大规模的废奴运动，不同肤色的工人、农民和知识分子纷纷投入此运动，他们到处演讲，印发书籍和传单，宣传解放黑奴、废除奴隶制度的主张。

约翰·布朗于1800年出生，他的父亲就是一位坚决的废奴主义者。约翰·布朗耳闻目睹黑奴的悲惨遭遇，早就对奴隶制深恶痛绝，因此他决心为反对奴隶制而战。

在约翰·布朗积极组织下，反对奴隶制的武装团体——"美国基列人同盟"成立，有40多位黑人参加。盟约规定，盟员须携带武器，团结一致，反抗奴隶制度，绝不再做白人的工具。

1854年，美国国会通过《堪萨斯——内布拉斯加法案》，让堪萨斯和内布拉斯加两地区的居民自行决定其居住地区为蓄奴州，或者是自由州。南方贵族武装大批匪徒，企图使用武力控制选举，而北方的废奴主义者也来到堪萨斯，决心将这里变为自由州，双方发

单位：年

大事	地区	公元
第二次鸦片战争爆发。	中国	1856
英国殖民印度，终结莫卧儿帝国。	印度	1858
清政府与英、法签订《天津条约》，与俄签订《瑷珲条约》。	中国	

单位：年

公元	地区	大事
1859	埃及	苏伊士运河开工。
	英国	达尔文发表《物种起源》。
	美国	废奴运动者约翰·布朗起义。

生激烈冲突。投票前不久，当废奴主义者正在开会时，几百名蓄奴派武装匪徒突然冲进会场，杀害了许多人。

约翰·布朗听到这消息，义愤填膺，立刻采取行动。他带人闯进匪徒的据点，打死了5个杀害废奴主义者的凶手。随后，布朗带领手下躲进山里，昼伏夜出，不断袭击蓄奴派的据点。最后，堪萨斯终于成为自由州。

1859年，约翰·布朗来到弗吉尼亚州，他决定在这里举行武装起义。第一个目标就是弗吉尼亚西部的哈波斯渡口，因为这里为南北交通要道，而且周围都是群山、沼泽和丛林，地势险要。当地还有一座庞大的军火库，一旦夺得，就可以武装起义者们。

他计划在夺取哈波斯渡口之后，进入山区开展游击战，然后举行更大规模的武装起义，推翻奴隶制。这支仅有22人的小队伍，以无畏的精神扑向哈波斯，只花了几个小时，便俘虏了全部驻军，控制整个城镇，并派人将庄园里的黑奴都释放出来。

这时，闻讯赶来的军队包围了他们。因实力悬殊，大部分起义者都战死了，而布朗身负重伤被俘，并以“杀人叛国，煽动黑奴叛乱”的罪名被判处死刑。

约翰·布朗的死震撼全美国，其精神却鼓舞了更多人。不久，有一首名为《约翰·布朗永远鼓舞我们前进》的歌曲在美国各地被传唱，这首歌曲成为日后南北战争中北军的军歌。

▲约翰·布朗终其一生都在为解放黑奴的事业奋斗。

林肯与南北战争

1809 年，亚伯拉罕·林肯出生于美国西部。因家境穷困，他没机会上学，只能于空闲时自学历史、文学、哲学及法学等著作，因为知识丰富，而后考取律师资格。1858 年，林肯在参加伊利诺伊州参议员竞选时曾说：“一幢裂开的房子是站不住的，我相信这个政府不能永远保持半奴隶、半自由的状态。”他将南北两种制度并存的局面比喻为“一幢裂开的房子”。

1860 年，林肯以“劈栅栏木条的候选人”的朴实绰号，被提名为总统候选人。其废奴主张和优良品格，赢得选民的支持，一举击败竞选对手，当选美国第 16 届总统。

林肯的当选，严重威胁到南方庄园主的利益。庄园主们当然不愿意一个主张废除奴隶制的人当总统。1861 年，南方 11 个州宣布成立“美利坚联盟国”，推举杰斐逊·戴维斯为“总统”，并制定了“宪法”，宣布黑人奴隶制是南方联盟的立国基础。于同年，南方联盟不宣而战。林肯本人其实并不主张用激烈的方式废除奴隶制，他认为可以用和平的方式，先限制奴隶制，然后逐步废除，关键是要维护联邦的统一，因此根本没有进行战争的准备。尽管北方军在许多方面都占有优势，然仓促应战，还是被南军打得节节败退，连首都华盛顿也险些被攻占。

▲林肯像。

北军在战场上失利引发北方民众不满，许多城市爆发示威游

单位：年

大事	地区	公元
英法联军火烧圆明园。	中国	1860
爆发南北战争。	美国	1861
被英法联军抢掠后，自强运动开始。	中国	
废除农奴制度。	俄罗斯	

单位：年

公元	地区	大事
1862	德国	普鲁士国王威廉一世任命俾斯麦担任首相。
1863	美国	实施“黑奴解放令”。
	朝鲜半岛	朝鲜大院君开始摄政。

行，要求联邦政府采取措施扭转战局。林肯这时才意识到，想要打赢这场战争，就必须动员农民积极参战。1862 年，林肯签署《耕地法》，规定每个美国公民只需交纳 10 美元登记费，就能在西部获得 160 英亩（65 万平方米）土地，连续耕种 5 年后，就能成为这块土地的合法主人。此措施鼓舞了农民奋勇参战。

1863 年 1 月 1 日，正式实行“黑奴解放令”，规定奴隶一律为自由民，并由政府和军队保护，他们可以平等地工作，包括参加政府军队。因此黑人们纷纷逃离庄园，投奔联邦军队，战场上的形势变得越来越有利于北军。同年在葛底斯堡激战了三天三夜，北军重创南军，成为南北战争的转折点。

北军接着迅速追击南军，南方一片混乱，“总统”匆忙从海上逃跑。南军迫于无奈，终于在 1865 年 4 月 9 日投降，历时 4 年的南北战争，以北方胜利而告终。

南北战争被称为继独立战争之后的美国第二次革命，林肯成为黑人解放的象征。1865 年 4 月 14 日晚间，在华盛顿的福特剧院里看戏的林肯被刺杀，不幸逝世，引起国内外巨大震动，美国人民深切哀悼。其遗体被运回家乡安葬时，沿途有成千上万的群众冒着大雨，默立在路边为心目中的英雄送行。

▲林肯遇刺场面示意图。

门捷列夫发现元素周期表

在化学教科书中，都附有一张元素周期表。它的发明，是近代化学史上的一大创举。看到这张表就会想到它的发明者——门捷列夫。

1834 年，德米特里·伊万诺维奇·门捷列夫生于俄国西伯利亚。当时欧洲的生产力飞速提高，不断对科学技术提出更多要求。由于道尔顿新原子学说的问世，加快了化学的发展速度，一个又一个的新元素被发现。门捷列夫决心为化学这门科学献出一生。

在理论化学里，自然界到底有多少元素？元素之间有什么异同？彼此间有什么关联？如何发现新的元素？这些问题，当时的化学界仍处于探索阶段，尚未找到正确的分类原则。

门捷列夫踏进了此领域，开始艰难的探索工作。之后，他重新测定过原子量的元素，按照原子量的大小，依次排列，发现性质相似的元素，其原子量并不相近；相反地，有些性质不同的元素，其原子量反而相近。

他的研究紧扣着元素的原子量与性质之间的相互关系。1869 年，终于发现了元素周期律，简单物体的性质，以及元素化合物的形式和性质，都和元素原子量的大小有周期性的依赖关系。门捷列夫在排列元素表的过程中，大胆地指出，当时一些公认的原子量并不准确，同时并证明其周期律的正确性。

门捷列夫编制的周期表中，还留有许多空格，这些空格应由尚未被发现的元素来填满。门捷列夫从理论上计算出这些尚未发现的元素的重要性质，断定它们介于邻近元素的性质之间。例如，在锌与砷之间的两个空格，他预言这两个未知元素的性质分别为类铝和类硅。4 年后，果然从锰锌矿中发现了镓，且经实验证明，镓的性质非常类似铝。镓的发现具有重大意义，它充分说明元素周期律为自

单位：年

大事	地区	公元
奥匈帝国成立。	奥地利	1867
通过国会改革法案，工人获得选举权。	英国	
马克思在伦敦完成《资本论》。	英国	
幕府时代结束，还政于明治天皇。	日本	

单位：年

公元	地区	大事
1867	瑞典	诺贝尔发明炸药。
	美国	向俄国购买阿拉斯加。
	日本	开始“明治维新”。
1869	俄罗斯	门捷列夫发现元素周期表。

然界的客观规律，为日后新元素的探索，新物质与新材料的寻找，提供了一个可遵循的规律。

门捷列夫发现元素周期律，为化学研究的发展立下了不朽功绩，因而获得很高的评价。但由于时代的局限性，门捷列夫的元素周期律并非完美。例如，惰性气体的发现，对周期律是一大考验和补充。1913 年，英国物理学家莫塞莱证实原子序在数量上等于原子核所带的阳电荷，进而明确指出作为周期律的基础不是原子量，而是原子序。在周期律的指导下产生原子结构学说，不仅赋予元素周期律新的解说，并进一步阐明了周期律的本质，将周期律此自然法则放在更严格、更科学的基础上。

门捷列夫除了发现周期律之外，还研究过气体定律、气象学、石油工业、农业化学、无烟火药及度量衡等，分别获得不同程度的成就。1907 年，这位享有盛誉的科学家与世长辞。

▲ 19 世纪中期被发现的化学元素共 60 余种，绝大多数的科学家都坚信各种元素之间是无规律可循的。门捷列夫花了一年时间仔细研究，列出有史以来第一张元素周期表，证明了不同元素原子量和属性之间的变化规律。

“铁血宰相”俾斯麦

“当前的重大政治问题，不是说空话和多数派决议能决定的，必须要用铁和血来解决。德意志所指望的不是普鲁士的自由主义，而是它的武力！”这是俾斯麦在邦联议会上发表的首次演说，这就是“铁血宰相”称号的由来。

1815年4月1日，奥托·冯·俾斯麦出生在普鲁士，1862年，他出任普鲁士宰相兼外交大臣。当时的德意志地区处于四分五裂的状态。于1815年建立的德意志邦联，包括了实力较强的奥地利、普鲁士和其他小国，共34个国家和4个自由城市，但这个邦联并不是一个统一的国家，只是为了德意志的共同利益，联合起来而已。而普鲁士计划由它自己来统一德意志地区，但打算排除奥地利。

1862年9月，俾斯麦担任首相时，普鲁士的军力处于上升时期，正好为其铁血政策打下了坚实的基础。俾斯麦为了更有效地实行“铁血政策”，干脆不理会议会。一旦铁血政策得到最后胜利，统一了德国，那么国会议员们就会立刻拜倒在他面前。

俾斯麦铁血政策的第一步就是进攻丹麦。1863年年末，丹麦合并了原属德意志邦联的什列斯威与好斯敦，虎视眈眈的俾斯麦终于等到机会。次年，联合奥地利对丹麦开战。俾斯麦之所以要联合奥地利出兵，原因在于，既可解除后顾之忧，又能共同对外。结果丹麦战败，将什列斯威与好斯敦分别割让给普、奥两国。

打败丹麦后，俾斯麦信心大增，随即将枪口转向奥地利。要打败奥地利并不容易，俾斯麦于是三次亲往法国，假意许诺拿破仑三世，在打败奥地利后，让法国也得到一份领土。收买法国后，俾斯麦才开始对奥地利挑衅，要求奥地利将不久前从丹麦手中夺得的好斯敦让给普鲁士，同时提出改革德意志邦联的法案，以排除奥地利在整个德意志地区的影响。

单位：年

公元	地区	大事
1871	德国	德意志帝国完成统一，威廉一世登基，俾斯麦担任首相。
	法国	发生“巴黎公社事件”，建立第一个无产阶级政府，以被镇压结束。
1874	越南	法国强迫越南签订和平条约。

最终爆发了普奥战争。结果，普军大获全胜。有人提议一举占领奥地利全境，但俾斯麦并未采纳，因为一来他估计法国会出面干预，再者，以后还需要利用奥地利。果然，拿破仑三世出面调停，普奥达成协定。奥地利宣布退出德意志邦联，并将四个邦国和一个自由市让给普鲁士。

普鲁士因而统一了德意志整个北部和中部地区，建立起北德意志邦联。这时，只有德意志南部紧邻法国的四个小邦国仍保持独立。俾斯麦打算兼并这四个小国，但不打败法国，德意志的统一将无法实现。同时，俾斯麦对法国境内富裕的阿尔萨斯和洛林也很感兴趣，早已计划吞并。

1870 年，普法战争爆发。次年，普军大获全胜。军队开进巴黎附近的凡尔赛，在凡尔赛宫里宣布成立以普鲁士为首的德意志帝国。普鲁士国王威廉一世登基为德意志帝国皇帝，由俾斯麦担任首相。德意志的统一至此完全实现。

1890 年，75 岁高龄的俾斯麦辞去首相之职，过着隐居生活，直到 1898 年去世。

▲俾斯麦以其高明的外交手腕，为德意志地区的统一奠定了基石。但后来其因过度膨胀的权力欲望，最终导致从政坛上被除名。

巴黎公社

普法战争中，法军全面崩溃。1871 年，普鲁士军队攻陷巴黎。2 月，梯也尔出任“国防政府”内阁总理，甫一上台就签订了卖国条约，不仅全面解除巴黎的武装，赔偿普军 50 亿法郎，还割让阿尔萨斯和洛林等大片地区。对法国人来说是莫大的侮辱，因而引发强烈反对。

早在 1870 年，巴黎工人团体就已选出自己的中央委员会，以监督政府对普抗战。当普军包围巴黎时，30 万巴黎工人自组国民自卫军，开始武装保卫祖国。梯也尔上台后，为了顺利实现投降计划，千方百计地想解除国民自卫军的武装。于是令巴黎卫戍司令亲自带队，悄悄接近一处位于巴黎以北工人居住区的战略要地——蒙马特。他们先杀死了守卫，然后拖出几门大炮。这时，国民自卫军士兵发现敌人的行动，连忙鸣枪示警，枪声惊醒了睡梦中的其他自卫军士兵，他们纷纷拿起武器，奔向出事地点。

临近的妇女最先赶到高地，见政府军正在拖运大炮，于是挡住他们。政府军指挥官命令士兵开枪，有位妇女见状对士兵们高声叫道：“就朝这里开枪吧！普鲁士人的大炮正瞄准巴黎，你们却把枪口对着自己的姐妹，不觉得羞耻吗！”其他妇女也异口同声地表示，要开枪就对着普鲁士人开枪！

士兵们顿时醒悟，默默地放下枪。指挥官气急败坏，抽出指挥刀大声下令：“开枪！”可是没有人服从他的命令。突然，有个士兵高喊：“弟兄们，打倒普鲁士鬼子！”其他士兵群起呼应。于是当场逮捕指挥官，并加入国民自卫军的行列。

蒙马特事件惊醒了巴黎人民，他们看穿了国防政府的卖国面目。巴黎人决定以武力还击政府，人们从四面八方冲入市中心，与政府军展开殊死搏斗。队伍很快地向市中心推进，中央委员会举行临时会议，决定发起全面攻击，并下令占领陆军部、市政厅和其他政府

单位：年

大事	地区	公元
维多利亚女王加冕为印度女皇。	英国	1876
贝尔发明电话。	北美	
左宗棠收复新疆。	中国	1877
柏林会议后，塞尔维亚、罗马尼亚独立。	东欧	1878
爱迪生发明电灯。	美国	1879

单位：年

公元	地区	大事
1880	非洲	欧洲列强开始瓜分非洲。
1881	西班牙	“和平鸽之父”毕加索诞生。
1882	德、意、奥	三国同盟成立。
1883	中国	爆发中法战争。

机构。政府军被打得溃不成军，国民自卫军占领了警察局、政府军参谋部及巴黎圣母院等地。

士兵惊慌失措地向梯也尔报告：“蒙马特高地被自卫军夺回，政府军全都投降了，而且自卫军已经冲过来了！”梯也尔吓得匆忙从侧门逃了出去。其他政府官员也纷纷逃离巴黎，前往距离巴黎23公里的凡尔赛。国民自卫军在晚间占领了市政厅。并在巴黎进行公社选举。有86人当选公社委员，大多数是工人和工人公认的代表。史上第一个由工人阶级组成的政府诞生。

巴黎公社成立后，逃往凡尔赛的梯也尔政府不甘失败，于1871年5月攻入巴黎，展开残酷镇压，巴黎公社兵败瓦解。

▲巴黎公社失败后，许多成员遭政府枪决。

爱迪生

爱迪生是举世闻名的美国电学家和发明家，除了在留声机、电灯、电话、电报及电影等方面的发明和贡献外，在矿业、建筑业及化工等领域也有不少著名的创造和见解。其一生约有 2000 项创造发明，对人类的文明和进步有着伟大贡献。

1847 年，爱迪生出生于美国。他 8 岁上学，仅就读 3 个月，就被老师斥为“低能儿”，从此他的母亲成了他的家庭教师。

1868 年，他以报务员的身份来到波士顿。同年，他获得了第一项发明专利，是一台自动记录投票数的装置。然而，一位国会议员告诉他，他们无意加快议程，有的时候，慢慢地投票是出于政治上的需要。从此以后，爱迪生决定再也不制造人们不需要的发明。

1869 年，他来到纽约寻找工作。当他在一家经纪人办公室等候召见时，一台电报机坏了，爱迪生是那里唯一能修好电报机的人，于是他谋得了一份比他预期更好的工作。同年 10 月，他与波普成立了“波普—爱迪生公司”，专门经营电气工程的科学仪器，并发明了“爱迪生普用印刷机”。他把这台印刷机献给华尔街一家大公司的经理，本想索价 5000 美元，又缺乏勇气说出口，于是他请经理开个价钱，结果那位经理给了他 4 万美元。爱迪生便用这笔钱建立了一座工厂，专门制造各种电气机械。之后在纽瓦克他发明了蜡纸和油印机。1872 年到 1875 年间，爱迪生先后发明了二重、四重电报机，还协助别人成功制造出世界上第一台英文打字机。

1876 年，爱迪生搬家至新泽西州的门罗公园，他在此建造了第一所“发明工厂”，它标志着集体研究的开端。

1877 年，爱迪生改进早期由贝尔发明的电话，并且将它实用化。另外，他还发明了留声机。电话和电报是“扩展人类感官功能的革命”，而留声机则是改变人们生活的三大发明之一。人们因此称爱迪生为

单位：年

大事	地区	公元
中法战争结束，中国丧失越南宗主权。	中国	1885
清政府诏令台湾建省，任命刘铭传为首任巡抚。	中国	
卡尔·本茨发明汽车。	德国	
中、英签订《缅甸条约》，清政府失去缅甸宗主权。	中国	1886

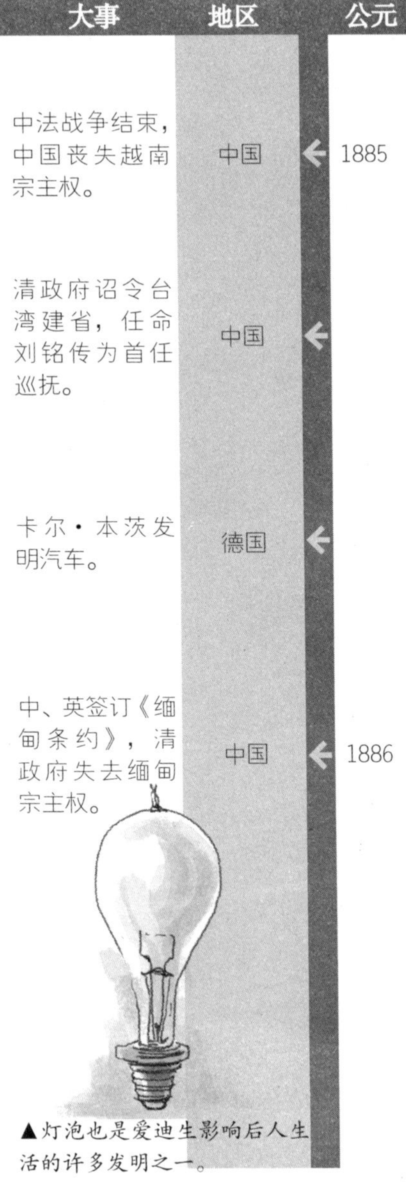

▲灯泡也是爱迪生影响后人生活的许多发明之一。

单位：年

公元	地区	大事
1891	俄罗斯	兴建西伯利亚铁路。
1894	朝鲜半岛	爆发“东学党之乱”。
	中国、日本	爆发甲午战争，中国战败。
	夏威夷	孙中山在檀香山创立兴中会。
1895	中国	签订《马关条约》，割让台湾给日本。

“门罗公园的魔术师”。

爱迪生在发明留声机的同时，经历无数次失败后，终于在电灯方面的研究取得突破。1879年，爱迪生点亮了第一盏真正具实用价值的电灯。为了延长灯丝的寿命，他大约试用了6000多种纤维材料，找到了新的发光体——炭化竹丝，可持续1000多小时，达到了耐用目的。接着，他又创造出一种供电系统，使远处的灯具能从中心发电站配电，这是一项重大的工艺成就。

1883年，他试验电灯时，观察到所谓的“爱迪生效应”，即热电子发射现象。别的科学家则利用“爱迪生效应”发展出了电子工业，尤其是无线电和电视。爱迪生接着又发明了电影摄影机，他使用一条赛璐珞胶片，拍下一系列照片，将它们迅速且连续地放映到布幕上，产生运动的幻觉。1903年，他的公司拍摄了第一部故事片《列车抢劫》。

爱迪生创办了许多商业性公司，这些公司后来合并为“爱迪生通用电气公司”，之后又改名为“通用电气公司”。此后，他的兴趣又转移到荧光学、矿石捣碎机、铁的磁离法、蓄电池和铁路的信号装置上。第一次世界大战期间，他还研制出鱼雷机械装置、喷火器和水底潜望镜。

1931年，这位做出伟大贡献的科学家因病逝世，享年84岁。

▲爱迪生于19世纪后期发明的留声机，是唱片机和激光视盘机的前身。

▲爱迪生是人类历史上著名的天才之一，其一生象征了美国人由穷至富的理想，被誉为公众英雄。

现代史

各帝国主义国家实力不一，矛盾尖锐。1914 年，第一次世界大战爆发。这场战争历时 4 年多，战火在欧、亚、非三大洲点燃，30 多个国家被卷入，波及的人口多达 15 亿，约占当时世界人口的四分之三，是人类史上一次空前浩劫。

第一次世界大战后签订的《凡尔赛条约》，并未从根本上消除帝国主义国家之间的矛盾，反而因无情地宰割战败国，埋下新的战争种子。1939 年，第二次世界大战爆发，这场战争比第一次世界大战更惨烈，为人类带来了无比惨重的灾难。全球五分之四的人口，共计 60 多个国家卷入这场战争，数千万人死于战火，无数城乡因而变成废墟，不计其数的文化遗产和财富毁于一旦。“二战”后，原有的世界局势被打破，美国和苏联迅速崛起，成为超级大国，相互对峙，形成“冷战”，直到 20 世纪 90 年代初苏联解体，这种局势才被打破。

战后几十年来，新技术革命全面展开，大大推动了经济发展和社会进步，各国间的联系空前密切。1945 年联合国成立，作为维护世界和平与合作的新尝试，联合国在世界性事务中发挥了重要作用。2001 年，美国发生了举世震惊的“九一一”恐怖事件，反对恐怖主义、争取世界和平成为当代人共同关注的主题。

“硬汉”海明威

1961 年 7 月 2 日，享誉世界文坛的海明威以猎枪结束了自己的生命，震惊全世界。

1899 年，海明威出生于美国的一个医生家庭。

第一次世界大战爆发后，海明威怀着亲临战场，感受战争的热切愿望，加入美国红十字会战地服务队，投身于意大利战场。大战结束后，海明威被意大利政府授予十字奖章、银质奖章和勇敢奖章，并获得中尉军衔，伴随荣誉而来的是他身上 237 处伤痕，以及挥之不去的战争噩梦。

战后，海明威成为加拿大多伦多《星报》驻巴黎记者。他对创作有着浓厚的兴趣，一边当记者，一边写小说。其创作得到当时著名小说家的鼓励和指点。在将近 10 年里，他出版了大量作品，其中最有名的是《太阳照常升起》。

《太阳照常升起》是海明威第一部代表性的小说。写的是一群像海明威一样流落法国的美国年轻人。他们在第一次世界大战后，迷失了前进的方向，战争造成他们巨大的身心伤害，非常空虚、苦恼和忧郁。想有所作为，但战争使他们迷惘，尔虞我诈的社会也让他们非常反感，只能在沉沦中度日，美国作家斯坦因于是称他们为“迷惘的一代”。这部小说是海明威自己的生活和世界观的真实写照。海明威及其所代表的文学流派，因而被称为“迷惘的一代”。

1929 年，海明威的长篇小说《永别了，武器》，是“迷惘的一代”文学的代表性作品。小说的主人翁亨利是一位美国青年，自愿前往意大利参战。在负伤期间，爱上了英籍女护士凯瑟琳。在一次撤退时，亨利被误认为是德国间谍，为了摆脱宪兵追捕，亨利和凯瑟琳逃到中立国——瑞士，他们度过了一段幸福而宁静的生活。但不久，凯瑟琳死于难产，婴儿也因窒息而亡。亨利一个人被孤独地留在世界上，

单位：年

大事	地区	公元
马可尼发明无线电报。	意大利	1894
反西班牙统治，进行独立革命。	菲律宾	1896
雅典举办首届现代奥运会。	希腊	
俄国租借旅顺，势力进入中国东北。	中国	1897
列强在中国划分势力范围。	中国	

单位：年

公元	地区	大事
1898	美国	吞并夏威夷；美西战争爆发；签订《巴黎和约》，美国获得菲律宾。
	中国	光绪皇帝“戊戌变法”。
	法国	居里夫人发现镭。
1899	中国	美国提出“门户开放”政策。
	美国	小说家海明威诞生，著有《老人与海》《丧钟为谁而鸣》等。

▲海明威是位优秀的美国作家，为 1954 年诺贝尔文学奖得主。

悲痛欲绝。小说以战争为背景，描述亨利与凯瑟琳的爱情，深刻地指出其幸福与爱情被战争推向毁灭的深渊。

随着第二次世界大战爆发，海明威无法再过宁静的生活。战争期间，他以记者的身份随军行动，并参与解放巴黎的战役。

1941 年年底，太平洋战争爆发，海明威立即将自己的游艇改装成巡逻艇，用来侦察德国潜艇。1944 年，海明威随同美军去欧洲采访，在一次飞机失事中受重伤，痊愈后仍深入敌军采访。“二战”结束后，他获得一枚铜质奖章。

1952 年，海明威发表中篇小说《老人与海》，故事内容如下：老渔夫圣地亚哥在海上连续 84 天没能捕到鱼。第 85 天，出乎意料地捕到了一条比船还大的鱼。但受伤的鱼引来无数鲨鱼争抢，老人奋力与鲨鱼搏斗，回到海港时，大鱼只剩下一副巨大的骨架，老人精疲力竭地倒在地上。“一个人并不是生来要被打败的，你尽可能将他消灭，但就是打不败他。”这是圣地亚哥的生活信念，也是作者在《老人与海》一书中所要表达的思想。通过圣地亚哥的形象，作者热情地赞颂了面对艰难困苦时所显现的坚不可摧的精神力量。

圣地亚哥是海明威所崇尚的完美之人的象征，坚强、宽厚、仁慈且充满爱心，即使在人生的竞技场上失败了，面对不可逆转的命运，仍然是精神上的强者，是一个“硬汉”。

“硬汉”是海明威作品中经常表现的主题，他们在遭受到外界巨大压力和厄运打击时，仍坚强不屈，勇往直前，甚至视死如归，尽管失败却保有人的尊严与勇气。

海明威于 1954 年获得诺贝尔文学奖，获奖后，由于诸多原因，最终以自杀的方式结束了自己的生命。

人类飞翔梦想的实现

1903年，一对兄弟在美国北卡罗来纳州猫头鹰村附近进行了两次飞行实验。这架飞机造价不到1000美元，被兄弟俩命名为“飞行者一号”，机翼长约12米，全机重量约340公斤，引擎功率为12马力，重量仅77公斤。虽然有人目击了那天的首次飞行，但翌日却没有几家报纸报道相关新闻。

实现人类在天上自由飞翔的梦想是一对居住在俄亥俄州的兄弟，兄弟俩的名字分别是威尔伯·莱特和奥维尔·莱特。

两人因对载人飞行很感兴趣，1892年开设一家出售、修理及制造自行车的公司。1896年，莱特兄弟在报纸上看到一则新闻，德国的李林塔尔因驾驶滑翔机失事身亡。这消息让他们很震惊，也促使他们开始研究空中飞行。

首先，他们观察老鹰在空中的飞行动作，然后一张一张地画下来，之后着手设计滑翔机。1900年10月，莱特兄弟研制出他们的第一架滑翔机。威尔伯坐上去进行试验，虽然飞起来了，但高度只有1米多。第二年，兄弟俩在上次制作的基础上，经过多次改进，又制成一架滑翔机。试飞的飞行高度一下子达到180米。

但滑翔机毕竟是依靠风力来飞行的，能否制造出一种不用风力也能飞行的机器呢？他们搜集相关资料，反复研究，始终想不到用什么动力，才能让庞大的滑翔机将人运到空中。直到有一天，一位汽车司机向他们借了一些工具，想修理汽车的引擎。兄弟俩灵机一动，汽车的引擎也许可以用来推动飞行！

首先，他们测出滑翔机的最大运载重量是90公斤，于是跟工厂定制一个重量不超过90公斤的引擎。但当时最轻的引擎也有190公斤，工厂无法制作出这么轻的引擎。后来，有一位制造引擎的工程师知道了这件事，答应帮助他们。又过了一段时间，这位工程师果

单位：年

大事	地区	公元
义和团运动，八国联军占领北京。	中国	1900
李鸿章与各国签订《辛丑条约》。	中国	1901
第一次诺贝尔奖颁奖。	瑞典	
美国承认巴拿马独立，并取得巴拿马运河开凿权；莱特兄弟发明飞机。	美国	1903
西伯利亚铁路开始动工；列宁组建布尔什维克党。	俄罗斯	

单位：年

公元	地区	大事
1904	日、俄	日俄战争，日本胜。
	英、法	签订《英法协约》。
1905	俄罗斯	俄皇尼古拉二世发表《十月宣言》，开放部分言论集会自由。
	瑞士	爱因斯坦发表“狭义相对论”。
	中国	同盟会成立，《民报》创刊。
	中国	废除科举。

然造出一台 12 马力、重量只有 77 公斤的汽油引擎。兄弟俩着手研究如何利用引擎来推动滑翔机飞行。经过无数次试验，他们终于把引擎安装在滑翔机上，并在滑翔机上安上螺旋桨，由引擎驱动螺旋桨旋转，带动滑翔机飞行。

为此，莱特兄弟设计了第一个“风洞”，这个风洞是用木箱做成的，利用一台燃气引擎作为风力来源。在 1901 年秋冬之交的两个多月里，他们一共做了 200 多次各种类型的翼面实验，从大量枯燥乏味的实验中，获得了一整套资料。

1903 年，兄弟俩带着配备引擎的飞机，再次试飞。虽然试飞失败了，但他们从中获得了很多经验。之后的多次试飞也以失败告终，但兄弟俩并不气馁。他们彻底检查飞机的每个零件，制定了严谨的操作程序，终于在 1903 年冬天试飞成功。

试飞成功后，莱特兄弟又制造了第二架飞机——“飞行者二号”。两人在 1904 年使用这架飞机，飞行了 105 次，但还是没有受到应有的重视。1905 年，他们又制作出“飞行者三号”，这是一架实用化的飞机。虽然他们进行了多次飞行，但仍然有许多人不相信有人发明了飞机。

直到 1908 年，莱特兄弟把一架飞机带到法国，进行一连串的公开展示。奥维尔返回美国后，也做了类似的公开表演，不幸的是，他所驾驶的飞机坠毁，这是兄弟俩唯一遇到的严重事故。但他们成功的飞行已经说服美国政府签下合约，为国防部购买飞机。1909 年的联邦预算里就有为发展军事航空而提供的拨款。

▲莱特兄弟是飞机发明家和航空先驱。

▲飞机使得现在的交通更为便利。

爱因斯坦及“相对论”

1879 年，爱因斯坦出生于德国犹太人家庭，15 岁时，举家迁往意大利。

1901 年，爱因斯坦取得瑞士国籍，并开始工作。他利用闲暇时间进行科学研究。1905 年，爱因斯坦在物理学方面的研究取得突破性进展，创立了狭义相对论，当时他才 26 岁。

“相对论”一词是爱因斯坦在他自己题为《论动体的电动力学》的论文中首先提出的。在此之前，物理学是以牛顿的理论作为基础，这种理论的时空观是静止的、机械的、绝对的，空间、时间、物质和物质运动相互独立。换句话说，物质孤立地处于空间的某个位置，物质运动则是在虚无的、绝对的空间做位置移动；而时间也是绝对的，是独立于空间不断流逝着的长流。

爱因斯坦以极大的毅力和胆识，突破了传统物理学的束缚。他认为，空间、时间、物质和物质运动，彼此紧密相连，不可分割。作为物质存在的空间和时间，在本质上是一致的，且随着物质的运动而变化。

狭义相对论最重要的理论之一，是关于质量和能量的关系。根据狭义相对论，物质的质量并非固定的，运动的速度增加，质量也会随着增加；一定质量的转化必定伴随着一定能量的转化，反之亦然。由此可知，质量很小的物质，即使只发生部分转变，也会释放出巨大的能量。这就是原子弹、氢弹及各种原子能应用的理论基础，由此打开了原子时代的大门。

狭义相对论问世，震惊物理学界，也使得这位年轻学者的名字立刻传遍整个欧洲，为他带来极高的声誉。1911 年，年仅 32 岁的爱因斯坦被布拉格大学聘为教授。1914 年，他重回德国，任教于柏林大学，并当选为普鲁士皇家科学院院士，但没多久，第一次世界大

单位：年

大事	地区	公元
组成协约国。	英、法、俄	1907
溥仪继位；颁布宪法大纲。	中国	1908
妇女解放运动，每年的三月八日定为妇女节。	美国	1909
日本吞并朝鲜	朝鲜	1910
广州黄花岗起义。	中国	1911

单位：年

公元	地区	大事
1911	中国	成立皇族内阁；四川保路风潮；辛亥革命。
	日本	废除不平等条约。
1912	摩洛哥	法国自居为保护国。
	中国	中华民国临时政府成立，颁布《中华民国临时约法》。
	巴尔干半岛	第一次巴尔干战争。
1913	中国	宋教仁被暗杀，解散国会，袁世凯当选正式大总统。

战就爆发了。

爱因斯坦憎恶战争，公开发表反战宣言，呼吁欧洲的科学家应竭尽全力，尽快结束这场大屠杀。然而，却没有多少著名人士响应。这段时间，爱因斯坦闭门不出，埋头做自己的科学研究。

他发现狭义相对论的理论体系不够完善，因为它只能解释等速直线运动，而不能解释加速运动和万有引力的问题，因而在 1915 年创立了广义相对论。

广义相对论的重要结论是，加速运动与引力场的运动是同等的，要区别是由惯性或者引力所产生的运动是不可能的。爱因斯坦认为，光在引力场中不是沿着直线，而是沿着曲线前进。他并且指出，当从一个遥远的星球上发出的光，在到达地球的途中，经过太阳时，会因为太阳的引力而弯曲，因此让这个星球被看的位置与实际位置不符。引力效应并非通常所说的物理力，而是空间本身弯曲的结果。

爱因斯坦不仅提出了此学说，且将它用清晰的方程式表达出来。爱因斯坦还计算出偏斜的弧度，他的结论在 1919 年 5 月日全食时得到验证。这消息公布后，全世界为之轰动，爱因斯坦的名字广为流传，家喻户晓，他被公认为继伽利略、牛顿以来最伟大的物理学家之一，堪称“20 世纪的牛顿”。

1933 年，希特勒上台后，开始迫害犹太人。爱因斯坦因而迁居美国，在普林斯顿大学担任教授，并于 1940 年取得美国国籍。1955 年 4 月，爱因斯坦病逝于普林斯顿。

▲爱因斯坦于 1921 年获得诺贝尔奖，是现代最伟大的物理学家，被誉为“20 世纪的牛顿”。

震惊世界的“萨拉热窝枪声”

1914 年 6 月 26 日，一列豪华专车驶进萨拉热窝车站。奥匈帝国皇储弗兰茨·斐迪南大公从车厢里走出来，后面跟着他的妻子苏菲亚。两人走过戒备森严的车站，坐上一辆敞篷汽车。6 辆敞篷车的小型车队驶出火车站，开往萨拉热窝市市政厅。

当时，奥地利与匈牙利已合并为奥匈帝国。6 年前，以武力吞并了波斯尼亚。斐迪南大公对邻近波斯尼亚的塞尔维亚垂涎已久，企图将它纳入自己的版图。在来到萨拉热窝之前，他亲自指挥了一场军事演习，演习的假想目标就是萨拉热窝。这种明目张胆的举动，激起塞尔维亚人的愤慨。

斐迪南大公夫妇坐在第二辆敞篷车里。街上的人越来越多，塞尔维亚人满怀敌意地怒视着。车队开上市中心的一座桥梁时，一位高个子的年轻人站在桥头，他的右手紧握着炸弹，直视着第二辆敞篷汽车，慢慢地向前移动。一个警察吆喝他向后退，年轻人愣了一下，这时车队已驶过桥面。接着，这个年轻人就转身消失在人群里。

当车队靠近阿佩尔码头，眼看快要过去时，一个名叫察布里诺维茨的年轻人冲出人群，朝车队扔出一枚炸弹。司机见状立刻加快车速。炸弹先是落在车篷上，之后又弹落地上，刚好掉到第三辆汽车前面，轰的一声，炸裂了第三辆车的前轮胎，碎片击伤了总督和大公的几个副手。察布里诺维茨眼见刺杀未能成功，立即吞下一小瓶毒药，纵身跳进了河里。

车队接着行驶到拉丁桥，另一个名叫普林齐普的 19 岁年轻人已在这里守候多时。当第二辆车距离他不到两米时，他一个箭步冲上去，举起手枪对准斐迪南夫妇扣动扳机。两声枪响，一颗子弹射进了斐迪南的脖子，另一颗则洞穿了苏菲亚的腹部。侍从武官举刀正要砍向普林齐普，这时总督连忙叫道：“抓活的！”普林齐普立即

单位：年

大事	地区	公元
巴拿马运河开通。	巴拿马	1914
奥匈帝国皇储斐迪南大公在萨拉热窝遇刺，引发第一次世界大战。	巴尔干半岛	
孙中山组建中华革命党；日本侵略山东。	中国	
展开无限制潜艇作战。	德国	1915
脱离同盟国，参加协约国，占领塞尔维亚。	意大利	

单位：年

公元	地区	大事
1916	法国	德、法爆发凡尔登战役。
	波兰	德、奥占领波兰王国。
	中国	袁世凯卒，恢复国会及《临时约法》。
1917	美国	德国潜艇攻击美国船舰，美国参战。
	中国	加入第一次世界大战；张勋复辟；胡适推动新文化运动。
	俄罗斯	十月革命胜利，皇室遭推翻，列宁建立苏维埃政权，俄国退出第一次世界大战。

把枪口抵着自己的头，但还来不及开枪就被警察逮住了，挣扎扭打中，普林齐普吞下毒药，因此剧烈痉挛，但并未当场死去。而中弹的斐迪南大公夫妇于晚间8点多双双殒命。

斐迪南夫妇遇刺，让早已企图吞并塞尔维亚的奥匈帝国找到借口，82岁高龄的奥匈帝国皇帝召见陆军总参谋长，接着决定向塞尔维亚宣战。7月23日傍晚，奥匈帝国使节向塞尔维亚政府递交最后通牒，提出十分苛刻的条件，然后就以对方拒绝为由，于28日夜间炮击塞尔维亚首都贝尔格莱德。紧接着，德、俄宣战，法、英对德宣战，奥匈帝国对俄宣战。欧洲几个大国在短短数天内全都卷入战争，第一次世界大战自此爆发。

▲斐迪南大公遇刺是第一次世界大战爆发的直接原因，但早在此之前，欧洲各国就因各种问题陷入矛盾与混乱。

凡尔登战役

1916年，第一次世界大战进入第3年。德军新任参谋总长提出新的作战计划，在东线采守势，在西线突击法军右翼依托的“凡尔登”。借由进攻法国无法放弃的军事要地，迫使法国投入全部兵力，然后加以歼灭，导致法军彻底崩溃，从而逼迫法国投降。

凡尔登要塞正面宽112公里，是由4道防御阵地组成，其中第4道防御阵地是由凡尔登要塞的永久工事和两个堡垒地带所构成，驻军10万多人。德军为了在火力上压倒对方，将俄国、巴尔干半岛前线及克虏伯兵工厂的火炮全部集中到此。在12公里长的战线上，排列着近千门大炮，前线阵地还配备了5000多部掷雷器，总进攻兵力达27万人。

德军首先集中火炮猛轰法军阵地，顷刻间，法军阵地陷入一片火海。在震耳欲聋的爆炸声中，法军的堑壕被夷为平地。德军接着动用小口径高速炮，快速发射霰弹，对法军进行扫射。凡尔登要塞附近的狭窄三角地带，战壕完全被摧毁。炮火停息后，6个德军步兵师开始冲锋。法国士兵只能凭借残存的防御工事进行抵抗，经过两天激战，1万多法国士兵被俘虏，前线的野战防御阵地大多被德军占领。

凡尔登失利的消息很快传回法军总司令部。霞飞总司令赶忙召开军事会议，委任贝当将军为凡尔登地区司令官，并集结兵力，准备增援。

贝当来到凡尔登后，首先巡视了整个防御体系，命令士兵死守。法军在一个星期内调集大约20万人和2万多吨军火物资，准备增援凡尔登，但通往凡尔登的公路只有6米宽，且被德军炸得一塌糊涂。法军于是动员9000人，在两天之内修复公路，还动员6000辆民用汽车，连续一周，昼夜不停地运送军队和物资，法国人称这条公路

单位：年

大事	地区	公元
第一次世界大战结束。	全球	1918
爆发革命，威廉二世宣布退位，德意志帝国灭亡。	德国	
波兰复国。	波兰	
奥匈帝国瓦解，匈牙利成立第一共和国。	中欧	
威尔逊总统提出“十四点和平计划”。	美国	

单位：年

公元	地区	大事
1919	土耳其	凯末尔领导土耳其民族运动。
	全球	1月，召开巴黎和会。6月，签订《凡尔赛条约》，宣告第一次世界大战结束。
	中国	爆发“五四”运动。
1920	全球	国际联盟成立。
	印度	甘地领导印度独立运动。

为“圣路”。

由于大量法国兵力和火炮增援，德军的攻势趋缓，逐渐呈现对峙之势。但德国人的目的正是要法军全数集中在凡尔登要塞，以便实行歼灭战。

因此开始了大规模战斗。德国步兵在猛烈炮火的掩护下，从30公里长的战线上一齐向法军阵地发起进攻。由于法军英勇抵抗，德军的攻势受挫，经过70个昼夜的苦战，也未能突破法军防线，双方来回拉锯，尽管伤亡非常惨重，仍相持不下。

1916年10月24日，法军转守为攻，出动17万部队、700门大炮和150架飞机，迅速收复丢失的炮台。自此，德军节节败退。12月28日，筋疲力尽的德军终于绝望地退出凡尔登战役。

在这次规模空前的战役中，双方总共投入了100多个师的兵力。德国军队在这次战役中，元气大伤，从此无法再发动大规模的进攻，逐渐落于下风。凡尔登战役于是成为第一次世界大战的转折点。

巴黎和会

1919 年 1 月的巴黎街头异常宁静，饱经战乱的人们开始了得之不易的和平生活。两个月前，也就是 1918 年 11 月 18 日，在巴黎东北贡比涅森林的雷通车站，德国代表团走进协约国总司令法国元帅福煦搭乘的火车车厢里，签署了第一次世界大战停战条约，“一战”的硝烟终于散去。

为了解决战争的善后问题，战争结束 3 个月后，战胜国于 1919 年 1 月 18 日在巴黎附近的凡尔赛宫召开会议，参加和会的有战胜国的代表、新成立的国家及社会团体的代表，共 1000 多人。

由于战胜国之间国力悬殊，所以始终由少数几个强国的代表操纵此次会议，因此这次会议又被称为“三巨头会议”，这 3 个人就是美国总统威尔逊、英国首相劳合·乔治及法国总理克列孟梭。俄国虽然是战胜国，但未被邀请出席。

为了得到更多赔款，以及争夺德国的领土，英国首相劳合·乔治和法国总理克列孟梭争执不下。

因英国首相提出一份备忘录，建议莱茵区仍属德国，阿尔萨斯与洛林归还法国，法国对萨尔煤矿享有十年开采权，波兰将得到波兰走廊。关于赔款，他坚决主张赔偿只能由“参加过战争的一代人”负担，数额应与德国的支付能力相符，法国分得百分之五十，英国分得百分之三十，其他国家分得百分之二十。

克列孟梭看完这份文件后，恼怒万分，立刻写抗议信给英国首相，嘲讽对方“慈悲为怀”“那就索性慷慨到底，把殖民地和海岸也都让给德国算了！”就这样，两人从 1 月吵到 4 月，谁也不肯让步。

4 月中旬，克列孟梭致函威尔逊，表示同意美国将门罗主义原则纳入，但美国必须答应法国的领土要求，以作为交换条件。劳合·乔治答应重新考虑自己的立场，支持美国对法国做出的让步，但也要

单位：年

大事	地区	公元
中国共产党成立；孙中山就任非常大总统。	中国	1921
华盛顿会议，裁减五强海军。	多国	
墨索里尼被任命为总理，实施极权统治。	意大利	1922
苏维埃社会主义共和国联盟正式成立。	苏联	
希特勒发动政变，被捕入狱。	德国	1923

单位：年

公元	地区	大事
1923	日本	关东大地震。
	土耳其	凯末尔出任土耳其共和国第一任总统，签订《洛桑条约》。
1924	中国	孙中山建立军政府，主张联俄容共，黄埔建军。

求美国放弃海上军备竞争，美国同意英国的要求。最后，三方总算达成协议。

此外，巴黎和会还决定对苏维埃俄国实施经济封锁，企图扼杀俄国刚成立的共产主义政权。同时筹备"国际联盟"，并瓜分德国的殖民地。

6月28日，巴黎和会进入最后一天，战胜国代表在和约上签字。但身为战胜国之一的中国代表却没有出席，并拒绝签字，原因就在于《凡尔赛和约》损害了中国的主权和利益，和约规定战前德国侵占的山东胶州湾及当地的铁路、矿产及海底电缆等，今后全部改归日本所有。

"一战"时，中国加入协约国阵营，对同盟国作战。在战争中，中国曾经支持协约国大量粮食，还派出17.5万劳工，在战场上牺牲了2000多人。身为战胜国的中国，理所当然有权索回遭德国强占的山东半岛，但英、美、法却替中国"做主"，将它送给日本，而北洋政府竟然准备签字，承认此丧权辱国的条约。中国人民忍无可忍，终于在5月4日掀起轰轰烈烈的"五四运动"。在群众运动的强大压力下，中国代表只得拒绝在和约上签字。

巴黎和会就这样结束了，但它并未真正解决列强间的矛盾，再者，对战败的德国进行苛刻的勒索，也埋下了复仇的种子。1939年9月，希特勒在欧洲再次掀起大战。

▲威尔逊、劳合·乔治及克列孟梭，为巴黎和会三巨头。

“圣雄”甘地

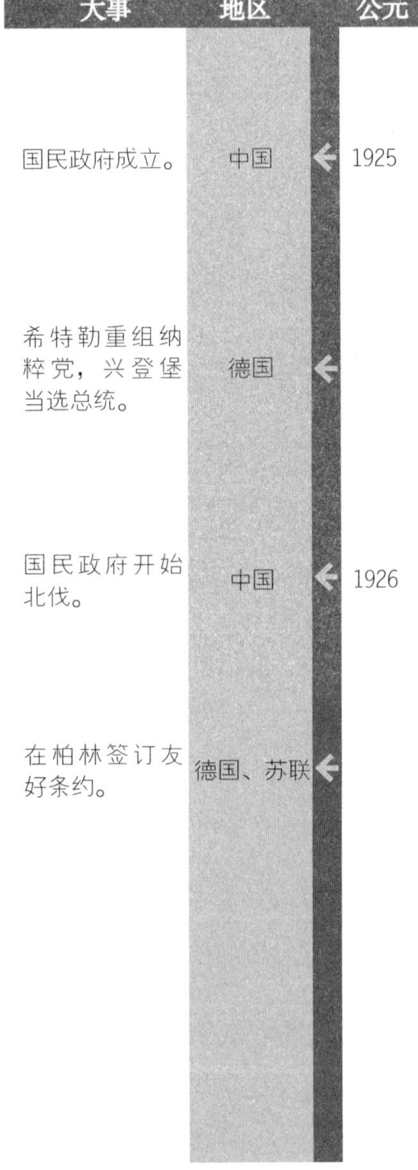

莫汉达斯·卡拉姆昌德·甘地，1869 年出生在印度西部的博尔本德尔。中学毕业后，甘地赴英国留学，于 1891 年回到了印度，在孟买担任律师。

印度是一个具有悠久宗教传统的国家，佛教和印度教的影响十分深远。这两种宗教教义繁复，有一点却是共同的——反对任何暴力，主张以忍让与和平的方式解决一切争端。甘地是一位虔诚的印度教教徒，笃信教义，因此他倡导一种争取印度民族独立解放的独特方式，称为“不合作运动”。“不合作运动”包括两部分：“非暴力抵抗”，对英国殖民者采取“不合作”的态度。具体内容为：辞去英国人授予的公职和爵位；不参加殖民政府的任何集会；不接受英国教育，以自设的私立学校代替英国殖民当局设立的公立学校；不买英国货，不穿英式服装，自己纺纱织布；不买英国公债，不在英国银行存款等。

“不合作运动”在 1930 年的“食盐进军”中达到高潮。这年，英国殖民当局制定和颁布了《食盐专营法》，垄断食盐生产，任意抬高盐税和盐价，引起印度人强烈的不满。甘地号召印度人用海水煮盐，自制食盐，以此抵制当局。

甘地和信徒们在海边坚持了 3 个星期。沿海各地纷纷响应甘地的号召，自制食盐。与此同时，全国各地都展开反对英国殖民统治者的活动，罢工、罢课、游行示威及请愿运动等，一波接着一波。殖民当局逮捕了甘地和国大党其他领导人，并下令取缔国大党。

甘地被捕的消息传开后，数万名自愿者要求与甘地一同坐牢。殖民当局因此逮捕了 6 万多人，此举更加激怒了印度人民，各地爆发武装起义，有的地方宣布独立，建立自治政权。印度的民族独立运动逐渐脱离“非暴力”的轨道，走向武装革命。

这把英国殖民当局吓坏了，他们想起甘地的“非暴力”主张，

单位：年

公元	地区	大事
1926	德国	加入国际联盟。
1927	中国	宁汉分裂；国民政府与苏联绝交。
	日本	田中义一提出“田中奏折”，主张积极向外扩张。
1928	中国	完成北伐；全国统一。
	苏联	斯大林实施五年计划。
	巴黎	各国签订《巴黎非战公约》。

于是改变策略。1931 年 1 月，殖民当局释放甘地，撤销取缔国大党。随后，与甘地达成协议，甘地必须改变不合作态度，停止不合作运动，当局则释放政治犯，允许沿海人民煮盐。

但印度依然没有获得独立。因此，在这之后，甘地又发动了多次“不合作运动”，继续为印度独立而奋斗。为此，他多次被捕入狱，多次绝食祈祷。

为印度独立而奋斗的同时，甘地也为消除种姓制度、消除印度教与伊斯兰教两教之间的纷争而努力。他周游全国，到处进行演讲。人们不时可看到这位身形瘦削、性格坚毅的老人，冒着生命危险，调解两大教派的争端。

1947 年 8 月，印度半岛建立了两个独立的主权国，以印度教为主的印度和以伊斯兰教为主的巴基斯坦。经过长期奋斗，印度人民终于获得了独立。而甘地则于 1948 年死于枪杀。

▲甘地是印度杰出的民族运动领袖。

战争狂人希特勒

1889 年，阿道夫·希特勒出生于奥地利。1913 年春，希特勒来到德国慕尼黑。一年后，第一次世界大战爆发，他志愿加入巴伐利亚步兵团，在西线待了四年。1917 年，希特勒由传令兵升为下士班长。战后，他在慕尼黑为国防军反谍机关当密探。

1919 年的某一天，希特勒奉命调查一个自称“德国工人党”的集会。在这仅有 25 人参加的集会上，希特勒发表了一篇演说，主张建立一个统一的、强大的德国。其激进言论引起众人的重视。第二天，希特勒被通知出席德国工人党的会议。就在这次会议中，希特勒成为德国工人党的党员，且很快地跃升为党内的第 7 位委员，进而掌握了领导权。

1920 年 2 月，希特勒宣布该党的《二十五条纲领》，提出实现社会主义、工人分享企业利润、取消地租等口号。为了进一步吸收工人和群众，希特勒将“德国工人党”改名为“国家社会主义日耳曼劳工党”（德文缩写音译为“纳粹”）。1921 年 7 月，希特勒宣布“领袖原则”，正式当上了纳粹党的领袖。由一批退伍军人组成的冲锋队，成了希特勒对付政敌的打手。

希特勒密谋发动政变，但政变并未成功，几天后，希特勒和他的党员就被逮捕了。经过审讯，希特勒被判处 5 年徒刑。虽然失败了，他却因此成为家喻户晓的人物，他所宣扬的思想也逐渐传开。

希特勒在牢里口述了《我的奋斗》一书。在这本书中，他大肆宣扬民族优劣论，他认为日耳曼民族是优等民族，有权统治其他“低等”种族，而犹太人则是世界上最劣等的民族。希特勒还主张要对外扩张，以获取德国的“生存空间”。

1929 年，世界经济大萧条。德国工人运动与斗争高潮迭起，内外交迫的资产阶级感到建立在议会制度上的软弱政府已经毫无作用，

单位：年

大事	地区	公元
纽约股市崩盘，引发世界经济大恐慌。	美国	1929
日本发动九一八事变；中国共产党在江西成立“中华苏维埃共和国”。	中国	1931
甘地和英国总督达成和平协议。	印度	
日军发动侵略中国的一·二八事变，并于东北建立伪满洲国。	中国	1932
国联召集日内瓦世界裁军大会。	瑞士	

单位：年

公元	地区	大事
1933	日本	日本退出国际联盟。
	德国	希特勒就任总理，纳粹执政。
	美国	罗斯福总统推“新政”，试图拯救经济危机。
1934	苏联	加入国际联盟。
	中国	推行新生活运动。

转而寄望法西斯式的独裁政权能对内镇压革命，对外夺取殖民地。于是希特勒的机会来了。

出狱后，希特勒决定通过立宪手段来夺取政权。他到各地发表演说，向民众许下种种“美好”的承诺，大谈人民的苦难、民族的仇恨及共和国政府的无能等。

处在绝望中的工人、农民、市民和学生，被希特勒煽动性的言语鼓动，纷纷加入纳粹党。1932 年，希特勒经由竞选，拿下 1300 万张选票，纳粹党获得 230 个国会席位，成为德国第一大党。纳粹党的冲锋队员就有 10 多万人，比当时德国的国防军还庞大！

希特勒被当时的德国资产阶级视为宠儿和民族救星。17 个工业、银行领袖集体上书兴登堡总统，要求任命希特勒为总理，由他来组阁。1933 年 1 月，希特勒从总统兴登堡手中接过总理印章，带领德国走向另一个开始。

▲不可一世的希特勒曾受到德国民众狂热的拥戴。

保卫马德里

1936年11月的西班牙，《国际歌》的旋律显得尤其悲壮，首都马德里大街上出现了一队人马，说着不同的语言，穿着不同的制服，头发、眼睛和皮肤的颜色也各不相同，却异口同声地唱着这首共同的歌。他们是由来自苏联、中国、法国、美国、加拿大、意大利、德国、波兰及捷克斯洛伐克等54个国家的反法西斯人士所组成的国际队伍，自愿前来支持西班牙人与法西斯分子的对抗。

当时，西班牙军官佛朗哥在德国和意大利的支持下，于1936年7月发动叛乱。在这之前，由共产党、社会党和其他左派政党组成的人民阵线，刚在2月举行的国会选举中获胜，成立由左翼共和党领导的共和国政府。新政府实施了一系列改革政策，如释放政治犯，让因政治因素而失业的工人重回工作岗位，实行养老保险和工人休假制度，并开始进行土地改革。

这些措施广受一般民众欢迎，却引起反对势力的恐惧和憎恨。于是，以佛朗哥为首的法西斯分子，勾结德、意两国的法西斯势力，发动叛乱。叛军装备精良，补给充足，很快就占领了南部大片土地。与此同时，德、意军队也登陆西班牙北部。形成南北夹击之势，直逼马德里。

马德里市民，无论男女老幼，都动员起来。他们组织担架队、运输队、护城队，积极配合前线的战斗，妇女们在旗帜上写着："宁做英雄的寡妇，不当奴隶的妻子！"她们挖战壕，修筑工事，甚至直接上战场。从1936年11月到1937年1月，佛朗哥对马德里先后发动了4次大规模的攻势。第4次进攻时，墨索里尼还增调大量军队和重型武器，但还是被打得全线溃败。

这场西班牙内战震惊了世界。许多人纷纷前往西班牙，支持西班牙人民共和国。总数达35万人的国际志愿军分为12个分队，参

单位：年

大事	地区	公元
墨索里尼人侵埃塞俄比亚，意大利退出国际联盟。	意大利	1935
毁约建军；希特勒颁布《纽伦堡法令》，犹太人失去平等公民权。	德国	
通过社会安全制度法案。	美国	
占领莱茵非武装区。	德国	1936
张学良发动西安事变。	中国	
爆发内战，以佛朗哥为首的法西斯分子赢得胜利。	西班牙	

单位：年

公元	地区	大事
1937	中国	日军发动七七（卢沟桥）事变，中国开始全面抗战。
1938	德国、奥地利	德军吞并奥地利。
	英、法、意、德	四国召开慕尼黑会议，签订《慕尼黑协议》。
1939	德国、苏联	签署《互不侵犯条约》，并瓜分波兰。
	全球	德国入侵波兰后，英、法等国相继对德宣战，第二次世界大战爆发。
	阿尔及利亚	被意大利吞并。

战的各国人士都以自己国家最为骄傲和光荣的名字来命名自己的队伍，如“林肯营”“加里波底营”及“巴黎公社营”等。当时，中国旅美华侨也组织中国支队参战。

国际志愿军和马德里市民并肩作战，与法西斯部队多次交战，其中又以雅拉玛山谷一役最为激烈。雅拉玛是马德里东南边一个狭长的山谷，为马德里南部的天然屏障，由国际志愿军和西班牙共产党第五军团共同防守。这座山谷同时也是叛军进攻马德里的必经之地，因此佛朗哥集结了大量兵力，并配备坦克车、大炮和飞机。

1937年2月6日，在飞机和大炮的掩护下，叛军直扑山口。守卫山口的部队只有几千人，进攻的叛军却有数万人之多。一连几天，守军击退了敌人数十次的冲锋，而自己只剩下区区几百人。这场战役持续了将近一个月。叛军撤走时留下两万具尸体，守军也伤亡了一万多人，这是自第一次世界大战以来最为激烈的一场战役。

许多国际志愿军战士为了保卫与其非亲非故的土地，献出满腔的热血和宝贵的生命，但马德里最后还是失陷了。1939年，佛朗哥打赢了西班牙内战，从此开始他长达36年的独裁统治。

▲叛军领袖佛朗哥。

入侵波兰

1939年8月，德国东部边境的格雷威茨市，忽然枪声大作，惊恐的市民透过夜幕，发现有大批武装人员向邻近波兰边境的格雷威茨市发起“进攻”，他们迅速“占领”该市的电台。过没多久，居民就听见从电台播出的波兰语广播，广播表示，波兰人已经占领了电台，正式宣布与德国“开战”。

天亮后，许多记者被邀请到电台采访，只见电台建筑物上到处都是弹痕，广场上还有十几具身穿波兰军服的尸体。波兰人进攻的消息马上传遍了全世界。第二天，柏林电台广播波兰“进攻”德国的消息。希特勒也发表广播演说，声嘶力竭地叫嚷：“无数的波兰人入侵德国境内，许多波兰的正规军攻击格雷威茨电台，我们只能用武力来解决。”

其实，这是希特勒策划的阴谋。波兰位于欧洲大陆的东部，东接苏联，南靠捷克，北临波罗的海。波兰的矿藏很丰富，冶金、化学、机器及造船等工业也相当发达。希特勒想把波兰当作进攻苏联的跳板，掠夺波兰的人力、物力和资源，来加强纳粹德国的战争实力，同时消除自己进攻西欧的后顾之忧。一开始，希特勒本来想用软硬兼施、威胁讹诈的手段来吞并波兰，最后妄想落空，于是决定动用武力。

但希特勒不想背负侵略的恶名，也害怕贸然进攻波兰，英国和法国会出兵援助，如果制造波兰挑起战争的假象，使得国际舆论谴责波兰，即使不能阻止英、法参战，至少也可推迟英、法采取行动的速度，为占领波兰争取有利的时机。

于是希特勒自导自演了一场波兰进攻德国的闹剧。“侵略德国的波兰人”实际上是德国的党卫军，而“战死”的波兰士兵则是德国集中营里有波兰血统的死囚。首先，他们逼迫这些死囚穿上波兰

单位：年

大事	地区	公元
丘吉尔出任首相；爆发不列颠空战；敦刻尔克大撤退。	英国	1940
签订《三国同盟条约》，成为“轴心国”。	日、德、意	
吞并波罗的海三国。	苏联	
戴高乐在伦敦成立“自由法国”，号召对德抗战。	英国	
德国撕毁《德苏互不侵犯条约》，入侵苏联。	苏联	1941
美国通过《租借法案》，支持同盟国。	美国	

单位：年

公元	地区	大事
1941	美国、英国	发表《大西洋宪章》，是为日后联合国的基础。
	全球	日本偷袭美国珍珠港；爆发太平洋战争。
	苏联	斯大林格勒之役开始。
1942	太平洋	中途岛海战，日军惨败，战局扭转。
	美国	26国在华盛顿签署《联合国家宣言》，共同对抗轴心国。

军服，携带波兰武器，然后为他们注射麻醉剂，送到格雷威茨电台前面的广场上，按照枪战的阵势摆好位置，再开枪打死这些囚犯，且对着建筑物一阵胡乱扫射，再通过电台广播，制造“被侵略”的假象。

1939年9月1日，德国已在波兰边境集结150万大军，以6000门大炮、2000架飞机、2800辆坦克作为矛头，对波兰发动了“闪电战”。9月3日，英、法根据《法波盟约》和《英法互助条约》对德国宣战，第二次世界大战爆发了。

波兰军队完全没有准备，许多作战飞机甚至没起飞，就被炸毁在机场。开战第一天，波兰军队就损失了三分之一的飞机，失去了制空权。德军在空军的掩护下，长驱直入，不到一周就占领了波兰第二大城市克拉科夫。9月8日，德军开始进攻波兰首都华沙。9月27日德军攻占华沙。从此之后，波兰境内就没有出现具有组织性的抵抗。

英、法两国虽然口头上对德宣战，却始终按兵不动，躲在坚固的马其诺防线背后无所作为，让波兰军队孤军作战，陷入苦战。这种奇怪的战场形势被称为“假战”，德国人则称它为“静坐战”。这种局面持续了7个多月。

英、法之所以“静坐”，是因为他们对德宣战完全是出于无奈。他们一方面宣战，另一方面还想借由美国出面调停，让德国停战。法国认为马其诺防线固若金汤，加上毗邻德国，生怕德国将进攻矛头转向自己，根本不敢主动进攻德国，且法国以为德国侵占波兰以后，会继续向东侵犯苏联，哪会想到厄运随即降临到自己身上。

“自由法国”运动

“我是戴高乐将军，现在在伦敦。我向目前在英国和将来可能来到英国的持有武器和没有武器的法国官兵发出号召，也向一切军火工厂的工程师和技术工人发出号召，请你们和我联系……”这是法国戴高乐将军于1940年6月18日，在英国广播电台发表的一次具有历史意义的广播内容。

就在前一天，戴高乐人还在巴黎。当地机场里，停着一架英国军用飞机。这时走过来一群军人，有英国的，也有法国的。一位将军打扮的法国人和英国将军握手后，这位英国将军便登上飞机。眼看飞机就要起飞，那位法国将军突然攀上舷梯，钻进机舱，砰的一声，关上舱门，飞机接着腾空而去。机场上的人大为吃惊，但也无可奈何。

这位法国将军就是夏尔·戴高乐，他当时是法国国防部副国务秘书。戴高乐之所以这么做，也是迫不得已。因为就在这年5月，德军绕过马其诺防线，攻入法国。

第二次世界大战全面爆发前，由于英、法两国政府对希特勒的军事扩张一再妥协退让，德国的野心日益膨胀。德军攻占波兰后，迅速占领了丹麦、挪威、荷兰、比利时和卢森堡。之后绕过马其诺防线，攻入法国，毫无戒备的法军一触即溃。6月14日，德国未发一弹就占领了巴黎，接着全线深入法国境内。

1940年6月17日，由贝当组成的新内阁向德国投降。戴高乐将军竭力反对贝当政府的卖国行径。失败后，他决定逃离法国，到国外重新组织力量，继续反抗德国侵略，于是就出现了机场的这一幕。

逃离法国后的第二天，戴高乐将军在英国首相丘吉尔的大力支持下，在英国广播电台发表《告法国人民书》。戴高乐在广播里向法国人民和全世界庄严宣布：“法国没有失败，法国并非孤军奋战！它不是单枪匹马，不是四处无援，法国的抵抗火焰不该熄灭，也绝

单位：年

大事	地区	公元
斯大林格勒之役结束，德国第六军团残部投降。	苏联	1943
美军采用跳岛战略，逐步收复太平洋诸岛。	太平洋	
召开德黑兰会议。	伊朗	
于埃及召开开罗会议；北非战事结束。	非洲	
废除不平等条约。	中国	
宣布投降，墨索里尼下台。	意大利	
盟军在诺曼底登陆。	法国	1944

单位：年

公元	地区	大事
1945	菲律宾	美军收复菲律宾。
	美、英、苏联	雅尔塔会议。
	西亚	建立“阿拉伯国家联盟”。
	德国	希特勒自杀，德国宣布投降。
	全球	各国签署《联合国宪章》，10月24日，联合国正式成立。
	德国	中、美、英三国领袖在波茨坦发表宣言。

▲戴高乐像。

不会熄灭。”

戴高乐将军的这篇宣言激励了3000万法国人民，他们在失败的痛苦中重新抬起头。巴黎的学生在凯旋门集会，表达对戴高乐的拥护。贝当政府则是对戴高乐恨之入骨，竟然在军事法庭对戴高乐进行缺席审判，由4年徒刑，改判为死刑。

戴高乐将军高举“自由法国”的旗帜，率领拯救法国的抗争，有7000多位志愿军拿起武器，为“自由法国”而战，有的从法国绕道西班牙逃到英国，有的从北非经直布罗陀海峡投奔而来。

“自由法国”总部设在泰晤士河畔的一座大厦里，戴高乐在此筹建法国民族委员会和武装部队。在简陋的办公室里，他不断地接待从世界各地前来关心“自由法国”的人们。

7月14日，法国国庆节，戴高乐将军检阅首批“自由法国”部队。一周后，首批“自由法国”飞行员参加了对鲁尔区的轰炸。

1940年8月，戴高乐率领一支英法联合舰队向法国进攻，虽然最后不幸失败了，但戴高乐并未屈服。不久后，戴高乐又在北非设立一个可靠的作战基地及行政机构，并发行《自由法国》报纸。

1943年5月，16个政党团体在法国本土成立“全国抵抗运动委员会”。1944年3月，法国国内各反抗武装力量联合为统一的“内地军”，不断与德军进行战斗。

1944年6月，苏联红军占领波兰，盟军登陆诺曼底。8月20日，戴高乐将军率领“自由法国”的部队，随同盟军向巴黎挺进，所到之处，无不受到法国人热烈欢迎，终于收复了巴黎。1945年5月，纳粹覆亡，戴高乐以法国临时政府的名义，和盟军一起接受德国投降。

偷袭珍珠港

1941 年 12 月 7 日，驻扎在美属群岛夏威夷珍珠港海军基地的是美军太平洋舰队。就在前一天，值班军官曾接到通知，这天将有一队美国空军的 B-17 重型轰炸机从本土飞来。因此，官兵们皆放松警惕，舰艇整整齐齐地停泊在港内，飞机也密密麻麻地排在欧胡岛上的 7 个机场上。

值班室里，两个值班的新兵正在雷达监视器前无聊地摆弄着仪器。突然，屏幕显示东北方 130 海里处，有一群飞机正朝欧胡岛飞来，但没人对这些飞机的到来感到奇怪。突然间响起一阵阵巨大的爆炸声，机场升起滚滚浓烟，港湾里水柱冲天而起。官兵眼见舰艇起火，这才回过神来，这是一次大规模的袭击。

原来，雷达屏幕上显示的机群，并非从美国本土飞来的飞机，而是从日本特遣舰队 6 艘航空母舰上起飞的日本军机，其攻击目标正是珍珠港。

日本偷袭珍珠港已策划许久。苏德战争爆发后，日本军阀迫不及待地想扩大侵略范围，占领印度支那和南太平洋，并夺取石油资源。而驻守在夏威夷群岛上的美国太平洋舰队，则是日军南进的最大障碍。于是在日本天皇授意下，日本联合舰队司令山本五十六秘密制订了偷袭珍珠港的计划。

为了迷惑美国，日本还派特使前往华盛顿进行谈判，要求“和平解决”争端，声称“日本没有任何理由和美国打仗”。与此同时，偷袭珍珠港的特遣舰队则在 11 月 26 日秘密离开日本。在海上隐蔽航行了 12 天之后，终于到达距离欧胡岛约 370 公里处的海域。

12 月 7 日，进行第一波攻击的日机起飞，直扑珍珠港，由渊田美津雄中佐现场指挥。透过云层，渊田看到珍珠港中停泊着军舰，还有欧胡岛机场上成排的飞机。日军飞机呼啸而下，顷刻间，珍珠

单位：年

大事	地区	公元
美国在广岛、长崎投下原子弹，裕仁天皇宣布无条件投降，第二次世界大战结束。	日本	1945
胡志明于河内发表独立宣言，宣告“越南民主共和国”成立。	越南	
脱离英国独立。	约旦	1946
英国首相丘吉尔在美国发表“铁幕演说”。	美国	
脱离美国独立。	菲律宾	
联合国举行第一届大会，国际联盟解散。	全球	
杜鲁门总统发表宣言，东西冷战日趋严重。	美国	1947

单位：年

公元	地区	大事
1947	印度、巴基斯坦	宣布独立。
1948	联合国	发表《世界人权宣言》。
	亚洲	缅甸、斯里兰卡先后独立。
	德国	爆发“柏林危机”。

港已笼罩在浓烟烈火之中。坐镇在万里之外的广岛“长门号”旗舰上的海军大将山本五十六也收到了消息。

随后日机进行第二波攻击，前后历时 1 小时 50 分钟的袭击，停泊在珍珠港的美军军舰被炸沉或炸毁；停放在飞机场上的飞机也几乎全被炸毁。

日本偷袭珍珠港，宣告太平洋战争的全面爆发。第二天，美国总统向日本宣战。美国各电台向全国广播：“珍珠港遭到卑鄙的偷袭！”罗斯福总统说：“必须记住这个奇耻大辱的日子！”澳大利亚、荷兰等 20 多个国家也对日宣战，中国政府则在抗战 4 年后，于 12 月 9 日正式对日宣战，随后，德、意对美宣战。第二次世界大战全面开战。

▲日军突袭夏威夷群岛主岛上的美军基地，将美国也卷进了第二次世界大战。

斯大林格勒保卫战

1941 年 8 月起，德军展开对苏联列宁格勒长达 17 个月的围攻，在开始围攻列宁格勒后不到一年，接着又对斯大林格勒（今伏尔加格勒）发动大规模的攻击。

为了夺取高加索地区丰富的石油资源以供军需，斯大林格勒成为德军的必攻之地。斯大林格勒位于伏尔加河下游西岸，原名为察里津，是苏联内河航运干线伏尔加河的重要河港，同时也是苏联南方铁路交通的枢纽及重要工业城市。

1942 年 7 月，德军集中了 40 个师的精锐部队，并出动了上千架的飞机，对斯大林格勒进行狂轰猛炸。

9 月 13 日，德军出动 17 万人及 500 辆坦克，向保卫斯大林格勒的苏联第 62 集团军发起猛攻。很快地，德军在几个地段突破苏军防线，进入市区。苏军和平民前仆后继地在废墟中与敌军近距离搏斗，展开了极为残酷且惨烈的巷战。

9 月 14 日，争夺市中心的激战进入白热化阶段。德军从早到晚不断发动攻击，据守斯大林格勒的苏军第 62 集团军誓死与阵地共存亡，浴血奋战，双方死伤都极为惨重。为了控制火车站，双方争夺激烈，一周之内，火车站易手了 13 次之多。

巴甫洛夫大楼的攻防战更为惨烈，这场战斗共持续了 58 个昼夜。德军动用火炮和迫击炮，并出动飞机进行轰炸。楼房虽然被炸得面目全非，却始终未被摧毁。苏军坚守阵地，一次次击退德军的进攻。

在斯大林格勒保卫战中，共有 7.5 万名女兵参战，其中有高射炮手、无线电兵，也有医护兵和护士。牵引机工厂里的工人们，一边抵抗敌人，一边在弹片横飞的工厂里继续生产战车和牵引车。

希特勒原想速战速决，但斯大林格勒守军和市民的顽强抵抗，让德军陷入困境。从 9 月 13 日到 26 日，德军每天伤亡 3000 多人，

单位：年

大事	地区	公元
以色列建国，随即爆发第一次中东战争。	中东	1948
实施种族隔离政策。	南非	
甘地遇刺身亡。	印度	
成功试爆原子弹。	苏联	1949
成立“北大西洋公约组织”。	欧洲	
“德意志联邦共和国”和“德意志民主共和国”相继成立。	德国	
越南、老挝、柬埔寨先后独立。	亚洲	

单位：年

公元	地区	大事
1949	德国	柏林危机解除。
	中国	中华人民共和国正式成立。
	印度	宣布独立。
1950	英国	承认中华人民共和国。
	朝鲜半岛	朝鲜战争爆发。

仍无法占领全城。到了冬季，毫无过冬准备的德国士兵陷入饥寒交迫之中，很多士兵被冻死，德军战力逐渐衰竭，局势开始有了变化。

11 月 19 日，斯大林下达全面反攻的命令。11 月 23 日，苏军将 33 万德军团团包围。德军弹尽粮绝，德军指挥官向希特勒提出突围的请求，但希特勒不允许，反而要求第 6 军团必须死守阵地，战至最后一兵一卒。

1943 年 2 月 2 日，持续 6 个多月的斯大林格勒之役终于结束。9.1 万德军投降，其中包括 24 个高级将领，他们在 –24℃的严寒中，一步步走向西伯利亚战俘营，只有极少部分的人活着回到德国。

斯大林格勒之役后，德军再也无力进行大规模的进攻，转攻为守。这场战役是苏德战争的转折点，也是第二次世界大战的重大转折之一。

▲斯大林格勒之役中，苏联士兵在铁路上安装炸药。

中途岛海战

日本偷袭珍珠港后，美军日夜监听日本的密码电报。在日本军部发给太平洋舰队的电报中，最引人注目的是“AF”这两个字母。此代号显然代表某个重大军事行动。

1942 年 6 月 4 日，日本舰队再度开始进攻，这次的目标是美国在太平洋重要的航空基地中途岛。“赤城”“加贺”“飞龙”和“苍龙”四艘巨型航空母舰上灯火通明。108 架飞机陆续飞离甲板，向中途岛飞去。

之所以会有这次的军事行动，是因为日本偷袭珍珠港时，美军的航空母舰全不在港内，一艘都没有损失。日本决定再度集中兵力，彻底歼灭美军的航空母舰。但日本海军做梦也没想到，美军情报单位不仅破解了日军的密码，还弄清楚了密码电报中的“AF”代号，指的就是中途岛。美国于是将计就计，设下埋伏，让日本海军自投罗网。

日本航空母舰舰队司令南云忠一中将下达作战命令时，中途岛上的美军早已严阵以待。日机飞到距离中途岛 50 公里处，由 26 架美国战斗机所组成的拦截机队出现在日本机群前，护航的零式战斗机随即上前缠住对手。美国军机无论数量或性能都居于劣势，很快就被歼灭。其他日本轰炸机则继续飞往中途岛，穿过美军浓密的高射炮火网，投下炸弹轰炸机场。

负责指挥轰炸的日本指挥官友永上尉，返航途中向南云报告轰炸情况，并请求对中途岛进行第二次轰炸。这时，升到甲板上的第二批飞机已经装好鱼雷，准备前去轰炸美国军舰。接到报告后，南云中将下令卸下鱼雷，换上炸弹。甲板上顿时一片忙乱。

然而，就在刚换好炸弹时，日军侦察机传回报告：“东北 320 公里处发现 10 艘美国军舰。”南云大吃一惊，这么大的舰队至少拥

单位：年

大事	地区	公元
48 国签订《旧金山和约》，正式结束太平洋战争。	全球	1951
法、联邦德国、意、荷、比利时、卢森堡签订《欧洲煤钢共同体条约》。	欧洲	
签订《朝鲜停战协议》，朝鲜战争结束。	朝鲜半岛	1953
斯大林过世，由赫鲁晓夫出任领导人。	苏联	

单位：年

公元	地区	大事
1954	东南亚	“东南亚公约组织”成立。
	越南	签订《日内瓦协议》，确立以北纬17度作为南北越分界线。
1954—1962	北非	阿尔及利亚民族解放运动。

有一艘航空母舰，连忙下令卸下炸弹，装上鱼雷，改去袭击美军舰队。

就在这时候，第一批轰炸中途岛的飞机归来，南云只得命令腾出飞行甲板，好让返航的飞机降落，并加油装弹。不久，天空出现美国鱼雷轰炸机群，这些飞机速度慢，又没有战斗机护航，一下子就被日本零式战斗机击落。美国鱼雷轰炸机连续三波的攻击，损失了35架，只有6架生还，而且完全没有击中敌舰。

就在南云松了一口气之际，美军“无畏式”轰炸机朝南云所在的旗舰“赤城号”及“加贺号”垂直俯冲。日舰甚至来不及开火，滞留在低空的零式战斗机，一时间也来不及升高迎战。“赤城号”被直接命中两颗炸弹，第二颗炸弹贯穿机库，并将舰中储存的鱼雷引爆，顿时烈焰冲天，南云不得不宣布弃船。“加贺号”也被四颗炸弹命中，随即爆炸沉没。而另一艘航空母舰“苍龙号”也被三颗炸弹直接命中。仅存的航空母舰“飞龙号”，也逃不过相同的命运。

即使南云惨败，日本舰队总司令山本五十六仍试图再次奋力一搏，立即率领主力舰队向东挺进，企图打一场旧式的海战来挽回败局，但美军没有掉入陷阱。午夜过后，山本心知无法赶上敌舰，而且己方缺乏空中掩护，一到天亮势必凶多吉少，于是下令舰队全面撤退，取消中途岛行动。

美国海军专家事后评价：“中途岛海战是日本海军350年以来第一次决定性的败仗，它结束了日本长期的攻势，恢复太平洋海军力量的均势。”

▲中途岛海战中，一艘日本航空母舰遭美国轰炸机攻击，濒临毁灭。

广岛“蘑菇云”

1945 年 8 月 6 日，日本陆军之城广岛的防空警报突然响起，但人们并没有显得特别惊慌，毕竟战争已经打了这么多年，尤其最近一段时间，美国飞机频频飞临日本上空，几乎每天都投下成千上万的炸弹，警报响过，几架美国飞机在广岛上空盘旋几圈后便直接离开，并未投掷炸弹。

不久，空袭警报再次响起。很多市民依旧做着自己的事，并没有跑到防空洞躲避。天空中飞来了三架美国 B-29 轰炸机，这种飞机最近几天都来到广岛上空盘旋，没有投弹轰炸，好像在进行飞行训练。

其中一架美机上的瞄准镜对准了广岛一座大桥，接着打开投弹舱门，一颗炸弹落入空中。随后，飞机迅速 155° 转弯，同时往下俯冲，飞行高度下降了 300 多米，尽可能地远离爆炸点。

炸弹在距离地面 600 米的空中爆炸。白色闪光转瞬即逝，震耳欲聋的大爆炸随即在广岛市中心上空响起。顷刻间，爆炸产生的烟尘好像是一颗从地面生长而出的巨大蘑菇，云团向上翻滚，越来越高，越来越大。地面上出现了难以计数的火柱，广岛市顿时成为一片火海。

爆炸前，广岛的人口为 30 多万人，当日死去的有 8 万多人，受伤和失踪的有 5 万多人。全市 7 万多幢建筑物，4 万多幢被完全摧毁，剩余的 2 万多幢遭到严重破坏。

第二天，美国总统杜鲁门在广播中说道：“7 月 26 日，我们在波茨坦向日本当局发出了最后通牒，旨在使日本人民免遭彻底的毁灭，但是，他们的领袖以最快的速度回绝我们。如果他们现在还不接受我们的条件，他们的毁灭将自空中而降……”

在美国广播后，日本陆海军统帅部接到设在广岛的日本第二军总司令部的报告：“敌人使用了具有空前破坏力的炸弹。”有些人

单位：年

大事	地区	公元
“华沙公约组织”成立。	东欧	1955
民权运动领袖马丁·路德·金发起抵制种族隔离运动。	美国	
爆发第二次中东战争，又名“苏伊士运河战争”。	北非	1956
苏丹、突尼斯与摩洛哥独立。	北非	

单位：年

公元	地区	大事
1957	欧洲	成立“欧洲经济组织”。
	苏联	成功试射第一枚洲际弹道导弹；成功发射第一枚人造卫星。
	马来西亚	脱离英国独立。

猜测可能是原子弹，但也有些人心存怀疑。日军参谋本部决定组成由相关原子能专家参与的调查委员会，立即赶赴广岛。调查的结果很快就出来了，这种新型的炸弹的确是原子弹，便立刻将此结果上报给天皇。

这使得日本军阀们极为恐慌，为避免人心动摇，引起全国的混乱，他们决定封锁广岛遭原子弹袭击的消息。日本政府并没有因广岛的悲剧而放弃负隅顽抗，仍在为是否立即同意接受《波茨坦宣言》的最后通牒、无条件投降而争论不休。8 月 9 日，也就是广岛遭原子弹袭击的第四天，苏联对日宣战。这天美国在长崎投下了第二颗原子弹。长崎市 27 万人口中，当日死伤就已达到 6 万多人，成为广岛后的又一个悲剧。日本军国主义者已走到了悬崖边。

▲原子弹爆炸，在广岛上空开出一朵巨大的蘑菇云。

联合国成立

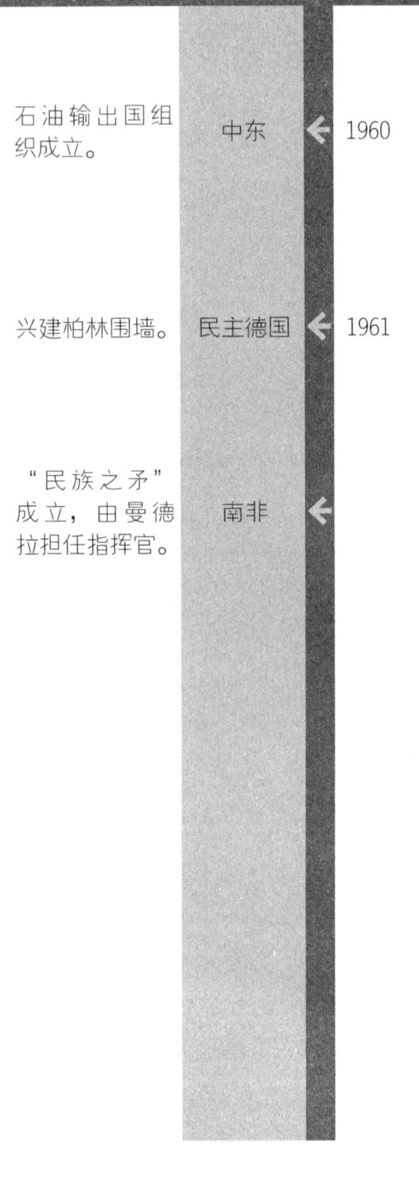

1937 年 7 月 7 日，日本帝国主义在中国发动卢沟桥事变开始，全世界就笼罩在战争的阴影下。随后，1939 年 9 月，纳粹德国袭击波兰，第二次世界大战全面爆发。战火蔓延及全世界 60 多个国家和地区，几十亿人蒙受战争所带来的巨大苦难。人们渴望打败德、意、日等侵略国家，期盼和平早日到来。

随着战局发展，“二战”即将结束，如何防止下一场战争的发生，成为人们普遍关注的问题。因此，建立一个能够维护世界和平的共同机构，成为人们迫切的需要。

1944 年，美、中、英、法、苏 5 国代表，在美国华盛顿举行了几次会议，起草联合国章程。关于联合国的成立，各国都有共识，但各自又有不同的目标，存在着利益冲突。特别是美、苏两大国，意识到战后对方将成为自己主要的竞争对手，都极力在联合国的机构设置和权力分配上，争取对自己有利的规定，在关键问题上互不相让。

苏联提出，联合国安全理事会中，苏、英、美、中、法五个常任理事国应拥有“否决权”，也就是说，安理会这 5 个国家中，只要有一个国家反对，就不能通过提案。而英美代表则坚决反对，主张少数服从多数。

各方争执不下，直到 1945 年 2 月，在苏联召开的雅尔塔会议上，罗斯福和丘吉尔考虑到必须争取苏联支持，才能全力击败德国，且为了早日结束对日战争，也有赖苏联对日宣战，于是同意苏联的这项提议。此次会议同时决定在当年 4 月于美国旧金山召开会议，正式讨论关于成立联合国的问题。

1945 年 4 月 25 日，筹组联合国的大会在旧金山揭幕。

美国、中国、苏联、英国 4 个发起国的代表依序发言，表示为

单位：年

公元	地区	大事
1962	古巴	古巴导弹危机。
1963	美国	肯尼迪总统遇刺身亡。
	非洲	非洲团结组织成立。

了维护世界和平将会竭尽全力。

会议前后开了整整两个月，这时，会员国已增加到50个。6月26日，大会一致通过《联合国宪章》，各国代表在宪章上签字。

1945年10月24日，联合国宣告成立，总部设在美国纽约。

▲雅尔塔会议，“三巨头”丘吉尔、罗斯福和斯大林并排坐在一起。此会议确立了“二战”之后的世界格局，并决定在战后成立联合国。

铁幕形成

1946年3月5日，正在美国访问的英国前首相丘吉尔，在美国总统杜鲁门陪同下，到达密苏里州的富尔敦威斯敏斯特学院。丘吉尔向在场的3000人发表了一篇名为《和平砥柱》的演说。这就是著名的“铁幕”演说。

在演说中，丘吉尔对苏联加以抨击：“从波罗的海边的斯塞新到亚得里亚海边的里雅斯特，已经拉下横贯欧洲大陆的铁幕。这张铁幕后面坐落着所有中欧、东欧古老国家的首都——华沙、柏林、布拉格、维也纳、布达佩斯、贝尔格莱德、布加勒斯特和索非亚。这些著名的都市和周围的人口，全都位于苏联势力范围之内，不仅受苏联的影响，且为莫斯科所控制。”丘吉尔接着说，“几乎每一处都是共产主义政府占上风。到目前为止，除了捷克斯洛伐克以外，根本没有真正的民主。”

他还指出，在铁幕外，共产党的“第五纵队”遍布各国，对基督教文明构成日益严重的挑衅和威胁。丘吉尔呼吁英、美联合，从而推动西方民主国家团结一致。

这篇演讲和它所使用的“铁幕”一词，立即引起国际社会的关注。苏联反应强烈，斯大林指责丘吉尔“现在采取了战争贩子的立场”。美国朝野也受到强烈震撼，但美国国会出现若干激烈的反对言论，认为丘吉尔是想把美国引向“最恐怖的战争”。

丘吉尔的铁幕演说，是“二战”之后一位在西方政界极有身份地位的人，对苏联最公开、最大胆的指责。此演说也为长达40多年的“冷战”揭开序幕。“铁幕”一词虽不是丘吉尔首创的，但经由他引用，从此成为“二战”后国际关系中有关东西方对抗的专有名词。

丘吉尔发表措辞如此激烈的演说，乃是针对当时国际形势与英

单位：年

大事	地区	公元
美国开始轰炸越南北部，扩大越战。	越南	1965
脱离马来西亚独立。	新加坡	
马丁·路德·金遭暗杀，引发暴动。	美国	1968
联合国通过《禁止核武器扩散条约》。	全球	
“阿波罗十一号”计划成功，人类首次登陆月球。	美国	1969

单位：年

公元	地区	大事
1972	中国	美国总统尼克松访问中国，发表《中美联合公报》，承认“一个中国”。
1973	法国	美国和越南南方、北方代表在巴黎签署《越南和平协议》。
1975	越南	越南统一。

国的利益，以及丘吉尔的反共情结使然。“二战”结束前后，新的世界格局已见分晓，大英帝国风光不再，美国取代英国，成为世界第一强国，力图在全世界发号施令，苏联不仅成为欧洲最强大的国家，且全球也只有它的实力和美国相当，足以与之对抗。

尽管美、英、苏三国在“二战”中曾经是一致抗敌的盟友，但随着战争结束，由于利益冲突，摩擦不断增加。在东欧、中东、希腊及土耳其等地，美国、英国和苏联更是争斗得异常激烈。美国在战后世界新格局中的一举一动，总是受到另一强国苏联的牵制，以苏联为首的社会主义阵营逐渐形成。当时美国政府正在寻求如何对付苏联，英国最大的愿望则是争取美国舆论，寻求美国的支持，重建欧洲均势。

在舆论界一番争论之后，美国当权者尽管认为跟苏联公开决裂的时机尚未成熟，但苏联扩张和威胁的论调，开始在美国舆论界占上风。

1947年3月，杜鲁门在国会发表国情咨文，宣称美国有领导“自由世界”的使命，以“防止共产主义的渗透”，同时大肆渲染希腊、土耳其受到“共产主义的严重威胁”，要求国会拨款4亿美元，给予援助。杜鲁门在这篇国情咨文中提出，以美国为首的西方国家，要对苏联等社会主义国家，采取直接武装进攻以外的一切手段和敌对行动，以遏制共产主义。这些干涉他国内政、控制其他国家的纲领和政策，后来被称为“杜鲁门主义”。它的出现显示美苏同盟正式破裂，“冷战”自此开始。

▲英国首相丘吉尔是英国著名的政治家、作家、演说家和历史学家。1953年，他荣获诺贝尔文学奖。

中东战争

过去欧洲人以欧洲为中心，按距离远近，将东方各地分别称为“近东”“中东”和“远东”。现在所说的“中东”包括埃及、巴勒斯坦、叙利亚、伊拉克、约旦、黎巴嫩、也门、沙特阿拉伯、科威特、阿曼、土耳其及伊朗等国。中东地区大多是阿拉伯国家。但信奉犹太教的以色列也包括在“中东”范围之内。中东是欧、亚、非三洲的交通枢纽，战略位置非常重要，同时拥有极为丰富的石油资源，石油蕴藏量约占世界的百分之六十以上。

中东战争爆发的主因是阿拉伯国家和以色列之间的领土问题。

1947 年，联合国安理会通过《巴勒斯坦分治决议》，将总面积两万多平方公里的巴勒斯坦一分为二，一部分划分给犹太人，另一部分则划分给阿拉伯人，并将耶路撒冷暂定为“国际城市”，归属未定。

1948 年 5 月 14 日，以色列建国的隔天，爆发了第一次中东战争。阿拉伯联军率先围攻以色列，这场战争持续至 1949 年 3 月。以色列反守为攻，拿下超过联合国在《巴勒斯坦分治决议》规定的 5700 多平方公里的阿拉伯土地，有近 100 万的巴勒斯坦人被逐出家园，沦为难民。

第二次中东战争，又称为“苏伊士运河战争”。苏伊士运河是埃及境内著名的国际通航运河，具有重要的战略和经济价值。自 1869 年开通后，由英国长期控制。埃及在 1956 年将苏伊士运河收归国有后，英、法为重新取得运河的控制权，决定跟以色列联手发动战争。英、法借口“保证运河的通航安全和自由”，要求以、埃双方停火，并允许英、法军队进驻运河区，但埃及政府强力拒绝。英、法随即对埃及发动海、空军攻击，入侵埃及，企图占领运河区，但遭到埃及军队抵抗。英、法此举受到国际社会的谴责，被迫接受联

单位：年

大事	地区	公元
改革开放。	中国	1978
第一个试管婴儿诞生。	美国	1978
建交。	美国、中国	1979
被苏联占领。	阿富汗	
两伊战争爆发。	伊朗	1980

单位：年

公元	地区	大事
1981	美国	成功发射人类史上第一架航天飞机。
1982	阿根廷	阿根廷与英国爆发马尔维纳斯群岛战争。
1983	美国、苏联	在日内瓦恢复武器管制会议。
1984	文莱	宣布独立。
1985	苏联	戈尔巴乔夫成为最高领导人。

合国的停火决议，撤出埃及。来年以军也撤出了埃及。

第三次中东战争，亦即“六日战争”。1967 年，埃及宣布自次日起封锁西奈半岛的堤朗海峡。并和约旦签署共同防御条约。就在约旦与埃及调兵遣将之际，以色列决定先发制人，仅用 3 天就拿下西奈半岛，同时对耶路撒冷和约旦河西岸发动攻击，一路势如破竹。至战争结束时，以色列已占领了西奈半岛、加沙地带、约旦河西岸、耶路撒冷旧城区及戈兰高地，共 6 万多平方公里的土地，50 万阿拉伯人沦为难民。

第四次中东战争又名为“赎罪日战争”。1973 年，埃及与叙利亚分别出兵6年前被以色列占领的西奈半岛和戈兰高地,在西奈半岛，以军在两军之间攻击，越过了苏伊士运河（原先的停火线）。直到联合国停火决议生效，第四次中东战争才落幕。

第五次中东战争又称“黎巴嫩战争”。1982 年，以色列以其驻英大使遇刺为借口，对黎巴嫩境内的巴勒斯坦解放组织和叙利亚军队发动大规模进攻，短短几天就占领了黎巴嫩南部。以色列的主要目的是消灭巴勒斯坦解放组织，企图在黎巴嫩建立一个亲以政权，并赶走叙利亚在黎巴嫩的驻军。直到 1985 年 1 月，以色列内阁通过从黎巴嫩单方面撤军的计划，同意撤出在黎巴嫩的所有以色列部队，但仍在黎巴嫩的南方边境保留所谓的“安全地带”。

多年来，阿拉伯国家要求以色列遵照联合国决议，停止在被占土地上兴建屯垦区，并撤出 1967 年以军占领的领土，“以土地换和平”。但以色列却认为，西奈半岛归还埃及后，它已履行联合国的决议，所以只愿意“以和平换和平”。

阿尔及利亚民族解放运动

阿尔及利亚是北非国家，位于地中海西部，紧邻海上交通要道。由于阿尔及利亚的战略地位重要，资源丰富，接近法国本土，因此法国垂涎已久。1830年，法王查理十世派遣3万军队远征阿尔及利亚。1834年，法国宣布阿尔及利亚为法国属地，实行军事统治。

征服阿尔及利亚后，法国殖民当局在当地推行种族歧视和民族压迫政策，掠夺阿尔及利亚的财富，引起当地人民强烈反抗。“二战”期间，法国曾许诺战后让阿尔及利亚独立，阿尔及利亚人因此积极参战，对抗德、意两国，但当战争结束后，法国却没有兑现承诺。阿尔及利亚人于是在1954年建立了“团结与行动委员会”（之后改名为“民族解放阵线”），将分散的游击武力联合起来，成立新的游击队（后来改名为“民族解放军”），准备发动武装起义。

1954年11月1日，阿尔及利亚民族解放军在全国30多个地方同时发动起义，袭击殖民当局警察局与宪兵队的驻地、哨所和其他军事目标。法国殖民当局召集了近5万人的军队进行镇压。至1955年年底，法军兵力骤增至20万人，对民族解放军实施围剿、突击和大规模进攻。面对法军的战略和优势兵力，民族解放军采取灵活机动的游击战术，有效地打击法军。至1956年年初，民族解放军已发展到1万多人，加上民兵共有11万多人。

1956年8月，阿尔及利亚民族解放阵线在卡比利亚的苏马姆溪谷召开第一次代表大会，选出最高政治暨军事领导机构——阿尔及利亚全国革命委员会，并通过了《民族解放阵线纲领》，制定战斗目标和停战条件，打败法国殖民军队，破坏法国在阿尔及利亚的殖民经济，迫使殖民当局完全承认阿尔及利亚的独立和主权，承认民族解放阵线是阿尔及利亚人民的唯一代表。在这次会议之后，独立运动有了统一的指挥。

单位：年

大事	地区	公元
在日内瓦举行高峰会议。	美国、苏联	1985
切尔诺贝利核电厂发生核灾；戈尔巴乔夫改革开放。	苏联	1986
两伊战争结束；“巴勒斯坦解放组织”宣布建国。	中东	1988
东欧剧变。	东欧	1989
拆除柏林围墙。	德国	

单位：年

公元	地区	大事
1990	德国	两德统一。
	中东	伊拉克入侵科威特。
1991	中东	海湾战争爆发。
	苏联	苏联解体，戈尔巴乔夫下台。
	波罗的海	立陶宛、拉脱维亚、爱沙尼亚独立。

武装革命动摇了法国的殖民统治，从1955到1959年，法军死伤数万人，耗费军费80多亿美元。1960年6月，法国不得不和阿尔及利亚民族解放阵线进行谈判。1962年3月18日，法国被迫签订法、阿《埃维昂协定》，承认阿尔及利亚人民的自决权，以及阿尔及利亚的独立和主权。持续了7年半的阿尔及利亚民族解放运动终于结束。

1962年7月3日，阿尔及利亚正式宣告独立。阿尔及利亚民族解放运动结束了法国在当地长达130多年的殖民统治，也成为非洲第一个借由武装革命取得独立的国家。

▲连年战争造成阿尔及利亚人民流离失所。

单位：年

大事	地区	公元
《马斯垂克条约》生效，欧盟成立。	欧洲	1993
以色列与巴勒斯坦解放组织签署和平协议。	中东	
阪神大地震。	日本	1995
世界贸易组织（WTO）成立。	全球	
克隆羊多莉诞生。	苏格兰	1996

马丁·路德·金

1968年4月4日，美国著名黑人领袖马丁·路德·金被枪杀身亡。这次暗杀在美国引起极大的震动，为了抗议恐怖的暗杀行为，也为了悼念这位黑人领袖，美国爆发了规模空前的示威。

金，黑人民权运动的灵魂人物，1929年出生于佐治亚州亚特兰大市，其父亲是位教会牧师，家境优渥，因此得以接受良好的教育。金于1955年取得波士顿大学博士学位，后积极投身民权运动。

当初非洲黑人被贩进美国，主要是在南方农场里当农奴，以弥补当地劳动力的短缺。理论上，林肯总统在1863年的《黑奴解放令》中，已经让他们获得自由。在南北战争结束后，联邦军队占领南方期间，黑人的确曾获得《黑人解放令》所赋予的平等权利。然而，当联邦军队撤出南方后，黑人顿失联邦法律的保护，再度陷入了类似内战前被奴役的处境。

1896年，美国联邦最高法院做出判决，承认对黑人实行“隔离但平等”措施的合法性。此判决名义上尊重黑人的平等权利，但却同时认为黑人和白人在日常生活中的隔离措施是合法的。这对南方黑人人权无疑是重大侵犯。在最高法院判决中，有关“隔离”的部分被执行得十分彻底，但有关“平等”的部分却不然，导致南方出现更多种族隔离法令，甚至在工厂、医院及军队里都采取种族隔离制度。

在历经58个年头后，这项法律才被推翻，开始了一连串的民权运动。1954年，联邦最高法院在控告教育委员会的案件中，认为实行种族隔离的学校并未尊重黑人学生公平的受教权，判定公立学校应该要种族混合。

亚拉巴马州蒙哥马利市是南北战争期间南部邦联的首府，也是实施种族隔离制度的代表性城市之一。金于1954年到该市任牧师。

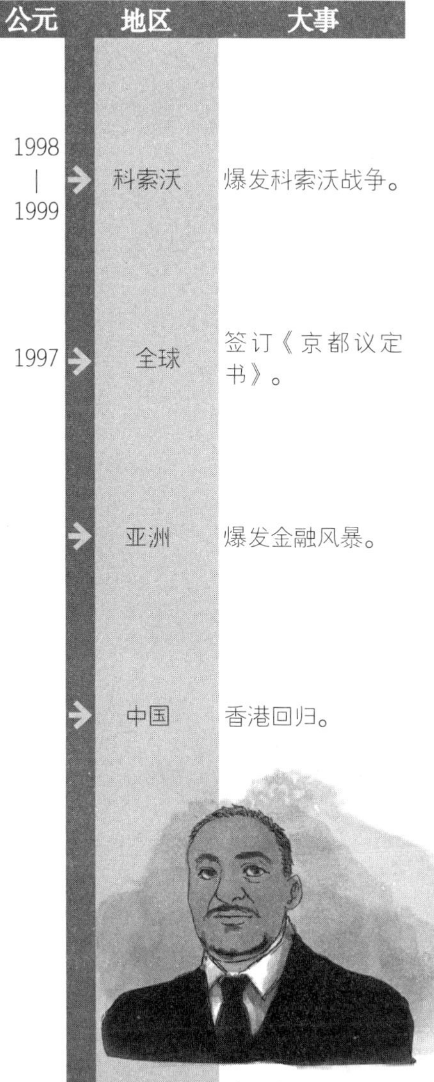

▲马丁·路德·金从20世纪50年代中期开始领导美国黑人民权运动，直到1968年遇刺身亡。

1955年，带领该市黑人公民全面罢乘，反对公交车上的黑白人种隔离措施。经过一年的抗争，终于迫使蒙哥马利市当局取消公交车上的种族隔离措施。这次的罢乘公交车运动虽然成效有限，也并未废除种族隔离制度，但已鼓舞全美各地的黑人，启发他们的思想，于是开始了一波波争取民权的运动。

民权运动的高峰出现在1963年8月。当时，华盛顿的林肯纪念馆前广场上涌入多达25万的群众，金在此发表其著名的演说《我有一个梦》："朋友们，今天我要对你们说，尽管眼前困难重重，但我依然怀有一个梦，这是个深深根植于美国梦想中的梦想。我梦想有一天，这个国家会站起来，实现其立国信条的真谛，我们认为这些真理不言而喻，人生而平等。我梦想有一天，在佐治亚州的红色山冈上，昔日奴隶的儿子能够与昔日贵族的儿子平起平坐，亲如手足。我梦想有一天，甚至连密西西比州——一个非正义和充满压迫的荒漠之州，也会改造成自由、公正的青青绿洲。我梦想有一天，我的4个小儿女将生活在一个不是以皮肤的颜色，而是以品行的优劣作为评判标准的国家里。我今天怀有一个梦。我梦想有一天，亚拉巴马州会有所改变——尽管该州州长现在仍滔滔不绝地说什么要对联邦法令提出异议和拒绝执行——在那里，黑人儿童能够与白人儿童犹如兄弟姐妹般地携手并行……"

金的演说，道出美国黑人的心声，激起了巨大的反响。这次集会所产生的舆论压力，终于迫使国会在第二年通过了《民权法案》，宣布种族隔离和种族歧视政策为非法。百年前，林肯虽然解放了黑奴，但黑人平等的公民权在南方却未落实，直到金领导民权运动，才使得平等成为现实。金也因此获得了1964年的诺贝尔和平奖。

娱乐帝国

说起娱乐，就不能不提到好莱坞和迪士尼乐园。

好莱坞位于美国加州，原本只是洛杉矶的一个卫星城市，电影工业使得它享誉全球，长久以来作为美国电影工业的代名词，广为世人熟知。在这个占地不大的地区，矗立着一个俯视天下的电影帝国，在当地生产的影片，为人们带来了无限快乐、安慰、幸福和感动。

沃尔特·迪士尼是美国著名的动画片制作人，他创造出风靡全球的米老鼠和唐老鸭系列动画。除了动画片之外，迪士尼一生中最大的愿望就是建造一座神奇的公园，一个可以让孩子和父母都感兴趣的场所，这就是“迪士尼乐园”。乐园共分为五个部分：“美国一条街”是根据迪士尼的回忆兴建的，是他孩提时代见过的一条街道；“明日世界”展现了未来世界的景象；“冒险世界”能满足那些乐于探险的人们的愿望；“神奇世界”将人们带到迪士尼动画片中的梦幻境界；“拓荒世界”则再现了昔日的美国西部。这个奇异的王国，为无数的儿童和大人带来欢乐。

▲好莱坞比弗利山上设有巨型好莱坞标志

▲美国好莱坞环球影城是个集电影制片厂及主题乐园的园区。它是历史悠久、著名且仍在使用的好莱坞电影制片厂之一。

▲沃尔特·迪士尼是世界最著名的电影制片人、导演、剧作家、配音演员和动画师之一。

▲迪士尼乐园是座位于美国的主题乐园。为第一个由华特迪士尼公司所创立与运营的一系列主题乐园与度假区。

南非民权斗士曼德拉

1918年，曼德拉出生于南非东部开普省的一个小部落，父亲是部落的酋长。童年时代的曼德拉，生活无忧无虑，他常听族长叙述伟大的战士奋勇对抗白人入侵的故事，因而受到启发，立志效法先人，为争取黑人的自由而奋斗。曼德拉长大成人后，先后进入南非大学和威特沃特斯兰德大学，毕业之后当上了律师。

当时的南非实施种族隔离制度，南非黑人为了反抗白人的统治，争取黑人应有的权利，各种抗议活动此起彼伏，种族冲突的事件不断发生。曼德拉在做辩护律师时，经常遇到因反抗种族隔离制度而导致冲突的事件，了解种族隔离制度给黑人带来的痛苦。1952年，曼德拉在一次抗议活动中被捕，他亲身体会到黑人遭受的不人道待遇，于是决定投身争取黑人人权的运动。

1961年，曼德拉和非洲民族议会部分干部筹组一支武装部队——“民族之矛”，计划对白人政府发动攻击，破坏发电厂、铁路及电信设施，让在南非投资的外国人退避三舍，造成经济衰退，从而迫使政府重新考虑黑人的权利。1962年，曼德拉再次被捕，以煽动罢工及擅自出国罪，判处10年徒刑。在曼德拉入狱后，“民族之矛”发动了近200次的破坏行动。1963年7月，警方突袭非洲民族议会的大本营，找到了曼德拉领导“民族之矛”的证据。1964年6月，南非政府以阴谋颠覆罪，改判曼德拉无期徒刑。

曼德拉一贯坚持和平谈判的原则，主张非暴力政策，仅将暴力运动视为辅助手段。他描绘自己为之奋斗的理想社会，是一个和睦相处，人人皆有平等权利的社会。“我希望为这个理想而生活，并去实现它。但如果需要，我也准备为这个理想献出生命。”曼德拉不仅这么说，也这么做了。

1990年2月，在国内外的舆论压力下，南非当局宣布无条件释

单位：年

大事	地区	公元
澳门回归。	中国	1999
正式发行欧元，为欧盟共同货币。	欧洲	
“9·11”事件，美国出兵阿富汗。	美国	2001

放曼德拉。当时，曼德拉已在狱中度过 27 个年头。

1991 年 8 月，曼德拉出任非洲民族议会主席，领导非洲民族议会，与戴克拉克所领导的国家党，展开长达 4 年的全国政治协商会议谈判，期盼建立民主的南非。1991 年，终于正式废除种族隔离政策。1993 年秋天，因为领导制宪谈判和规划不分种族的大选，曼德拉和戴克拉克一同获得诺贝尔和平奖。

1994 年，南非举行了有史以来首次不分种族的民主选举，非洲民族议会赢得多数选票，经国会推选，曼德拉成为南非史上首位黑人总统。任期在 1999 年结束，曼德拉信守只做一任的承诺，拒绝连任。2013 年 12 月，曼德拉以 95 岁高龄辞世。

时至今日，南非黑人的经济地位或许还有待进一步提升，但至少种族隔离政策在曼德拉等人的努力下，终于废除，黑人的政治权利也获得保障。

▲曼德拉在非洲世界中享有极高的声望。

单位：年

公元	地区	大事
2002	东帝汶	脱离印度尼西亚独立。
	中国	正式加入世界贸易组织。
2003	伊拉克	伊拉克爆发战争。
	全球	爆发 SARS 疫情。

WTO与全球经济一体化

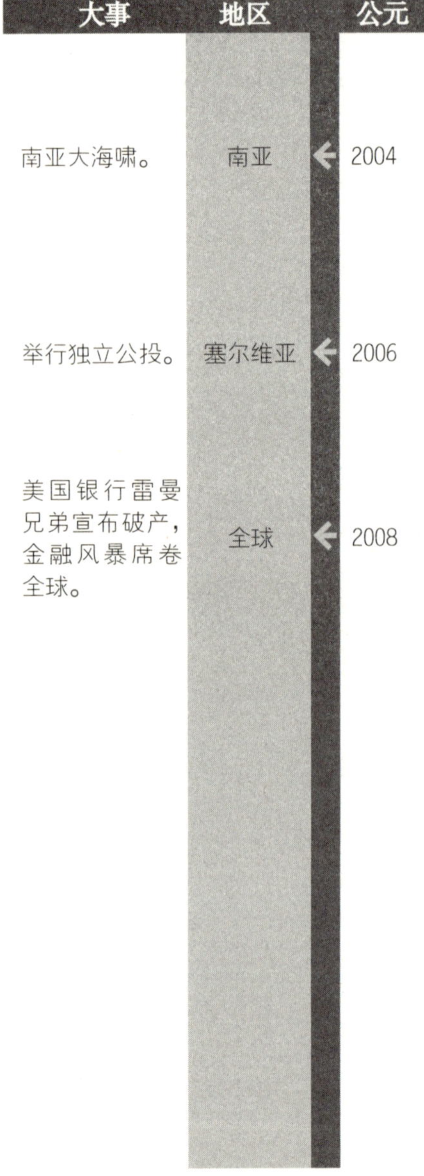

1929年世界经济陷入危机时，各国间爆发关税大战。为了保护本国利益，各国纷纷提高关税。高关税阻碍了商品的国际流通，造成国际贸易额大幅萎缩。为了扭转困境，扩大国际市场，1934年，美国、苏联与欧洲等21个国家和地区签订了一系列的贸易协定，将关税降低13%至50%，并在最惠国待遇的基础上，将这些协议扩展到其他国家。这些措施在相当程度上有助于缓解当时的经济危机。

“二战”结束后，许多国家面临经济衰退，为了保护各自的经济，贸易保护政策再度盛行。为了从整体上解决战后国际经济关系中的主要问题，美国试图重建国际经济秩序。而大多数国家也希望尽快扫除战时产生的贸易障碍，早一点实施关税谈判，修正自20世纪30年代初遗留下来的贸易保护措施。因此，美国联合英国、法国、比利时、荷兰、卢森堡、澳大利亚及加拿大七国，于1947年签订《关税与贸易总协定临时适用议定书》，从而使《关税与贸易总协定》（缩写为GATT）提前在上述八国实施。1948年，又有15个国家和地区签署实施，最终有23个国家和地区接受《国际贸易宪章》中有关关税与贸易政策的规定，签订了临时性的议定书。

《关税与贸易总协定》是世界贸易组织成立之前，唯一协调和处理国家及地区间关税与贸易政策的多边协议。《关税与贸易总协定》的宗旨在于借由彼此削减关税及其他贸易壁垒，消除国际贸易上的歧视待遇，以便充分利用资源，扩大商品的生产和交换，达成充分就业以及增加实际收入和有效需求。

随着世界经济的发展，出现了许多新问题，例如服务贸易、与贸易相关的投资措施、与贸易相关的知识产权。这些重要的非货物贸易议题，很难在《关税与贸易总协定》的旧框架下谈判，有必要创立一个正式的国际贸易组织，进行分别谈判。因此，1995年1月

单位：年

公元	地区	大事
2009	墨西哥	爆发 H1N1 新型流感。
	希腊	希腊债务爆发危机。
2010	欧洲	爱尔兰、葡萄牙等欧洲国家相继爆发债务危机。

1 日，世界贸易组织（缩写为 WTO）正式成立。至 2015 年 4 月，世界贸易组织共有 160 个成员。

世界贸易组织的宗旨和《关税与贸易总协定》的宗旨相同，为各会员提供一个稳定的国际贸易环境，期盼能促进各国对外投资、创造就业机会及增进世界经济的成长与发展。在此基础上，世界贸易组织增加扩大货物和服务的生产、贸易及可持续发展的目标。为了实现这些目标，世界贸易组织得积极努力，保证发展中国家和地区，特别是低度开发国家和地区在国际贸易增长中获得与其经济发展需要相适应的份额，同时借由互惠互利，实质削减关税和其他贸易壁垒，消除国际贸易关系中的歧视待遇。

世界贸易组织的主要功能在于负责多边贸易协议的实施、管理和运作，并促进其目标的实现，同时为多边贸易协议的实施、管理和运作提供框架。世界贸易组织为其成员就多边贸易关系进行的谈判和部长会议提供场所，同时提供使谈判结果生效的框架。当成员间发生贸易争端，可以通过该组织的贸易争端解决机制来协调。

世界贸易组织经由贸易政策审议机制，审议各成员的贸易政策。主要是对各个成员的贸易政策和做法，及对多边贸易体制运行的影响，进行定期评价和评审。其目的是促进所有成员遵守多边贸易协议及多边贸易协议的规则、纪律和承诺，并增加透明度。

世界贸易组织与负责货币和金融事务的国际组织，如国际货币基金组织（简称 IMF）和世界银行及其附属机构进行合作，以增强全球经济决策的一致性，且能和谐地发挥作用。世界贸易组织也负责对发展中国家和地区及低度开发国家和地区提供技术援助和培训，让它们能够履行协议所规定的义务。明显地，世界贸易组织是顺应全球经济一体化的大趋势而建立的。

单位：年

大事	地区	公元
西非爆发大规模埃博拉病毒疫情。	西非	2014

九一一事件

美国东部时间 2001 年 9 月 11 日上午 8 时 46 分左右，正是纽约曼哈顿市区的上班时间，已有不少上班族坐在办公室里，开始一天的工作。街上有不少来去匆匆的行人，一切和往常一样。

这时，一架波音 767 型客机以低得惊人的高度，从纽约上空掠过，几乎让所有人都为之驻足。接着，传来了巨大的爆炸声，这架客机就像高速射出的子弹，直接撞上世贸中心双子星大厦的南楼。大楼霎时冒出浓烟，并被撞去了一角，碎玻璃从 200 多米的高空四散溅落。下面的行人纷纷闪避，街头顿时大乱。虽然高楼附近很危险，但却有越来越多的人向它靠近，想知道究竟发生了什么事。消防车、警车也从四面八方赶了过来，帮忙疏散围观的人群。

18 分钟后，又一架小型飞机以极快的速度撞上世贸双子星大厦的另一幢。飞机从北楼的玻璃窗冲了进去，很快就从大楼的另一侧穿了出来，撞上南楼。爆炸声此起彼伏，坠落物像下雨般，噼里啪啦地从高空往下掉。人们开始逃命，场面失控。

爆炸发生在上班时间，估计当时有将近 5 万人正在这两座大楼里。被撞楼层以下的人纷纷往下撤离，而上面的人则往上逃。按照以往的经验，高楼失火时应逃到顶楼，由直升机来疏散遭围困的人群。但顶楼通往直升机坪的铁门却被锁死了，需要先打开大楼控制中心的系统后，才能用钥匙将铁门打开，控制中心已经和高楼层失去了联系，所有向上逃的人都被困在顶楼。

当地时间上午 10 时 30 分左右，这两座姊妹楼突然发生了大规模坍塌。伤亡情况一时间难以估计。唯一可以确定的是，这两座曾经是世界上最高的地标建筑这时已不复存在。

然而，灾难并不仅仅发生在这两栋大楼。继纽约世贸中心遭恐怖攻击大约 30 分钟后，位于美国首都华盛顿的国防部五角大楼也遭

到客机撞击而引发大火。

灾难发生时，美国总统小布什正在一所小学里演讲，得知消息后，他立即下令撤离白宫内的所有人员，并宣布全国进入备战状态。美国所有的机场关闭，飞机一律停飞。美国两亿多人都处于空前的紧张状态。这是一场大规模的恐怖攻击，恐怖分子不仅劫持民航班机，还用这些飞机来撞击目标。

随后的调查指出，此次恐怖袭击是由基地组织首领——本·拉登一手策划的。小布什总统于是发动了一连串“反恐战争”。在2001年10月出兵，推翻包庇本·拉登的塔利班政权，并铲除基地恐怖组织的势力，接着又在2003年3月发动了伊拉克战争，推翻萨达姆政权，但这场战争却一直持续到2011年年底英美联军撤出为止。至于本·拉登本人则是在2011年5月，于巴基斯坦境内遭美军海豹突击队击毙。

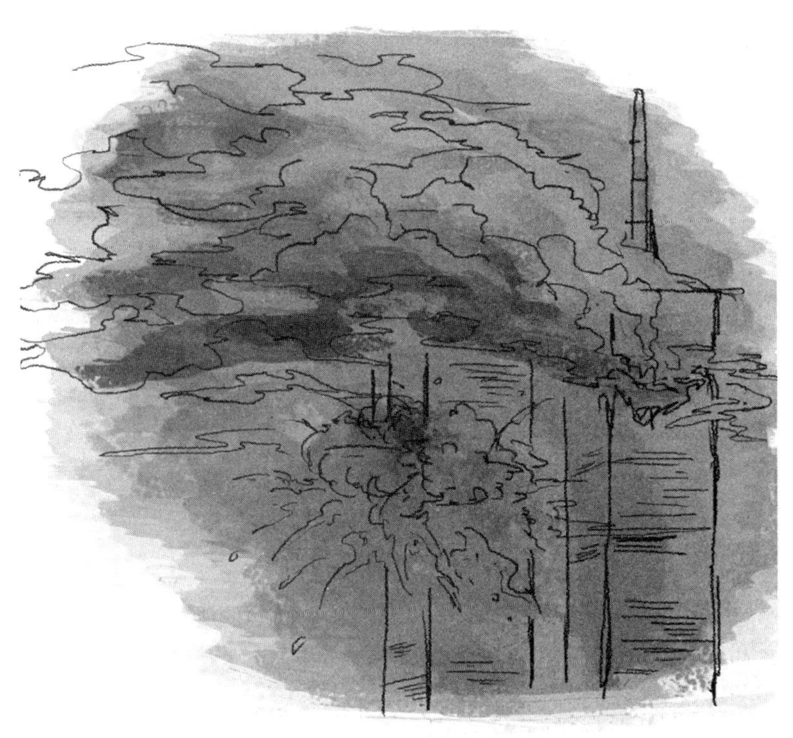

▲世贸双子星大楼遭撞后浓烟滚滚。

图书在版编目（CIP）数据

用年表读懂世界历史 / 李光欣著；钟翟绘．—北京：九州出版社，2017.5
ISBN 978-7-5108-5239-8

Ⅰ．①用… Ⅱ．①李… ②钟… Ⅲ．①世界史－通俗读物 Ⅳ．① K109

中国版本图书馆 CIP 数据核字（2017）第 091094 号

本书通过四川一览文化传播广告有限公司代理，
经汉湘文化事业股份有限公司授权出版中文简体字版
版权登记号 图字：01-2017-3556

用年表读懂世界历史

作　　者　李光欣　著　钟　翟　绘
出版发行　九州出版社
地　　址　北京市西城区阜外大街甲 35 号（100037）
发行电话　（010）68992190/3/5/6
网　　址　www.jiuzhoupress.com
电子信箱　jiuzhou@jiuzhoupress.com
印　　刷　河北鹏润印刷有限公司
开　　本　880 毫米 ×1230 毫米　24 开
印　　张　11.75
字　　数　210 千字
版　　次　2017 年 6 月第 1 版
印　　次　2017 年 6 月第 1 次印刷
书　　号　ISBN 978-7-5108-5239-8
定　　价　38.00 元